음악인류학자의 케이팝하기

대중음악, 팬덤, 그리고 정체성

음악인류학자의 케이팝하기

대중음악, 팬덤, 그리고 정체성

Ethnomusicologist's K-Popping: Popular Music, Fandom, and Identities

초판 1쇄 발행 2022년 11월 21일
초판 2쇄 발행 2024년 3월 7일

—

지은이 김정원
펴낸이 이방원
책임편집 박은창   **책임디자인** 손경화
마케팅 최성수·김 준   **경영지원** 이병은

—

펴낸곳 세창출판사
　　　신고번호 제1990-000013호 주소 03736 서울시 서대문구 경기대로 58 경기빌딩 602호
　　　전화 02-723-8660 팩스 02-720-4579
　　　이메일 edit@sechangpub.co.kr 홈페이지 http://www.sechangpub.co.kr
　　　블로그 blog.naver.com/scpc1992 페이스북 fb.me/Sechangofficial 인스타그램 @sechang_official

—

ISBN 979-11-6684-134-7 03680

음악인류학자의
케이팝하기

대중음악, 팬덤, 그리고 정체성

김정원 지음

Ethnomusicologist's K-Popping:
Popular Music, Fandom, and Identities

PONY CHUNG
FOUNDATION

세창출판사

케이팝을 태동시키고 한국 대중음악의 패러다임을 바꾼 '서태지와 아이들', 아이돌 걸그룹의 중흥을 몰고 온 '소녀시대', 음악과 이미지를 결합시킨 콘셉트의 차원을 넘어 세계관을 도입해 케이팝 프로듀싱의 새 시기를 연 'EXO'. 이들은 각각 2022년에 데뷔 30주년, 15주년, 10주년을 맞았다. 이를 기념하여 소녀시대는 정규 7집을 발매하면서 (공식적으로 그룹을 탈퇴한 제시카를 제외한) 완전체로 컴백하였고 이와 동시에 각종 음원 차트 및 음악 순위 프로그램에서 정상에 올랐다. 컴백한 소녀시대의 활동에는 소원(소녀시대 공식 팬클럽 및 팬덤명)이 함께했다. 특히 음악방송에 등장한 소원봉(소녀시대 공식 응원봉 별칭)은 객석을 온통 핑크색으로 물들였고, 소원은 우렁찬 목소리로 가수를 응원하는 구호를 외치고 합창했다. 한편, 엑소엘(EXO-L, 엑소 공식 팬클럽 및 팬덤명)은 EXO의 멤버 중 일부가 군백기(군 복무 때문에 불가피하게 갖는 케이팝 아이돌의 공백기를 의미하는 은어)를 거치는 중이라 그룹 차원의 프로모션은 특별히 없었으나, 10주년 기념 해시태그 문구를 트위터 트렌드로 만들었다. 더불어 EXO 멤버 이름으로 기부되도록 모바일 어플리케이션 투표에 참여해 멤버에게 우승을 안겨 줬다. 팬덤은 이처럼 가수의 데뷔 10주년을 온라인상에서 거하게 축하했다. 서태지닷컴(서태지 본인이 관리하는 웹사이트)이나 서태지의 공식 소셜 미디어 계정은 잠잠했지만 서태지닷컴 게시판은 데뷔 30주년을 축하하는 팬들의 글로 꼭 채워졌다. 팬들은 십시일반 모금하여 커스텀 마이크를 제작해 서태지에게 선물하기도 했다.

　신보를 내고 활동한 소녀시대를 제외하면 위의 가수들의 데뷔와 데뷔 후 행적을 기념하는 대중 매체의 보도는 많지 않았다. 그럼에도 위에 적은 것처럼 팬덤은 나름의 방식으로 스타에게 의미 있는 올해를 축하하고 기념했다. 이 책은 그 나름의 방식을 참여관찰한 연구 결과물이다. 연구와 집필의 배경은 책의 들어가기 부분에서 상술하고 있으니 여기서는 이 정도로 그치겠다. 대신 2020년 1월에 포니정재단의 학술 지원이 공식적으로 종료된 이후에도 현재까지 연구 및 집필 작업이 진행형이기 때문에 이 책의 본문에는 미처 담을 수 없었던 케이팝 및 팬덤에 참여하고 관찰한 것들을 잠깐 소개하고자 한다. 책의 제10장에서 언급하듯 코로나19 바이러스 대유행이 아직 종식되지 않음으로 인해 케이팝계는 무대와 객석을 지속시킬 수 있는 다양한 방식을 모색하는 가운데 있다. 그리하여 나는 2020년 9월 비대면 온라인 콘서트를 시작으로, 2022년 2월엔 마스크를 착용하고 함성이 허용되지 않으며 거리두기 정책에 따라 양 옆이 공석인 객석에 앉아 무대를 향해 박수만 보내야 했던 대면 콘서트에 참여할 수 있었다. 그로부터 불과 4개월과 6개월 뒤인 6월과 8월에는 여전히 마스크는 써야 하지만 함성을 지를 수 있고 거리두기 해제로 동료 팬들이 사방을 꽉 채운 객석에서 라이브 공연을 관람했다. 첨언하자면 2022년 8월 공연은 태국 방콕에서 열렸고, 3년 만에 재개한 해외 여행이 스스로의 팬 활동이자 케이팝 콘서트의 참여관찰을 위한 것이었다. 2022년 5월부터는 대면 팬 사인회 테이블에 놓였던 투명 아크릴 가림막이 사라졌다. 예전처럼 사인회에서 사인을 받는 동안 헤어 액세서리, 코스튬 의상 등의 선물을 스타에게 전달할 수 있게 되자, 일부 팬들은 이같은 선물들을 착용한 채 포즈를 취하게끔 주문하고 그 모습을 촬영했다. 물론 팬들은 여전히 사인회 내내 마스크를 착용해야 했지만 가림막 없이 마주한 스타와 손을 잡을 수도 있게 됐다. 이와 같은 문화에 대한 분석과 해석의 끈을 놓지 않고 있으니 차차 집필해 머지않은 미래에 또 다른 저작을 통해 발표할 수 있으리라 본다.

마지막으로 책이 나오기까지 도움 주신 분들에게 이곳을 빌려 감사 인사를 전하고자 한다. 가장 먼저 2019년 신진연구자로 선발해 주시고 넉넉한 연구지원금 및 출판지원금으로 맘 편하게 연구, 집필할 수 있도록 후원해 주신 포니정재단에 감사를 표하고 싶다. 다음으로 책이 나오기까지 꾸준히 응원해 주신 세창출판사 김명희 이사님, 졸고를 근사하게 다듬어 주신 박은창 편집자님께 진심으로 감사한다. 바쁘신 와중에도 흔쾌히 책 원고 심사를 맡아 주시고 값진 조언을 주신 연세대학교 문화인류학과 김현미 교수님께 감사의 인사를 드린다. 그리고 음악인류학의 길로 이끌어 주신 한국예술종합학교 음악학과 주성혜 교수님, 음악인류학자로서 연구 태도와 민족지(문화기술지) 쓰기 방식에 큰 가르침을 주신 캘리포니아 주립대학교 리버사이드의 Deborah Wong 교수님께 깊이 감사드린다. 다방면에서 늘 영감을 주고 동기를 부여해 주는 AB6IX 이대휘에게도 참 고맙다. 내 연구의 원천인 동료 케이팝 팬들이 없었다면 이 책은 결코 나올 수 없었다. 그들에게 고마움과 응원의 심정을 동시에 전한다. 폭염이 어느 때보다도 심했던 2021년 여름, 시원한 공간과 맛난 음식들을 기꺼이 내어 주며 작업 동지가 되어 준 평생의 벗 종희 덕분에 책의 전체적 뼈대를 세울 수 있었고, 집필에서 가장 힘들다는 서문을 완성할 수 있었다. 또 종희네 반려견 마리. 알레르기 약을 먹고라도 마리의 따뜻한 체온을 느끼고 싶었고, 온몸으로 표현하는 애정을 받아 주고 싶었다. 그 고마운 마음을 굳이 말로 안 해도 마리는 알 거라 믿는다. 끝으로 가족들에게 무한한 감사와 사랑의 인사를 전한다. 그 누구보다, 2021년 1학기 기말 채점과 성적 입력을 마치자마자 2021년 7월 4일에 하늘나라로 가신 우리 아빠. 생의 마지막까지 자식 힘들지 않게 배려해 주시고 사랑을 표현해 주신 아빠께 감사드리며 이 책을 바친다.

2022년 10월
김정원

차 례

일러두기

_____ 연구에 도움을 준 팬들의 이름은 익명으로 하고, 이를 위해 영어 알파벳으로 표기하였다. 성별과 연령대, 직업, 거주지 등은 구체적으로 명시하지 않았으나 필요에 따라 일부를 간략하게 언급하였다. 팬들의 진술, 저자와 대화는 모두 간접 인용하였다.

_____ 참고문헌 표기는 미국의 시카고 스타일(Chicago Manual of Style)의 내주(author-date) 방식을 따랐다. 단 국내 문헌의 경우 도서(단행본, 번역서, 학술지)와 언론 매체(신문)는 겹화살괄호(《 》), 도서의 각 장과 학술지 논문, 학위 논문 및 언론 기사는 홑화살괄호(〈 〉)로 표시하였다. 음반 명과 콘서트(공연) 타이틀은 겹화살괄호를 사용하였고, 곡 제목 및 미디어 작품 제목에는 홑화살괄호를 사용하여 표시하였다.

_____ 작은따옴표(' ')를 사용한 단어 및 어구들은 강조를 표시한다. 직접 인용은 큰따옴표(" ")를 사용하였다. 영문 참고문헌에서 직접 인용되는 부분이 장문일 경우 큰따옴표를 생략하고 한국어 번역 문장 뒤에 영어 원문을 삽입하였다. 영문은 모두 저자가 직접 번역하였다.

_____ 번역 없이 그대로 사용하는 외국어의 한글 표기는 국립국어원 표준국어대사전 혹은 한국어 어문규범의 예시를 따르고, 예시가 없는 경우 미국 표준 영어 발음을 한글로 표기하였다.

_____ 학계에서 영어로 통용되는 전문 용어들을 최대한 한국어로 번역하여 썼다. 단 맥락상 의미가 명확하게 전달될 필요가 있을 시 원어를 괄호 안에 병기하였다.

누군가의 팬인 나, 혹은 당신의 이야기

스타트렉 및 스타트렉 팬픽션에

팬으로서 먼저 입문했고,

다음 그것들을 연구하는 학자가 되었습니다.

즉 스타트렉에 학문적으로 관심을 갖기 이전부터

저는 오랫동안 팬이었어요

I come to both Star Trek and fan fiction

as a fan first and a scholar second.

My participation as a fan long precedes

my academic interest in it.

—

헨리 젠킨스Henry Jenkins,

Fans, Bloggers, and Gamers: Exploring Participatory Culture 중

누군가 내게 현재 하고 있는 일이 무엇인지 묻는다면 나의 대답은 '케이팝과 팬덤 연구자'이자 '관련 과목들을 가르치는 교육자'일 것이다. 그리고 여기에 하나 더 보탠다. '케이팝 팬덤의 일원'이라고. 그런데 옆 페이지의 인용문이 실린 책에서 젠킨스가 스스로 아카팬aca-fan(academic-fan의 준말, 학자이면서 팬인 사람을 지칭)이라 칭하면서,[1] 자신이 스타트렉 팬덤을 연구하는 학자이기 훨씬 전부터 이미 〈스타트렉〉을 즐겼던 팬이었다고 고백한 것처럼, 나 또한 케이팝 및 팬덤을 공부하고 가르치기 이전에 이미 케이팝, 혹은 한국 대중음악의 오랜 팬이었음을 밝혀야겠다. 이 책은 '음악인류학자ethnomusicologist'인 저자가 케이팝 팬덤을 '참여관찰'한 '연구서'지만, 보다 엄밀히 분류하자면 '팬덤 내부자'로서 개인의 심정과 경험들을 기록하고 해석하며, 나아가 내 자신의 정체성을 세밀하게 살펴 기술한 '자기민족지autoethnography'이기 때문이다.

민족지ethnography, 자기민족지에 이미 익숙한 독자들도 있을 것이다.

---

1 아카팬의 개념은 책의 나가기 부분에서 상술할 것이다.

그러나 이 방식을 연구에 적용하는 인류학이나 사회학 배경지식이 부족한 독자들을 위해 우선 민족지와 자기민족지가 무엇인지 대략 설명하고자 한다. 사회과학과 인문학을 아우르며 특히 인류학에서 발전해 온 '민족지'는 어떠한 사회를 특징짓는 문화에 대한 글쓰기 자체, 또는 문화를 쓰기 위한 실천을 뜻한다(Clifford and Marcus 1986, 3; Willis and Trondman 2000, 7).[2] 실천이란 그 사회에 들어가 문화의 현장에서 '현지조사fieldwork'를 진행하는 것이다. 현지조사에서는 '사람human과 관련된 모든 일들에 참여하여 관찰participant-observation'하는 것이 필수이다. 그러나 외부자의 관점에서 쉽게 발견할 수 있는 피상적인 현상에만 참여하고 관찰하는 것에 그치는 것이 아니라, 그 사회의 구성원이자 문화의 주체인 사람들과 직접 교류하면서 그들의 문화를 배워 나가고 친밀한 관계rapport를 형성하여 심층적인 대화를 나누며, 결국 내부자가 되어 사람들과 함께 문화를 경험하는 것이 참여관찰의 핵심이다. 민족지는 이러한 참여관찰의 과정과 결과에 대한 "기록이자 증언witness-cum-recording"이라 할 수 있다(Willis and Trondman 2000, 5).

자기민족지는 민족지의 실험적 분과 중 하나로서, 연구자 스스로가 연구 대상이 "되어becoming" 자신의 삶과 경험을 민족지적으로ethno-graphically 탐구하고 글 쓰는 방식이다(Berry 2011, 166; Chin 2016, 4; Luvaas 2019).[3] 따라서 연구 수행 과정부터 분석, 해석, 기록에 이르기까지 "자아

---

2 용어 민족이 함축하는 연구 범위의 제한성으로 인해 민족지 대신 '문화기술지'라는 용어를 사용하기도 한다.

3 민족지를 문화기술지로 표현하는 것처럼 '자기문화기술지' 또한 자기민족지의 대체 용어이다. 이 책에서는 문맥에 따라 민족지, 문화기술지, 자기민족지, 자기문화기술지 등의 용어가 혼용될 것이다.

성찰 혹은 자기반성self-reflexivity"이 강조된다(Luvaas 2019, 250). 그러나 자기민족지는 단순히 자신에 대해 학습한다거나, 다른 고려 사항들은 무시한 채 오로지 자기 개인의 삶만 반추하는 것에 머물지 않는다(Luvaas, 249). 자신이 속하고 연결된 더 큰 단위의 문화현상 및 문화의 구조를 이해하기 위해 자기민족지를 추구하는 것이다(Luvaas, 249).

대중문화 연구자들 역시 민족지와 자기민족지의 방식을 적용해 왔다. 앞서 언급한 젠킨스를 위시하여 몇몇 학자들은 팬덤을 민족지적으로 연구해 왔다. 팬덤은 다양한 맥락에서 서로 다른 경험들과 실천들을 수반하므로 세상에 존재하는 수많은 팬덤들을 일반화하기란 불가능하다(Duffett 2013, 19).[4] 이러한 팬덤의 특성을 이해한 학자들은 팬덤에 대한 이론을 정립하는 작업보다는 팬덤에 직접 참여하고 관찰한 토대로 기술하고 해석하는 민족지를 중시했다. 특히 다니엘 카비치Daniel Cavicchi는 스스로가 브루스 스프링스틴Bruce Springsteen의[5] 열광적인 팬으로서 자신 및 동료 팬들의 철학과 활동을 담은 자기민족지를 발표했다. 카비치의 연구에서 팬들은 더 이상 사회에서 문제시되는 특이한 타자가 아니었고, 단지 이론을 뒷받침하는 데이터로만 치부되지 않았으며, 스프링스틴 팬덤을 통해 자신의 삶을 이해하고 설명하려는 실제 인물들이었다(Cavicchi 1998, 10).

앞에서 밝혔다시피 이 책은 케이팝 팬덤의 자기민족지이다. 10대 때부터 한국의 대중음악 가수와 한국 출신 서양 클래식 음악(이하 클래식) 연주자들의 팬이었고, 현재 케이팝 아이돌의 팬이 '된' 내가 바로 연구

---

4 팬과 팬덤의 정의, 개념은 본문의 제1장에서 보다 상세히 설명할 것이다.
5 미국 출신의 싱어송라이터이자 기타리스트이며, 밴드를 이끌고 있는 록 음악가이다.

의 주제이자 대상이다. 음악을 단순히 특정 예술 작품으로만 한정시키지 않고 음악을 사회적으로 구성되는 소리이자 문화로 여기며, 인간이 어떻게 음악을 사유하고 음악 문화를 실천하는지 탐구하는 음악인류학ethnomusicology 전공자로서, 그리고 청소년기 이래로 여러 음악 장르와 음악가의 팬으로서, 케이팝 및 팬덤을 자기민족지적으로autoethnographically 연구하는 것은 어쩌면 필연일 수 있다. 그런데 이 자기민족지를 통틀어 완수되어야 할 자아 성찰은 '정체성'에 이른다. 그리하여 이 연구서는 음악인류학자이자 팬인 저자가 수년에 걸쳐 참여관찰한 케이팝과 팬덤에 관련된 다양한 문화현상들에서 특히 '젠더gender'라는 사회적 성性의 정체성을 어떻게 인식, 혹은 재인식하는지, 어떻게 구축, 재구축하는지, 또 어떻게 재현하는지를 자기민족지(자기문화기술지)로써 쓰고자 한다.

케이팝 팬덤에 대한 자기민족지를 본격적으로 선보이기에 앞서, 이 연구와 집필을 가능케 한 배경, 즉 팬으로서의 나의 이력을 잠시 소개하려 한다. 이에 독자들은 팬덤 연구 발단의 정보를 얻고, 현재 케이팝 팬이자 음악인류학자인 저자가 자기문화를 기술하는 방식을 보다 더 유기적으로 이해할 수 있기를 바란다.

여섯 살에 바이올린을 배우기 시작한 나는 초등학교 저학년 때부터 레코드판vinyl과 카세트테이프로 클래식을 즐겨 들었다. 어린 내가 바이올린으로 연주할 수 있었던 소품이나 교재에 실려 있던 초급자용 협주곡, 혹은 초급자용으로 쉽게 편곡된 음악보다 훨씬 정교하고 웅장한 곡들이었다. 우리 집 최초의 클래식 음반은 이무지치I Musici 합주단이 연주한 비발디Antonio Vivaldi의 바이올린 협주곡 작품번호 8번, 일명 〈사계〉였다. 세광음악출판사 편 클래식 명곡 대사전에서 해설을 읽으며 열심히 들었다. 이후 쇼팽Frédéric Chopin의 왈츠, 마주르카mazurka, 즉흥환상곡 등이 수록된 피아노 앨범, 베토벤Ludwig van Beethoven과 슈베르트Franz Schubert, 차이코프스키Pyotr Ilyich Tchaikovsky의 유명 교향곡들, 〈운명〉, 〈미완성〉, 〈비창〉 음반들 또한 자주 감상했다. 비록 집안 사정으로 입시 자체를 중도에 포기하기는 했으나 그전까지 예원학교(예술 중학교)에 합격하기 위해 바이올린 연습과 클래식 음악 감상에만 몰두했던 나는, 초등학교 6학년이 되어서야 친구들이 이미 듣고 있던 '가요', 그리고 가수 이문세가 진행하는 라디오 프로그램 〈별밤(별이 빛나는 밤에)〉을 알게 됐다. 친구들을 좇아 이문세 4집 앨범의 해적판을 구해 듣긴 했으나 '팬'이라고 부를 정도의 활동, 속된 말로 '팬질'[6]을 시작한 건 중학생 때였다.

중학교에 입학했던 1988년에 데뷔한 발라드 가수 변진섭은 처음부터 폭발적인 인기를 끌었다. 나를 포함해 우리 반 친구들 절반 이상이 변진섭의 팬이었다. 나 또한 그의 데뷔 앨범을 레코드판과 카세트테이프로 가지고 있었다. 전자는 소장용, 후자는 언제 어디서든 들을 수 있도록 하기 위한 휴대용이었다. 변진섭 사진이 인쇄된 책받침을 사용했었고, 당시 청소년 잡지에 공개된 주소로 틈틈이 '오빠, 오빠' 하며 팬레터를 보낸 끝에, 감사 인사와 친필 사인이 적힌 엽서를 답장으로 받은 적도 있었다. 그가 디제이를 맡았던 심야 라디오 프로그램 〈밤을 잊은 그대에게〉를 청취했으며, 편지로 사연도 종종 보내고 청취자와 전화 연결하는 코너에 응모하기 위해 가족 모두 잠들어 텅 빈 어두운 거실에 홀로 앉아 마구 다이얼을 돌리곤 했었다.

---

6   팬질은 팬덤 내에서 사용되어 왔던 '은어' 중 하나로 팬으로서의 활동을 뜻한다. 본문의
     제1장에서 팬과 관련한 특정 용어들을 구체적으로 설명할 것이며, 앞으로 맥락에 따라
     표준어와 팬덤의 관용어를 혼용할 것이다.

그러나 고등학교 입학 선발고사에서 고득점을 거두고 싶었던 스스로의 바람을 이루고, 부모님, 선생님들의 기대에 부응하기 위해 중학교 3학년이 되면서 팬 활동을 자제했다. 변진섭의 신보를 구입하여 듣고, 여유가 될 때 그가 출연하는 텔레비전 음악 프로그램을 시청하는 정도로만 제한했다. 그러다 신해철의 팬이었던 친구와의 우정을 위해 신해철의 콘서트에 함께 다녀오게 되었고,[7] 그 친구 덕분에 마음속으로만 열렬히 응원하는 '새로운 오빠'가 생겼다. 바로 윤종신이었다. 밴드 무한궤도의 리더로 대학가요제에서 우승한 이래로 줄곧 신해철의 팬이었던 친구는 무한궤도 멤버 장호일,[8] 정석원, 조현찬, 조형곤이 따로 결성한 그룹 '015B'에도 관심이 많았는데, 신해철의 동료들인데다 윤종신이 015B 앨범에 객원 가수로 참여하고 있었다. 친구는 015B 데뷔 음반을 내게 선물하며 들어 볼 것을 권했다. 밤마다 공부를 하며 친구에게 받은 카세트테이프를 듣다가 타이틀 〈텅 빈 거리에서〉를 부른 가수 윤종신의 미성에 반하고야 말았다. 그렇지만 곧 고등학생이 되었기 때문에 대학 입학이라는 지상의 목표를 이루기 전까지는 소심한 팬에 불과했다. 자기 전 청취하던 심야 라디오 프로그램에서 윤종신의 곡들이 나오면 공테이프에 녹음하여 다시 듣고,[9] 드물게 텔레비전 음악 프로그램을 시청할 기회가 생길 때 운 좋게도 윤종신을 보게 되면 단 몇 분 동안 노래하는 모습을 시청하는 것이 팬질의 전부였다.

드디어 대학교에 들어갔고, 라디오를 녹음한 카세트테이프 대신 정식

7　신해철 콘서트에 가서 겪은 일화를 박사학위논문의 도입부로 썼다.
8　장호일의 본명은 정기원이며, 무한궤도에서는 본명을 사용했다.
9　윤종신은 1990년 015B의 객원 가수로 데뷔했지만 이듬해 자신만의 음반을 발표하며 본격적인 솔로 가수 활동을 시작했다.

으로 발매된 윤종신 음반들을 구입해 속지liner notes에 수록된 감사 인사까지 다 외울 정도로 앨범을 손에서 놓지 않고 줄기차게 들었다. 그리고 콘서트를 다니기 시작했다. 특히 1999년 내가 살던 도시(수원)에서 윤종신이 콘서트를 열었을 때엔, 티켓 예매가 시작된 날 예매처 문 열기를 기다려 가장 먼저 티켓을 구입한 덕에 맨 앞줄 정중앙 좌석을 차지할 수 있었다. 대중음악 팬들에게 가장 중요한 '의례'로 꼽히는 콘서트 관람. 옷장에서 가장 멋진 정장을 골라 입고 평소엔 잘 하지도 않던 메이크업을 하고, 머리는 미용실에 가서 스타일링을 받고 의례에 임했다. 지근거리에서 좋아하는 가수의 라이브를 보고 듣는다는 것만으로도 충분히 행복했다. 그런데 그날, 팬이라면 한번쯤 상상해 봤을 테고 소망할, 가장 벅찬 콘서트 에피소드가 생겼다. 당시 콘서트 게스트로 유희열이 잠시 무대에 등장했다. 그는 윤종신과 짧은 대담을 나누다 화제를 연애로 돌렸고 아직 여자 친구가 없어 하소연한다는 윤종신을 위해 좋은 사람을 소개시켜 주겠다며 갑자기 무대 아래로 내려오는 것이었다. 유희열은 내 앞에 멈춰 서서 손을 붙잡고 무대 위로 날 데려가 윤종신 앞에 앉히곤, 게스트로서 자신의 임무가 끝났다면서 무대에서 퇴장했다. 얼굴이 맞닿을 듯 가까이 서서 부드러운 눈길로 나를 바라보며, 윤종신은 그해에 발표한 7집 앨범 수록곡 〈보람찬 하루〉를 세레나데로 불렀다. 노래가 끝난 후엔 가벼운 포옹과 함께 장미꽃 한 다발을 안겨 주었다. 이렇게 소중한 추억을 선사해 준 '나의 스타'였지만, 중학생 시절처럼 팬레터를 보내는 식으로 '팬심'을[10] 표현하지는 않았다. 대신 꾸준히 콘서트 장을 찾아 '함성'으로, 때때로 라이브 음악에 맞춘 '가창'으로 가수와 음악

---

10 팬으로서의 느끼는 감정 등을 의미하는 팬심 역시 팬덤의 은어이다.

에 대한 애정을 표출했다.

한편, 대학생이 되어 PC통신을 시작했다. 미국, 유럽의 록과 헤비메탈 등 이전에 전혀 알지 못했던 다양한 장르의 음악들을 PC통신 동호회와 전자 게시판, 온라인 채팅 등을 통해 접하게 됐다. 그 덕에 '카멜Camel',[11] '버브The Verve',[12] '스매싱 펌킨스The Smashing Pumpkins'[13] 같은 밴드의 앨범들이 우리 집 수납장을 빼곡히 채운 클래식, 가요 음반들 틈에 낄 수 있었다. 1995년에 데뷔한 한국의 2인조 그룹 '패닉'을 좋아하게 되면서는 처음으로 팬클럽 활동도 했다. 예전 오빠들이 들려주던 사랑 얘기와는 확연히 다른 패닉의 가사가 귀에 꽂히고 마음을 흔들었다. 특히 데뷔 앨범 수록곡 〈왼손잡이〉는 어릴 적 왼손 쓰는 걸 교정당해 어쭙잖은 양손잡이가 된 내가 다시 어린 시절로 돌아간다면 어른들에게 부르짖고 싶은 말을 그대로 하고 있었다. 1997년엔 패닉의 팬들이 모여 PC통신에 개설한 팬클럽이자 동호회에 가입했다. 우연찮게 패닉 멤버 이적과 김진표도 회원이었다. 그들은 동호회 게시판에 글을 남기고, 채팅방에 종종 나타나 팬들에게 인사를 하기도 했다. 나는 이곳 회원들과 일주일에 서너 번 온라인 채팅을 즐기고, 콘서트에 동행하고, 콘서트 때가 아니더라도 '정기모임'(정모)로 만나 함께 식사를 하고 패닉뿐 아니라 다른 가수들에 대한 대화를 나누며 교류했다.

중·고등학생 때보다는 그 비중이 현저히 낮아졌지만, 음대를 다녔기 때문에 여전히 클래식을 듣긴 했다. 공부를 위한 선별적 음악 감상이었

---

11 영국의 프로그레시브(progressive) 록 밴드이다.
12 영국의 록 밴드이다.
13 미국의 얼터너티브(alternative) 록 밴드이다.

다. 그러나 바이올리니스트 사라 장만큼은 팬으로서 좋아했다. 어릴 때부터 천재로 두각을 나타낸 그를 동경했고 흠 없는 연주에 항상 탄복했다. 데뷔 앨범부터 신보가 나올 때마다 구입해 열심히 들었으며 외국 공연 실황이 방송될 때면 녹화해서 보고 또 보았다. 내한 공연도 거의 빠지지 않고 참석했다. 그러다 어느 순간 '클래식계'에 회의가 들었고, 음악인류학으로 전공을 정하면서부터는 클래식 외에 다른 음악 장르들에도 흥미를 갖게 되면서 사라 장에 대한 팬질의 기세는 시그러졌다. 그럼에도 늘 그의 연주를 좋아했기 때문에 피츠버그Pittsburgh에서 유학하던 2010년에 피츠버그심포니오케스트라Pittsburgh Symphony Orchestra와 브루흐Max Bruch 바이올린 협주곡 1번을 협연한 사라 장의 공연장을 찾았다. 공연이 끝나고 다른 팬들 틈에 섞여 팸플릿에 사인을 받았다. 사인 후엔 짧은 인사를 나누고 사진도 함께 찍으며, 그를 향한 팬심이 최고조에 달했던 10대 후반과 20대 초반 시절로 돌아간 듯 설렘을 다시금 느낄 수 있었다.

한국의 케이팝 여성 팬덤을 주제로 한 박사학위논문 자격시험을 통과한 직후, 2015년 8월부터 한국에서 1년여 동안 현장 연구를 수행했다. 현장 연구를 시작하자마자 아이돌idol 콘서트부터 참석했다. 'H.O.T.'를 필두로 한국에서 1세대 아이돌이 등장했던 시기 가장 호감 갔던 그룹 '신화'의 콘서트가 첫 현장 연구였다. 해체 없이 활동을 지속하고 있는 한국 최장수 아이돌 그룹인 만큼 히트곡도 많았고, 그 곡 대부분은 내 플레이리스트playlist에 포함되어 있었다. 피츠버그에서 석사를 마치고 캘리포니아에서 박사를 시작하기 전 가졌던 1년여 휴식기 동안 신화가 주인공인 텔레비전 예능 프로그램 〈신화방송〉을 자주 시청했기 때문에, 은근히 친밀감이 드는 아이돌이기도 했다. 무엇보다 그들의 공식 팬클럽인 '신화창조'는 그룹에 준하게 유명할 정도로 팬덤이 매우 활발하고 유난했다. 진즉부터 페이스북Facebook에 개설된 팬클럽 페이지에 가입하여 지켜만 보고 있던 팬들을 콘서트에 가서 직접 만나 보고 싶었다. 역시나 콘서트 장에서 만난 신화창조 분들은 정말 유쾌했다. 콘서트 후 그들과 속 깊은 인터뷰를 진행할 수 있었고, 나 또한 비로소 신화창조에 정식 가입하며 '공식적으로' 신화의 팬이 되었다. 학위를 끝내고 한국에 돌아와서도 매년 신화창조 멤버십을 갱신하면서 팬덤을 지속하고 콘서트를 챙겨 다녔다.

'제이와이제이'(이하 JYJ) 또한 현장 연구 중에 본격적으로 팬이 된 아이돌이었다. JYJ 멤버 김재중(이하 재중), 박유천(이하 유천), 김준수(이하 준수)는 진즉에 알고 있었다. 그들은 케이팝이라는 용어를 국내외에서 상용화시키며 아이돌 음악이 한류의 구심점이 되도록 견인차 역할을 한 5인조 그룹 '동방신기' 출신이었다. 동방신기의 음악은 워낙 유명하고 인기가 높아 익숙한 곡들이 꽤 있었지만, 재중, 유천, 준수 셋이 SM엔터테인먼트와 계약 분쟁을 겪으면서 탈퇴하여 새로이 결성한 JYJ에 대해서는 소송과 관련된 내용을 제외하면 거의 아는 것이 없었다. 그러나 박사논문 자격시험을 준비하며 《JYJ공화국: 팬들을 위한 팬들에 의한 팬들의 나라》(이하 JYJ공화국)를 읽고, 저자 이승아 선생님과 만나 이야기를 나눈 덕에 그들과 팬들의 행보에 부쩍 관심이 갔다. 유튜브YouTube에서 JYJ 음악을 듣고 공연 영상 및 뮤직비디오를 찾아보며 관심을 점점 더 키워 가던 중, 인터뷰를 진행했던 팬 A에게 완전히 '영업'을[14] 당해 버렸다. A와 수많은 대화를 나누고 전시회, 콘서트, 뮤지컬 관람 등 참여관찰 현

---

14 팬이 아니었던 사람을 같은 스타를 좋아하는 팬이 되도록 이끄는 활동을 뜻하는 팬덤의 은어이다.

장에 어울려 다니다 결국 준수가 '최애'인[15] JYJ 팬덤의 일원이 되었다.

비록 공식 팬클럽인 인스피릿INSPIRIT에 가입하거나 신화, JYJ에게만큼 몰입하지는 않았지만, '인피니트INFINITE'의 경우도 비슷하다. 친구 B가 박사논문 연구에 참여해 주면서 자신이 좋아하는 아이돌 그룹 인피니트 콘서트에 같이 가 볼 것을 권유했는데, 콘서트에서 이들에게 약간의 팬심이 싹텄다. 댄스음악에 주력하는 그룹임에도 불구하고 대부분 다른 아이돌들이 하는 것처럼 미리 녹음된 반주 음악MR, music recorded으로 공연하지 않았다. 밴드의 라이브 반주에 맞춰 '칼군무'를 추고 노래를 부르며 랩을 하는 인피니트 콘서트 무대는 꽤 감명적이었다. 그리하여 콘서트에서 현장 연구 후 이들의 '라이트light 팬'을[16] 자처하게 되었다. 인피니트의 멤버 남우현이 '샤이니SHINee'의 멤버 키와 유닛을 결성해 발표한 곡들을 찾아 듣고, 남우현의 솔로 음악을 즐겨 들었으며, 어렵게 '매표ticketing'(이하 티켓팅)에 성공해 그의 솔로 콘서트에 다녀오기도 했다.

사실 아이유는 데뷔 때부터 관심을 가졌던 가수였다. 다만 언제나 감탄해 마지않는 그의 삼단고음과는 별개로, 그가 "나는요 오빠가 좋은걸"이라고 부를 때 극도로 흥분해 반응하는 남성 팬들이 마뜩잖을 뿐이었다. 그러나 박사논문 현장 연구를 진행하면서 아이유의 여성 팬덤과 만났다. 매우 적극적이고 창의적인 그들과 함께 하고 싶었다. 또한 이젠 당당히 자기 곡을 쓰며 프로듀서로 성장해 "Yellow C A R D 이 선 넘으

---

15 케이팝 팬덤뿐 아니라 대중문화에서 흔히 쓰는 관용어로 '가장 좋아하는 스타'를 의미한다. '가장 사랑한다'는 뜻에 해당하는 한자어 '최애(最愛)'를 그대로 쓴 팬덤 용어이다.
16 팬심과 팬질의 정도가 강하지 않은 팬을 뜻하는 팬덤 용어이다. 현재 라이트 팬과 유사한 '얄덕'이라는 표현이 더 많이 쓰이는데, 얄덕에 대해서는 1장에서 자세히 설명하도록 하겠다.

면 침범이야 beep"이라고 정색할 줄 아는 아이유의 진일보에, 그는 이제 내가 가장 좋아하는 케이팝 솔로 음악가가 되었으며 난 몇 년째 '유애나 UAENA'다.[17]

공교롭게 알게 되었으나 음악뿐 아니라 그룹의 '세계관' 혹은 '서사'에 매혹되어 라이트 팬이 된 이달의 소녀도 있다. 최애는 따로 있지만 신인 케이팝 아이돌이 나오면 뮤직 비디오와 다른 영상 콘텐츠를 찾아보며 정보를 축적하고 나름 분석하는 팬 C가 박사논문 연구에 참여하면서 친구가 되었는데, 이 친구에 따르면 특이한 방식으로 '데뷔할' 걸그룹이 있다는 거다. '이달의 소녀'라 명명된 프로젝트에서 매달 한 명의 '소녀'가 솔로 곡을 발표하고, 이 멤버들이 서너 명씩 유닛을 이뤄 미니앨범을 발매해 총 12명의 멤버가 솔로와 유닛으로 모두 소개되면 12인조 완전체가 데뷔하는 방식이었다. 프로젝트 명은 곧 그룹의 이름이었고, C에게 이 프로젝트를 처음 들었던 때가 2017년 초였는데 완전체 이달의 소녀는 2018년 8월이 되어서야 데뷔를 했다. 이 책의 연구를 시작하고 두 번째로 참여관찰했던 공연이 2019년 2월에 서울에서 열린 이들의 콘서트였다. 현장 연구에 임하기 전 이달의 소녀 프로젝트 및 각 멤버에 대해 꼼꼼히 조사하고 그때까지 발표된 모든 곡들과 뮤직비디오를 반복해서 감상하면서 이들의 세계관이 음악 안팎에서 서로 얽히며 다양한 서사를 만들어 내는 것을 알 수 있었다. 더구나 멤버 츄CHUU의 솔로곡 〈하트어택Heart Attack〉 뮤직비디오는 한 소녀가 다른 소녀에게 반해 짝사랑하는 애틋함과 설렘을 잘 그려 내고 있어 볼 때마다 감탄한다. 콘서트 이후 공식 팬클럽 오빗ORBIT에 가입하고 팬 미팅에도 참석했다. 물론 신곡

---

17 유애나는 아이유의 공식 팬클럽이다.

이 나오면 음원과 뮤직비디오를 꼭 챙겨 듣고 본다. 이토록 라이트 팬이 할 수 있는 최선으로써 난 이달의 소녀를 응원하고 있다.

2019년 5월 이래로 지금 내가 가장 좋아하는 케이팝 아이돌 그룹은 '에이비식스AB6IX'(이하 AB6IX)이다. 본문에서 보다 자세히 이야기하겠지만 반드시 이 책의 연구를 위해 일부러 팬이 된 건 아니었다. 멤버 중 이대휘(이하 대휘)를 텔레비전 음악 프로그램에서 우연히 보고 그의 무대가 무척 인상 깊어 관심이 생겼는데, 얼마 지나지 않아 대휘가 AB6IX로 데뷔한 계기로 차츰 그룹의 팬덤에 파고들게 되었다. 앞서 열거한 그동안의 팬질에 비해 더욱 심화되고 다채로워진 팬 활동을 실천하면서, 박사논문 연구를 진행할 때 다른 팬들과 인터뷰를 통해서만 인지할 수밖에 없었던 부분들을 모두 체득할 수 있었다.

그럼 이제 다소 길었던 서문을 마무리하며 책의 구성을 간결하게 소개하도록 하겠다. 이 책은 총 10장으로 이루어져 있으며, 저자가 에비뉴 ABNEW(이하 ABNEW)로서[18] 참여관찰한 AB6IX 팬덤을 중심으로 케이팝 팬들의 다양한 활동들을 보여 준다. 우선 1장은 기본적으로 팬과 팬덤의 개념을 정의하고, 한국 대중문화 전반에 걸쳐 관용적으로 쓰이는 팬덤 관련 용어들을 설명한다. 또한 케이팝 및 케이팝 팬덤 이해에 유용한 기존 이론들과 저자가 박사논문에서 고안한 새로운 두 가지 개념('케이팝하기', '팬스케이프')을 제안한다. 2장에서는 연구자가 AB6IX의 팬이 되어 가는 과정을 주요 단계별로 서술한다. 3장에서는 1장에서 제시되는 이론들 중 '음악하기'를 적용하여 특히 가수의 음악 발표 및 공연 개최와 관련해 팬들이 수행하는 갖가지 역할들을 기술한다. 4장은 케이팝 아이

---

18 ABNEW는 AB6IX의 공식 팬클럽 명칭이자, 팬덤을 지칭한다.

돌과 팬의 관계, 그리고 팬들 서로 간의 관계를 다각적으로 논한다. 이를 위해 1장에서 제안하는 '팬스케이프' 개념을 확장하여 응용한다. 또한 AB6IX가 활용하고 있는 케이팝 온라인 플랫폼에서 제공하는 아이돌과 팬덤 간 메신저 서비스와 팬 사인회(영상통화 및 대면)에서 참여관찰한 양상들을 해석하고 분석한다. 5장에서는 케이팝 '이벤트 카페'를 예시로 '의례'이자 '축제'로서 케이팝 팬덤을 고찰한다. 또한 카페와 관련하여 케이팝 팬덤 내에서 이루어지는 생산과 소비 활동을 간단히 살펴본다. 6장은 케이팝 팬덤의 하위문화 중 하나인 '인형' 놀이를 통해 팬들이 무엇을 실천하려고 하는지 이는 또 어떻게 해석될 수 있는지 짚어 본다. 7장에서는 팬들이 스타를 모방하고 인용하는 행위들을 정체성의 탐색 및 재현과 연관시켜 본다. 8장은 성찰하고 반성하는 팬덤의 가능성에 대해 몇 가지 사례와 함께 논의한다. 9장에서는 케이팝 팬덤을 통해 어떻게 정체성을 (재)인식, (재)형성, 재현할 수 있는지 탐구한다. 이를 위해 저자가 AB6IX의 음악, 안무, 뮤직비디오, 공연, 화보 등을 반복적으로 감상하며 세세하게 검토하는 팬덤 수행에 비추어, 젠더와 섹슈얼리티sexuality를 다시 인식하고 정체화identification하는 과정을 이야기한다. 마지막 10장에서는 현 코로나19 바이러스 대유행 상황하에서 가수와 팬들이 실천하는 '케이팝하기'를 살핀다.

음악인류학자(연구자)이면서 동시에 아이돌 팬(연구 대상)인 '나'의 케이팝 '팬덤' 얘기가 이제 곧 시작된다. 이 이야기에 '누군가'는 '동감'하고, 누군가에게는 이 이야기가 '공감'을 불러일으킬 거라 확신한다. 또 '어떤 누군가'는 이 이야기에서 그동안 쌓였던 '케이팝 팬덤에 대한 오해'가 풀리기를, 나머지 '다른 누군가'는 이 이야기를 통해 호기심과 궁금증을 해소하고 '케이팝 팬덤을 향한 새로운 이해'에 도달할 수 있기를 바란다.

제1장

케이팝과 팬덤을
이해하기 위한 준비

케이팝 팬덤의 자기민족지를 본격적으로 전개하기에 앞서 이 책에서 빈번하고 중요하게 사용될 주요 용어들을 소개하고자 한다. 가장 먼저 팬과 팬덤을 개념적으로 설명하도록 하겠다.

17세기 후반 영국에서 처음 등장한 용어인 '팬fan'은 "종교에 지나치게 열성적인religious zealot 광신도fanatic"를 뜻하는 단어의 줄임말에서 비롯되었다(Cavicchi 1998; Duffett, 5). 1800년대 후반부터는 미국 기자들이 "열정적인 야구 관중들"을 팬으로 표현하기 시작했다(Abercrombie and Longhurst 1998; Duffett, 5). 이후 "영화 관객과 음반 청취자" 또한 팬으로 지칭되면서, "영화배우 및 감독, 가수, 악기 연주자, 작곡가"를 긍정적으로 생각하고 이들이 "만들고 참여한 작품에 확신을 갖고 감상"하는 사람들 역시 팬의 범주에 들게 되었다(Duffett 5, 18). 그러나 과거 팬이라는 말에 "그릇된 신념을 가지고 종교 및 정치에 대해 광적인 열정" 보인다는 뜻이 함축되었기 때문에 그 부정적 의미가 지속되어 왔다(Jenkins 1992, 12). 따라서 팬은 때때로 광신자, 일탈자, 그리고 "사회와 단절되어 있어 실생활이 부진하고 침체된, 자존감이 낮은 사람들"로 여겨졌다(Jensen 1992, 18).

대중매체와 문학작품은 팬을 더욱 나쁘게 묘사했다. 매체와 작품 속에서 팬들은 "망상에 빠진 외톨이obsessed loners" 혹은 "스타와 친밀한 관계를 맺는 환상이 좌절되거나 스스로 스타가 되고픈 욕구를 충족시키지 못하자 폭력적이고 반사회적인violent and anti-social 성향이 드러나는 정신병자psychopaths"로 그려졌다(Jensen, 11; Jenkins, 13). 이러한 종래의 부정적인 함축과 묘사로 인해 팬은 문화 안에서 잘못된 사람으로 분류되고, 팬의 관심사는 정상적인 문화에 속하지 않으며, 팬의 사고방식은 "현실과 동떨어진out of touch with reality" 것으로 간주되어 왔다(Jenkins, 15-16). 그런데 근래에 들어 팬에 담긴 부정적인 함의가 보다 "가치중립적"인 방향으로 전환되고 있다(Cavicchi, 39). 유명인뿐 아니라 휴대폰 같은 전자기기, 자동차, 음식, 옷처럼 대중매체가 선전하는 상품들, 혹은 스포츠부터 특정 지역에 이르기까지 광범위한 대상들을 좋아하는 이들 모두가 팬으로 불린다. 이에 따라 팬을 자처하는 사람은 스스로를 "열렬한 지지자enthusiast, 열성적인 애호가devotee"지만 남에게 해를 주지 않는 "특정한 장르와 작품, 인물이나 활동의 추종자follower"로 규정하고 있으며(Duffett, 293), 팬이라는 용어 또한 어느새 긍정적인 의미의 일상언어로 쓰이고 있다.

'팬덤Fandom'은 앞서 밝힌 팬의 어원인 "fanatic"과 국가의 영역domain 혹은 사람들의 집단, 어떠한 상태나 상황을 뜻하는 접미사 "-dom"의 합성어로, 특히 대중문화와 관련된 특정 대상의 팬들이 모인 집단을 가리킨다(이승아 2013, 20; 이동연 2011, 206). 일찍이 팬이라는 단어에 부정적 의미가 함축되어 있었듯이, 팬의 본말fanatic과 관련성 때문에 팬덤이란 용어 또한 종종 논란의 대상이 되어 왔다(Kim 2017, 7). 서구의 타블로이드 신문에서는 "위험하고, 기형적이며, 어리석은" 집단으로 팬덤에 낙인을 찍어 보도했다(Lewis 1992, 1). 사회과학에서도 팬덤을 "현대 사회의 부족한 것들에 대한 보상 심리이자 부족한 것들을 채우려는 의도", 그리고 "일탈 행위deviant activity"로 간주해 왔다(Jensen, 16, 24). 그러나 팬이라는 말이 이제는 가치중립적이고 긍정적인 일상어로 쓰이고 있는 것처럼, 팬덤을 향한 편견 역시 점점 줄어들고 있으며 팬덤을 다양하게 이해하려는 노력들이 매체와 학계에 걸쳐 시도되고 있다(Kim, 8). 책의 첫머리에서 언급한 바와 같이, 본 자기민족지도 케이팝 팬덤을 바라보는 선입견에 도전하고 새로운 관점을 제시하기 위한 노력의 일환으로 시작된 것이다. 이에 나는 기존 논의들을 종합하여 팬덤의 개념을 다음과 같이 제안하고자 한다.

1. 기존 정의대로 팬덤은 팬들의 집단이다. 그런데 덤-dom이 '국가의 영역'을 의미하는 것처럼 팬덤이라는 나라 안에서 팬들은 "사회적 역할"을 한다(Duffett, 18). 동시에 팬덤 밖에서는 쉽지 않을 "팬으로서 자신을" 더 자유롭게 "표현"할 수 있다.

2. 접미사 덤에 상황이나 상태의 뜻이 내포되어 있기 때문에 팬덤은 팬으로서 "자질", 혹은 팬 활동의 "참여도"를 의미하기도 한다(Cavicchi, 39; Duffett, 18).

3. 팬이 되는 "과정" 또한 팬덤이다(Cavicchi, 59). 이 과정에서 팬의 "단계" 및 "역할"을 어떻게 발견해 나가는지 알 수 있다(Duffett, 293).

4. 팬덤은 "수행성을 가진performative" "정체성idenity"이다(Hills 2002,

x). 그러므로 문화와 관련된 다양한 일을 "수행perform"하는 것이 팬덤이다. 팬덤은 팬들의 적극적인 "소비"의 장이 됨은 물론, 팬들이 "대중적이고도grassroots" "문화적인cultural" "창의성creativity"을 시험해 보는 현장을 제공한다(Jenkins 2006a, 246). 팬들의 문화적 창의성 혹은 문화적 놀이 방식 자체 또한 팬덤의 개념에 포함된다(Hills, 60).

5. 팬덤은 "현대 자본주의 사회" 및 "전자매체", "대중문화"와 "대중적인 실천"에 관련된 광범위한 사회문화적 현상이다(Duffeett, 5).

6. 나아가 팬덤은 팬들의 "흥분감을 고양시킬 뿐 아니라, 자아 성찰self-reflexivity을 유도하여 서로 공유된 가치와 윤리에 대한 논의를 이끌어 내고", 결국 "삶을 가치 있게 만드는 의미의 근원"이 될 수 있다(Duffett, 18). 요약하자면 팬덤을 통해 사람(팬)들은 자신과 연관된 특정한 "역사적, 사회적 시기"를 되돌아보게 된다(Cavicchi, 9).

이 책을 통틀어 팬덤이라는 용어는 본문의 전후 맥락에 따라 상기 개념들이 다양하고 포괄적으로 사용될 것이다. 즉, 팬들의 집단을 넘어 팬으로서의 특징, 상황, 행동 방식, 정체성, 관련 현상 등을 팬덤으로 표현할 것이다.

이제 들어가기 부분에서 언급한 팬질, 팬심, 최애와 같이 본문에 걸쳐 등장하는 팬덤의 주요 은어lingo들을 설명하겠다. 이 책은 연구를 토대로 한 학술서이기 때문에 통상 규범적인 언어의 사용이 요구되나, 연구 대상의 '문화' 이해하기가 책의 주목표일 뿐 아니라, 연구자(저자)가 곧 연구 대상인 자기민족지(자기문화기술지)이므로 팬덤의 은어들로써 기술하면서 '당사자성'과 '현장감'을 살리고자 한다. 그런데 일부 팬덤 용어들은 매체를 통해 케이팝 포함 한국 대중문화 전반에서 관용적으로 쓰이고 있는 경우가 많다. 따라서 이 표현들에 이미 익숙한 독자들도 있으리라 본다. 그러나 팬 문화가 낯선 독자들을 위해, 더불어 팬덤 관련 표현들에 유습한 독자들이 본문을 더 '잘' 읽어 낼 수 있도록 용어의 정의뿐 아니라 유래, 배경 등을 개념적으로 밝힐 것이다. 또한 아래에서 다루지 않은 팬덤의 은어들이 본문에서 사용될 경우 주석으로 그 뜻을 간략하게 언급하도록 하겠다.

한국에서 팬덤을 묘사할 때 가장 오랫동안 쓰인 은어로 '빠순이'(빠수니)를[19] 꼽을 수 있다. 빠순이라는 표현이 정확히 언제부터 시작되었는지는 정확히 알려져 있지 않으나 용어의 유래는 '공순이', '바bar순이', '오빠부대'와 같은 속어에서 찾을 수 있다. 공순이는 알려진 바대로 공장의 '공'과, 1950-60년대에 태어난 여아, 혹은 그 시대 청소년, 성년이 된 여성들의 이름에 가장 흔하게 사용되었던 한자어인 '순順'이 합쳐져, '공장에서 일하는 여성노동자'를 업신여기고 낮잡아 부르는 말이다. 1960-70년대 대한민국에 산업화가 진행되면서 빈곤한 가계에 도움이 되고자 돈을 벌기 위해 도시로 이주한 젊은 여성들은 대부분 '공순이'로 일을 했다(Kim, 56). 그렇지만 일부는 "속칭, 바bar"라는 유흥업소에서 일했고, 이처럼 유흥업에 종사하는 여성들과 매춘 여성까지 통틀어 '바순이'라는

---

[19] 소리 나는 대로 '빠수니'로 쓰는 경우도 있고, 빠수니를 줄인 '수니'라는 말과 '빠순'이라는 표현도 쓰인다.

은어로써 불렀다(김이승현, 박정애 2001, 159). 이 말에서 '바'가 된소리 '빠'
로 강조되면서 '빠순이'로 쓰이게 되었다(Kim, 56).

한편 빠는 오빠에서 비롯되기도 한다. 대중문화에 열광하는 '소녀 팬
들'이 자신들의 스타인 남성 가수, 배우, 스포츠 선수를 '오빠'라고 부르
며 적극적으로 팬심을 표출하는 현장이 매체에서 자주 다뤄졌고, 이 팬
들이 '집단적', '조직적'으로 활동하는 모습이 군'부대'에 빗대어져 이들
에게 '오빠부대'라는 별칭이 생겼다(Kim, 57). 1990년대 중반 이래로 한국
아이돌 보이 그룹과 그들의 소녀 팬들인 오빠부대가 대중음악 신scene에
득세함에 따라, 오빠부대의 '오빠'에서 '빠'를 따오고 소녀들을 '순이'로
통칭해 '빠순이'라 부르게 되었다. 예전에는 유흥업, 매춘업에 종사하는
여성을 빠순이로 속칭했다면 1990년대에 들어 빠순이의 용례가 여성 팬
덤에까지 확장된 것이다.

오빠 외에 다른 말에서도 빠를 취해 여성 팬덤을 의미하는 은어 빠순
이가 만들어질 수 있다. 팬덤 내에서 스타를 따르고 아끼는 등의 마음새
를 '빨다'라는 전혀 다른 뜻의 단어를 써서 속어적으로 묘사하기도 하는
데, 이 말의 '빨'에서 받침을 뺀 '빠'와 '순이'를 합쳐 '빠순이'라 부를 수 있
다. 이렇게 만들어진 빠순이에서 팬질(팬 활동)을 의미하는 '빠질'과, 팬
심의 동의어 '빠심'이 파생되기도 한다. 욕하는 행위를 뜻하는 속어 '까
다'와 '빨다'에서 비롯된 '빠'가 합쳐진 '까빠'라는 은어도 팬덤 내에서 쓰
인다. 이 말은 '까면서 빤다', 즉 스타를 좋아하면서도 스타가 만족할 만
한 성과를 보여 주지 못할 때 가차 없이 비판하는 팬을 지칭한다.

빠순이의 남성형은 '빠돌이'다. 빠순이라는 용어의 기원에 여성 공장
노동자 공순이가 있듯이, 빠돌이의 '돌이' 또한 공장에서 일하는 남성 노
동자, 후에는 공대에 다니는 남학생까지 가리켜 이르렀던 속어 '공돌이'

에서 비롯됐다. 그런데 남성 팬은 자신이 좋아하는 남성 혹은 여성 스타를 여간해서 오빠라 부르지 않기 때문에, 빠돌이는 '빨다'의 맥락에서 나온 것으로 이해할 수 있다.

상술했듯 영어 문화권에서 fan과 fandom이라는 용어에 부정적인 함의가 내포되어 있던 것처럼, 한국의 빠순이에 대한 대중의 인식과, 매체를 통해 재현되는 이미지 또한 대체로 긍정적이지 않다. 용어의 유래부터 특정 계층(하층계급 출신의 공장 노동자), 특정 직업(유흥업), 특정 연령 및 성별(소녀)에 대한 차별과 멸시를 담은 비속어인 만큼, 빠순이는 단순히 젊은 여성 팬덤을 지칭하는 것을 넘어 그들을 '성적으로', '계층적으로' 경멸하는 속어이다. 그럼에도 불구하고 나를 비롯하여 일부 팬들은 소셜 미디어social media와[20] 실제 생활에서 스스로를 스스럼없이 빠순이라 자칭하고, 팬덤의 정체성을 드러내는 데에 주저하지 않는다. 이와 같이 팬을 폄하할 목적으로 신조된 은어로써 자신을 호명하는 행위는 팬덤에 "사회적 존재social existence"로서의 가능성을 부여할 수 있다(Butler 1997, 2). 또한 (팬덤 밖) 다른 사람들이 여성 팬을 빠순이라고 호칭하는 것은 '무시'와 '조롱'이 주목적이지만, 팬들 스스로 부를 때에는 용어에 내재된 멸시를 초월하여 자조自照로 그 목적을 바꿔 버릴 수 있고, 자기 풍자라는 해학으로 부정적 함의를 무력화시킬 수 있으며, 나아가 예기치 않게 듣는 사람으로부터 "긍정적인enabling" 반응까지 이끌어 낼 수 있다(Butler, 2).

2000년대 중반 각종 마니아들이 모인 온라인 동호회에서 은어로 등장한 '덕후'는 현재 대한민국에서 팬을 묘사하는 가장 관용적인 표현이다.

---

20 한국에서는 보통 SNS(social network service)라는 용어를 쓰는데 이 책에서는 소셜 미디어로 표현할 것이다.

빠순이보다는 성별 중립적이고 경멸조가 덜한 것처럼 들리지만 덕후
또한 성별화된 맥락과 조롱의 뉘앙스에서 유래했다. 덕후는 사실 오덕
후의 준말이며, 오덕후는 이미 한국을 비롯하여 세계적으로 널리 알려
진 일본어인 '오타쿠ォタク'에서 나왔다(김성윤 2016, 6). 오타쿠는 본디 문
자 그대로 '남(오, お)의 집[타쿠, 宅(たく)]'을 뜻한다. 그런데 일본 사회에서
그 의미가 점점 확장되었다. 1980년대에 이르면 만화와 애니메이션, 비
디오 게임, 전자기기 등 '하위문화'에 심취하여 관심 분야와 관련된 정보
수집 이상으로 전문적인 "지식"을 쌓고, 관심사 및 취미를 공유하는 사
람들과 "연대"해 동호회를 결성하여 실제로 교류하며, 회원들 사이에서
자신이 축적한 지식을 은근히 "과시"하는 사람을 오타쿠라 명명하게 되
었다(조흥미, 안병곤 2012, 514-516, 520, 530). 이 호칭을 얻기 전 동호회원
들끼리 만나 서로 실명 대신 존칭어인 "오타쿠おたく"로[21] 부르는 것과, 그
들 중 일부는 집お宅에 틀어 박혀 좋아하는 대상에만 몰두하면서 대부분
의 시간을 보내는 것에 착안하여 마침내 오타쿠라는 말에 새로운 의미
가 부여된 것이었다(조흥미, 안병곤, 515; Kim, 61). 한국에서는 1990년대 후
반, 2000년대 초 신문 기사에서 '마니아'의 유사어로 오타쿠를 사용하기
시작했다(조흥미, 안병곤, 516). 한편 당시 한국의 젊은 네티즌들은 웹상
에서 일본어 오타쿠를 한국식 '오덕후'로 표기하였고(김성윤, 6), 오덕후
를 관용적으로 사용했다. 또한 오타쿠 혹은 오덕후를 '도수 높은 두꺼운
안경을 쓰고 얼굴에는 여드름이 잔뜩 난, 돼지처럼 뚱뚱한 소년 혹은 청
년'[22] 이미지로 희화화했다(Kim, 62). 이러한 희화화에는 오덕후의 '남성

---

21 오타쿠는 집 외에 남의 남편이나 상대방을 높여 부르는 존경어로도 사용된다(조흥미, 안병
곤 2012, 514).

화'뿐 아니라, 남성 오덕후의 외모 비하와 조롱의 의도가 다분히 담겨 있었다. 그러다가 오덕후를 줄여 덕후로 부르게 되었다. 그런데 오덕후와 덕후는 마니아에 특정되기보다 다소 완화된 정도의 애호가를 아우르고, 하위문화에만 제한되지 않는 광범위한 대상의 마니아 및 애호가를 포괄하게 되었다. 이에 따라 오덕후의 남성 이미지가 점점 옅어지면서, 덕후는 성별 중립적인 개념으로 사용되고 받아들여졌다. 1990년대 후반 들어 특히 아이돌 가수들의 팬 활동이 더욱 체계화, 다양화되고 전문적인 지식이나 기술을 팬질에 적용하는 팬들이 등장하면서, 팬을 지칭하는 표현으로 오덕후, 즉 덕후 또한 쓰이게 된다. 그리고 덕후는 현재 대한민국에서 일반적인 팬을 대체하는 관용어로 통용되고 있다.

팬을 의미하는 덕후에서 '덕'자를 활용한 신조어들이 속속 생겨났다. 이러한 용어들은 대체로 팬덤 내부에서 통하지만, 대중매체에서 팬덤의 은어들을 차용하여 유행어가 되기도 한다.[23] 앞서 언급했다시피 덕후는 오덕후의 준말이다. 이 덕후를 또 덕으로 줄여 쓰는데, 덕만 단독으로 쓰기 보다는 덕 앞에 팬덤의 대상을 붙여 무엇의 팬인지 명시한다. 예를 들어 '돌덕'은 '아이돌 덕후'의 준말로 말 그대로 아이돌 팬덤을 뜻하고,[24] '밀덕'이라 하면 '밀리터리military 덕후'를 줄인 말로 군軍과 관련된 모든 사항들에 전문가 수준으로 정통한 팬들을 의미한다. '덕질'은 팬덤 실천,

---

22 이러한 오덕후의 이미지를 '안여돼'라고 줄여 부르기도 한다.

23 매체에서 차용하여 유행어가 된 팬덤의 은어로는 덕후, 덕질, 성덕 등이 대표적이다. 성덕의 의미는 이 책의 나가기 부분에서 구체적으로 설명하기로 한다.

24 아이돌을 '돌'이라고 줄여 말하기도 하는데, '타(他)돌'은 가장 좋아하는 아이돌 스타 외(外) 아이돌 가수들을 의미하고, '돌판'은 아이돌계(界) 및 아이돌 팬덤의 상황 혹은 현장을 의미한다.

혹은 팬 활동을 의미하고 팬질과 동의어이다. 팬심의 유사어, 즉 팬으로서의 느끼는 감정이나 태도를 뜻하는 '덕심'도 있다. '덕력'은 화력火力에 비유되는 팬덤의 위력, 힘 또는 팬으로서의 역량을 나타낸다. 앞으로 본문에서는 연구자이면서 동시에 케이팝 팬덤의 일원인 당사자성과 팬덤 참여관찰의 현장감을 살리기 위해 팬과 덕후, 팬덤과 덕질을 글의 맥락에 따라 혼용하고자 한다.

팬덤의 은어로서 새롭게 만들어진 대다수 용어들은 합성어이다. 기존에 있던 단어들을 팬덤의 맥락에서 재해석하여 덕자를 붙인다던지 또 다른 단어와 합쳐 만드는 것이다. 이러한 과정으로 생겨난 팬덤 관련 은어들은 팬들의 상태와 상황, 팬덤의 과정, 단계 및 실천 등을 표현하고 있다. 이제 본문에서 자주 사용되거나 매체를 통해 이미 널리 알려진 용어들을 중심으로 살펴보도록 하겠다.

팬과 팬덤에 대한 인식이 긍정적인 방향으로 전환되고 있지만 부정적인 함의 또한 여전하다. 그렇기에 일부 팬들은 자신의 팬덤을 일상에서, 즉 가정과 학교, 직장에서 잘 드러내지 않는다. 좋아하는 스타를 입에 올리지 않고 팬이 아닌 듯 행동한다. 이러한 행동 방식을 팬덤의 은어로 '일코'라 한다. 일코는 팬이 아닌 '일반인'과, 즐겨 보는 애니메이션이나 만화, 영화 등에 등장하는 인물의 의상을 제작하여 그대로 따라 입는 '코스튬플레이costume play'[25] 혹은 '코스프레cosplay'를[26] 합친 '일반인 코스프레'의 준말이다. 의미는 다르지만 비슷한 방식으로 신조된 '팬코'도 있다.

---

25 원래 영어 costume play는 역사적으로 특정한 시대의 의상을 고증하여 그대로 입고 연기자들이 출연하는 텔레비전 극 혹은 영화를 의미한다.

26 코스프레(Cosplay)는 costume play의 일본식 표현으로 특히 '오타쿠'들이 일본의 만화, 애니메이션, 비디오 게임 캐릭터의 의상과 머리 모양, 메이크업 등을 그대로 하는 놀이를 뜻

팬코는 '팬 코스프레'의 줄임말로 안티 팬anti fan이나 팬이 아닌 사람이 '팬인 척 가장'(코스프레)하는 상황을 표현한 용어이다. 일코를 하다가 주변에 자신의 팬덤을 드러내는 것을 '덕밍아웃'이라고 한다.[27] '덕'과 '커밍아웃coming-out'의 합성어이다. 그러나 이 용어는 다소 논란이 되고 있다. 성소수자가 "성 정체성 및 성적 지향성을 공개적으로 드러내는 일"인 커밍아웃은 기실 성소수자들이 차별과 폭력, 억압에 저항하기 위해 "자신의 성 정체성과 성 지향성을 가시화하는 정치적 선언"이다(이진송 2017). 그런데 덕밍아웃은 커밍아웃에 내포된 성소수자의 현실과 정치성을 지우고, 단지 "감추었던 것을 밝히는 행위"에만 초점을 맞춘 것이다. 물론 케이팝 아이돌 팬덤이 주류 문화에서 여전히 저평가되고, 심지어 무시당하는 것도 사실이다. 그렇다 하더라도 차별을 넘어 혐오의 대상으로 낙인찍혀 생명마저 위협당하는 성소수자와 팬을 동일 선상에 놓고 맥락을 무시한 채 용어를 차용하는 것은 도용appropriation에 다름없으며, 이는 결코 바람직하지 않다. 따라서 이 부분을 마지막으로 본문에서 덕밍아웃이란 말을 사용하지 않을 것이다.

예기치 못한 계기로 느닷없이 팬이 되는 경우를 갑자기 당하는 '교통사고'에 비유해 만든 팬덤 관련 은어도 있다. 바로 '덕통사고'이다.[28] 여기서 '팬이 되는' 단계를 한자어 '들 입入'에 덕을 붙여 '입덕'으로 표현한다. 사실 입덕은 덕후, 덕질, 성덕 등과 더불어 더 이상 팬덤 내 은어가 아닌, 대한민국의 대중매체 전반에서 볼 수 있는 관용어가 되었다. 입

한다.

27 줄여서 '덕밍'이라고도 한다.

28 덕통사고의 줄임말 '덕통' 또한 흔히 쓰인다.

덕하여 열성적으로 덕질에 매진하다 팬덤의 열정을 누그러뜨리고 '잠시 덕질을 쉬어 가는 시기'는 '쉴 휴休'자를 합쳐 '휴덕'이라 한다. 팬덤의 과정에서 '덕질을 그만두는 상황'은 '벗을 탈脫'을 써서 '탈덕'이라 일컫는다. 탈덕과 비슷한 말로 '탈빠'가 있는데, 문자 그대로 '빠순이에서 벗어남'을 의미한다.

앞서 팬덤의 개념에 '팬으로서의 자질이나 팬 활동에 참여하는 정도'가 포함된다고 제안했다. 이러한 개념을 묘사하는 은어들 또한 만들어져 사용되고 있다. 그중 '순덕'은 앞서 설명한 '까빠'와 대척점에 있는 성질의 팬으로 스타에게 '순수한' 사랑과 지지만 보내는 팬덤을 의미한다.[29] 그러나 순덕의 정도가 지나치다 보면 자신의 스타가 당연히 비판받을 짓, 심지어 범법 행위를 저질렀음에도 불구하고 무조건 옹호하고 감싸 주는 방향으로 악화될 수 있다. 이러한 순덕의 스타에 대한 무조건적 두둔 행위를 '쉴드친다'는 말로 주로 표현하는데, '방패', '보호하다'를 뜻하는 영어 '쉴드shield'를 활용한 팬덤의 은어이지만 온라인상에서 관용적으로 널리 쓰이는 유행어 중 하나가 되었다. '얕덕'은 서문에서 언급한 '라이트 팬'과 유사한 개념의 팬이다. '얕게' 덕질을 하는, 혹은 '파는'[30] 팬을 의미한다. 그러나 저자가 경험한 라이트 팬으로서의 팬덤과 비교했을 때, 얕덕은 너무 미미한 수준의 팬덤을 수행하는 것으로 보인다. 얕덕 스스로는 팬으로 자처하지만, 정작 좋아하는 스타에 관한 정보를 너무 '얕은' 수준에서 알고, 최소한 팬덤의 일원이라면 기본적으로 참여하

---

29 순덕은 본디 '순수하게' 혹은 '순전히' 한 아이돌만 덕질하는 덕후, 즉 겸덕이 아닌 덕후를 의미했다.

30 파다는 '팬질하다' 혹은 '덕질하다'를 표현하는 은어이다.

는 음원 스트리밍streaming, 음악방송 투표와 같은 팬 활동을 거의 하지 않기 때문이다. 한꺼번에 여러 스타, 케이팝의 경우 복수의 아이돌 그룹, 솔로 가수들을 동시에 좋아하는 팬, 그러한 팬덤 양상을 '겸덕'이라 칭한다. 영어로는 이를 '멀티 팬multi fan' 혹은 '멀티 팬덤multi fandom'으로 표현하는데, 외국인 중에는 스스로를 멀티 팬, 멀티 팬덤으로 정체화하는 케이팝 팬들이 상당하다.

앞서 나는 팬덤에 대해 정의하기를 첫 번째로 '팬들의 집단'이라 말한 바 있다. 팬들이 모여 집단을 이루는 곳은 물리적으로 실제 공간, 가상의 사이버 공간 모두에 걸친다. 특히 온라인은 여러모로 팬덤이 형성되기에 수월한 환경을 갖추고 있다. 스타들 또한 온라인을 통해 활동 소식을 공지, 공유하고 온라인상에서 팬들과 소통하며 오직 온라인에서만 접근 가능한 콘텐츠를 생산하기도 한다.[31] 이에 팬들은 소셜 미디어를 중심으로 모여 팬덤을 결성하고 수행한다. 트위터Twitter와 인스타그램Instagram 같은 소셜 미디어에 팬덤을 위해서만 개설한 계정을 '덕계'라 한다. '덕질(만을 위한) 계정'의 준말이다. 그런데 안티 팬 또한 소셜 미디어에 계정을 개설하고 좋아하지 않는 스타를 향한 비난을 일삼을 수 있다. 이러한 계정이 '알계'로 일컬어진다. 사실 알계는 트위터에 '계정'을 처음 생성할 때 자동으로 '알' 모양 그림이 프로필 사진으로 설정되는 것에서 착안하여, 프로필 사진을 설정하지 않은 계정을 부르는 트위터 관련 신조어이다.[32] 대부분의 안티 팬은 트위터

31 케이팝 스타들과 팬들의 온라인상 교류, 케이팝 온라인 콘텐츠에 관해서는 4장과 10장에서 보다 자세히 다루도록 하겠다.
32 현재 트위터에서 계정을 생성하면 사람의 상반신 실루엣이 자동적으로 프로필 사진으로 설정되지만, 예전에는 알 모양의 이미지기 기본이었다.

상에서 익명성을 악용하기 위하여 프로필 사진이나 바이오bio에 아무런 정보를 남기지 않기 때문에 언뜻 보기에 알계와 다를 바 없다. 그리하여 안티 팬의 계정 또한 알계로 통칭한다. 그러나 반드시 안티 팬만이 알계를 여는 것은 아니다. 앞서 언급한 '까빠'까지는 아니더라도 자신의 스타에게서 맘에 들지 않는 점이 발견되어 비판하고 싶은 팬이나, 같은 팬덤 내 다른 팬들에게 좋지 않은 감정을 표하고 싶은 일부 팬은 알계를 '파서'[33] 익명으로 험담을 퍼붓기도 한다. 같은 관심사를 가지고 같은 대상에 열광하는 사람들끼리 모인 팬덤이다 보니 내부에서 소통과 교류가 활발할 수밖에 없다. 그리고 대체로 서로에게 호의적이며 친근함을 느낀다. 그러다보면 콘서트 관람, 팬 이벤트 참여 등 특정 '덕질'을 수행할 때 동행하고 함께 하는 친구, 즉 영어로 '메이트mate'를 사귀게 된다. 이렇게 같이 덕질하는 동무(덕질 메이트)를 '덕메'라고 부른다.

덕이 붙어 신조된 팬덤의 은어들 중 '덕계못'이 있다. '덕후는 계를 타지 못한다'고 표현하는 상황의 준말인데, 팬은 스타와 만남이 허용되거나 스타를 볼 수 있는 공식적 자리에 참석하지 않는 이상 일상에서 우연히 스타와 마주치는 행운을 잡지 못함을 의미한다. 예상치 못한 자리에서 스타를 보게 되는 행운을 '계契 탄다'는 관용어구로 표현한 것이다. 팬덤 안에서는 여간해서 '계를 못 타는 덕후'와 달리 '머글'이 오히려 계를 더 잘 탄다는 우스개 얘기가 있다. 머글이란 말은 소설 『해리 포터The Harry Porter』 시리즈에서 마법사 집안 출신이 아니거나 타고난 마법 능력이 없는 사람의 명칭인 '머글muggle'에서 따왔으며, 케이팝 및 한국 대중

---

33 파다는 특히 '트위터에 계정을 여는 것'을 의미하는 은어이기도 하다.

문화의 맥락에서 머글은 팬이 아닌 보통의 사람, 즉 팬덤의 일원이 아닌 사람을 뜻한다. 머글이 계를 타는 경우는 스타가 공식 일정을 수행할 때가 아닌, 개인적으로 식당이나 상점 등을 방문할 때 주로 발생한다. 팬에게는 공개되지 않거나 팬의 접근이 엄격히 금지되는 스타의 작업 현장을 팬 아닌 행인이 지나치다 우연히 목격하는 경우도 머글이 계 탄 상황이다. 이렇게 스타와 조우한 후 비로소 입덕하는 머글이 있다. 또 어떤 머글은 들어가기에서 주석으로 짤막하게 설명한 '영업'에 넘어가 입덕할 수 있다. 다시 말해, 팬은 스타의 매력과 장점, 미담 등을 머글에게 들려주며 호기심을 유발시키고, 스타 및 팬 행사에 머글을 동반해 시험 삼아 팬덤을 경험시켜, 결국 입덕에 이르게 한다.

지금까지 팬과 팬덤을 개념적으로 살펴보고, 책에서 자주 사용할 팬덤 관련 은어와 관용적 표현들을 알아보았다. 이제 케이팝과 케이팝 팬덤을 이해하는 데 도움이 되는 몇 가지 이론과 개념을 소개하도록 하겠다.

케이팝K-pop의 역사를 추적하고 범위와 특징을 규명하는 저술들은 학계에서 이미 꽤 발표되었다.[34] 그러므로 이 자리에서 케이팝의 정의와 역사를 구체적으로 논하지 않을 것이다.[35] 다만 이 책은 '대한민국 엔터테인먼트 산업이 발탁하고 육성한 아이돌 스타들의 화려한 퍼포먼스가

---

34 국내 저서는 신현준이 쓴 《가요, 케이팝 그리고 그 너머: 한국 대중음악을 읽는 문화적 프리즘》(2013)과 이규탁의 《케이팝의 시대: 카세트테이프부터 스트리밍까지》(2016), 《갈등하는 케이, 팝: 한국적인 동시에 세계적인 음악》(2020)이 대표적이다. 외서로는 Suk-Young Kim 저 K-Pop Live: Fans, Idols, and Multimedia Performance(2018)를 권할 만 하다.
35 이후 케이팝하기 개념을 제안하는 부분에서 케이팝에 대한 저자의 관점과 이해를 상술할 것이다.

특징인 댄스 뮤직 중심의 대중음악 장르'(Shin 2009, 507; Lie 2012, 356)라는 케이팝에 대한 통상적 인식을 넘어, '한국과 해외를 넘나들며 생산, 소비되는 대중음악뿐 아니라 그와 관련된 "포괄적인 문화현상inclusive cultural phenomena"인 케이팝'(신현준 2005, 9)에 특별히 주목한다. 이 문화현상을 특징 짓는 가장 중요하고 뚜렷한 부분이 바로 팬덤이기 때문이다.

한편 케이팝이라는 '음악'과 '청취자'인 팬덤을 보다 분석적으로 바라보기 위해 적용 가능한 이론으로 '음악하기'가 있다. '음악하기' 혹은 '뮤지킹musicking'이라(이하 음악하기) 알려진 이 이론은 학계에서 음악을 다양한 방식으로 개념화하는 가운데 주창되었다. 음악학자들은 더 이상 음악을 "단일의 예술 형식"으로 규정하지 않는다(Turino 2008, 1). 음악은 "인간의 각기 다른 요구를 만족시키고 인류의 다양한 방식을 실현시키는 뚜렷한 행동 양식"이다(Turino, 2). 다시 말해, "사람이 하는 활동"이 곧 음악이다(Small 1998, 2). 이처럼 음악을 행동 양식이자 활동으로 재정의함에 따라, '음악은 명사뿐 아니라 동사'로 쓰일 수 있게 된다. 이렇게 나온 용어가 바로 음악의 동사형 '음악하기musicking'이다. 그러나 단지 작곡과 연주 활동만 음악하기에 해당되지 않는다. 크리스토퍼 스몰Christopher Small에 따르면 "음악한다는 것은 작곡, 연주, 연습, 춤, 청취 등 음악 공연과 관련되는 모든 활동에 참여"하는 것이다(Small, 9). 따라서 작곡가, 연주가, 관객뿐 아니라, 공연 티켓 판매자, 공연장 도어맨, 악기 운반 및 무대 세팅 담당자, 공연장 사운드 체크 엔지니어, 공연 후 뒷정리와 청소 도우미 모두가 '음악하는 사람'에 포함된다(Small 1998). 그런데 음악하기 이론은 단지 음악하는 사람들의 각 역할을 밝히는 데에만 제한되는 것이 아니다. 음악하는 "우리 자신"에 대한 이해, 나아가 음악하는 "타인들과 관계"에 대한 이해, 음악하기에 동원되는 다른 사물 및 "생물들과의 관계"에 대한 이해를 돕는 유용한 이론이다(Small, 13). 좀 더 구체적으로 말해, 작곡가의 창작물을 연주자가 악기로, 혹은 목소리를 사용하여 재현해 내는 소리만이 음악으로 규정되지 않는다. 오히려 공연하는 순간 동일 공간에서 들을 수 있는 모든 음향의 요소가 음악이 된다는 것이 음악하기 이론의 전제이다.[36] 그렇다면 공연에서 각기 다르게 음악하는 사람들 사이의 관계가 결국 그 음악의 의미와 특징을 만들어 낼 수 있는 것이다. 음악하기 이론은 음악하는 사람들의 관계를 통해 음악을 구체적으로 설명할 수 있게 해 준다. 또한 음악하기는 공연장 밖으로 확대될 수 있다. 공연장이 아닌 장소에서 또 다른 역할로 음악하는 사람들과 다양하게 관계를 경험하면서 음악하기를 수행할 수 있게 된다(Small, 48).

비록 음악하기는 클래식 음악 공연 분석에서 나온 이론이었지만, 학부에서 음악학, 대학원에서 음악인류학을 전공할 때 배운 이 개념을 내 연구에 적용해 나름의 방식으로 발전시켜 보고 싶었다.[37] 그리하여 이 책의 제목에 사용한 용어 '케이팝하기'는 위에서 상술한 음악하기에서 착안했다. 앞서 이 책에서는 케이팝이 무엇인지 구체적으로 정의하되, 역사를 추적하지는 않을 것이라고 언급하였다. 단, 음악하기를 응용하

---

36 미국의 현대 음악가 존 케이지(John Cage)의 대표작 〈4분 33초〉(1952)를 떠올려 보자. 이 작품을 공연할 때 연주자는 4분 33초 동안 무대 위 피아노 앞에 앉아 악보를 펼치고 각 악장의 시작과 끝에 스톱워치(stop watch)를 작동시켜 피아노 뚜껑을 열고 닫을 뿐 건반을 쳐서 피아노 소리를 들려주지 않는다. 피아노 건반을 두드릴 때 나는 일정한 음고(pitch)의 소리 대신, 4분 33초 동안 공연장에서 들리는 악보 펼치는 소리, 스톱워치 소리, 피아노 뚜껑의 개폐 소리, 피아노 의자 끄는 소리, 공연 중간 관객들의 기침이나 속삭임 등이 곡의 구성 요소이다.

37 음악하기 이론을 정립한 스몰 또한 저서 *Musicking: The Meanings of Performing and Listening*(1998)에서 클래식 공연 외에 로큰롤 콘서트와 포크(folk) 음악 페스티벌을 음악하기 개념으로 설명하기도 하였다.

여 케이팝을 케이팝하기로 재개념화하기 위해서는 우선 케이팝에 대한 몇 가지 관점들을 정리할 필요가 있다. 이를 통해 케이팝하기를 제시하도록 하겠다.

첫째, 협의의 케이팝은 다음의 음악 형식과 언어적 특징으로 묘사된다.

> 강한 억양의 영어 가사와, "중독적인 비트infectious beats"가 기반인 "춤추기 좋은 리듬danceable rhythms", 그리고 "단순하지만 귓가에 맴도는 최면성의 선율 simple, earworm-inducing melodies"로 양식화된 음악.

(Shin, 507; Lie, 356)

여기에 '이미지와 영상'이 함께 중시된다. 속되게 표현하자면 "카메라 빨"이 중요한 대중음악"photogenic" and "videogenic" popular music으로, 뮤직비디오가 케이팝 전파와 경험에 최상의 수단이 된다(Lie, 356; 신현준 2013, 59). 다시 말해, 케이팝에 익숙해지려면 앨범이나 음원을 '듣는' 것에 그치지 않고, 뮤직비디오나 라이브 공연을 '봐야' 하는 것이다(신현준, 61). 케이팝 뮤직비디오와 공연에서 젊고 매력적인 가수들이 뛰어난 가창력으로 노래를 부르고 화려한 랩을 구사하며 재빠른 춤동작과 함께 이른바 '칼군무'를 추는 광경은 케이팝의 대표적인 특징 중 하나이기 때문이다. 명사 케이팝을 '동사'로 재개념화하기 위해 이 공연자performer들, 즉 아이돌과 아이돌 공연에 우선 주목하고자 한다.

일단 케이팝이 뮤직비디오로 재생되고 라이브 공연장에서 상연될 때 청자listener들은 듣는 감각과 동시에 보는 감각을 더욱 활성화시켜 감상하면서 시청자viewer가 된다(Kim, 338). 케이팝 뮤직비디오와 라이브 공연을 볼 때 '시청자'들의 '눈'은 '멋진 외모'에 잘 짜인 안무를 정확하게 보여 주는 '공연자'들에게 고정된다. 시청자들은 아이돌로 분류되지 않는 공연자에도 관심을 보인다. 예를 들어 싸이는 애당초 아이돌로 훈련받아 데뷔한 가수가 아니었음에도 과거 케이팝의 주 소비 시장이었던 아시아를 넘어 전 세계에 케이팝 열풍을 일으킨 장본인이자 한류의 주역이 되었다. 〈강남스타일〉 뮤직비디오가 입소문을 타면서 그가 뮤직비디오에서 보여 준 승마 자세를 모방한 흥겨운 '춤 동작'이 전 세계 대중음악 팬들의 눈을 사로잡았기 때문이다. 공연자와 시청자 외에도 케이팝이 영상으로, 또 무대에서 선보여지기까지 많은 이들이 '참여'한다. 아이돌이 데뷔하기 위해서 아래와 같은 여러 훈련training 과정을 거치는데, 작은따옴표로 강조한 이들이 훈련 과정에 참여한다.

- '보컬 트레이너'에게서 레슨받아 가창력 키우기
- '힙합 뮤지션'으로부터 랩 기술 배우기
- '안무가'에게 배운 춤 동작 익히고 연습하기
- '작곡가'에게 작곡, '프로듀서'로부터 프로듀싱 배우기
- '배우'에게 연기 지도받기
- '언어 강사'와 함께 외국어 공부하기

위의 훈련 과정을 모두 거치며 데뷔에 적격하다고 판단된 연습생trainee만이 케이팝 아이돌이 되어 무대에 오르고 뮤직비디오에 등장할 수 있다.

공연의 시각, 청각적 효과를 극대화하기 위해 코러스, 악기 연주자, 댄스 팀, 메이크업 아티스트, 헤어 및 의상 스타일리스트, 무대 연출자, 사운드 엔지니어 등이 참여한다. 이들뿐 아니라, 뮤직비디오 촬영 스태프

들도 있다. 이에 신현준은 JYP 엔터테인먼트의 정욱 대표의 말을 인용하여 "인하우스 시스템in-house system"이란 표현으로 다양한 역할의 사람들이 속한 케이팝 산업의 구조를 설명한다(2013, 95). 이 시스템에는 앞서 언급한 공연자, 작곡가, 프로듀서, 안무가, 스타일리스트 외에도 편곡자와 레코딩 엔지니어, 신인발굴팀A&R, artists and repertoire, 매니저, 인턴 등이 종사한다(신현준, 95).[38] 이렇듯 케이팝 관련 활동 참여자 혹은 산업 종사자들은 대중음악 상품 생산에 동원되는 조직의 매커니즘mechanism 내지는 시스템의 일부로 여겨졌다(Kim, 339). 그러나 나는 케이팝을 한국의 엔터테인먼트 산업의 산물이나 대중음악 장르의 한 형식으로 보는 기존의 관점들과 다르게 볼 수 있는 시각을 다음과 같이 제안하며 '케이팝하기'를 주장한다.

1. 케이팝에 참여하는 다양한 사람들과 그들이 행하는 서로 다른 역할은 케이팝이 '사람이 하는 행위an activity that people do'임을 입증한다.

2. 케이팝이라는 행위에 참여하는 모든 사람들의 수행성 performativity을 중시하며 그들을 실행자practitioner로 재명명한다.

3. 이에 따라 케이팝은 동사인 '케이팝하기K-popping 혹은 to K-pop' (이하 케이팝하기)로 기능한다.

4. 또한 음악하기가 음악하는 사람들 사이의 관계를 이해하는 통

---

38 또한 신현준은 상기한 훈련 과정을 포함하여 아이돌 발굴 및 프로모션 과정을 통틀어 '케이팝 스타 시스템'이라 제안한다(2013, 96).

로가 되는 것처럼, 케이팝하기를 통해 케이팝 실행자들의 관계
를 살펴볼 수 있다.

앞서 문화현상으로서의 케이팝을 특징짓는 핵심에 팬덤이 있다고 말
했다. 케이팝하는 사람들 사이에서도 팬덤은 그 중심에 있다. 기본적으
로 팬들은 시청자로서 케이팝하기를 충실히 실천한다. 이후 장들에서
상세히 다룰 테지만 케이팝 팬들은 보고 듣는 행위 외에도 각양각색의
역할을 수행한다. 소리를 내고,[39] 이미지와 텍스트를 창출하며, 다양한
활동에 각자의 방식으로 참여한다. 이러한 역할들을 케이팝하기로 말할
수 있다. 더불어 팬들의 서로 다른 케이팝하기가 흡사 '콜라주collage'같
이 한데 모인 양상, 그리고 팬덤이 실행되고 있는 현장을 '스케이프scape'
의[40] 개념을 응용한 '팬스케이프fanscape'로 표현하고자 한다(Kim 2017).[41]
물론 앞서 살펴본 바대로 팬덤에도 다양한 개념들이 포함되어 있으
나, 접미어 '-덤-dom'에는 팬을 차별하거나differentiate 심지어 소외시킬

39 이는 비단 '떼창'만을 의미하는 것은 아니다. 떼창의 정의 및 케이팝 팬덤이 떼창을 포함
   하여 어떠한 소리를 만들어 내는지에 대해서는 3장에서 자세히 살펴볼 것이다.
40 스케이프라는 용어는 '장면(scene)'과 유사한 의미로, 특정한 장소나 행사, 괄목할 만하거
   나 어디서든 볼 수 있는 흔한 광경들의 모음으로 정의된다(Kim, 343).
41 현재 케이팝 관련 연구들에서 팬스케이프라는 표현을 심심찮게 찾아볼 수 있다. 그런데
   내가 아는 한 이 용어를 처음 고안하고 제안한 연구자는 바로 나 자신이다. 2017년 12월
   에 발표한 나의 (미출판) 박사학위논문 "K-Popping: Korean Women, K-Pop, and Fandom"
   에서 처음으로 해당 용어를 사용했기 때문이다. 최근 다른 케이팝 연구자들이 팬스케이
   프를 쓰고 있는 것은 2018년 2월부터 웹상에서 열람 및 다운로드가 가능했던 저자의 학
   위논문을 참조한 것으로 추정된다.

marginalize 여지가 도사리고 있다(Kim, 343). 따라서 나는 팬들을 덤에 가두는 대신 스케이프로 데려와 그들의 케이팝하기가 언제 어디서든 보이고 들리는 것임을 강조하고 싶다. 마치 우리 삶의 배경음악과 바탕화면처럼 말이다(Kim, 344).

제2장

입덕하기

내 친구들, 그리고 지금까지 만난 팬들은 각기 특별한 계기로 스타를 향한 팬덤을 시작했다. 나 또한 들어가기에서 밝힌 것처럼 매번 다른 동기로 대중음악 가수들과 클래식 음악가의 팬이 됐었다. 그런데 현대 자본주의 사회에서 팬덤의 형성과 수행은 '전자매체'와 떼려야 뗄 수가 없다. 이를 증명이라도 하듯 지금껏 내가 들어 왔던 '입덕기記'는 제각각 다름에도 불구하고 '텔레비전'이라는 공통분모가 있다.

애초에 동방신기의 팬이었다가 최애 멤버 준수가 그룹을 탈퇴하고 재중, 유천과 함께 JYJ를 결성함에 따라 JYJ 팬덤의 일원으로 꾸준히 활동했던 D는 자신이 입덕했던 그날을 선명하게 기억하고 있었다. 당시 10대 중반이었던 D는 주말이면 텔레비전 가요 프로그램을 시청하곤 했었다. 2004년 2월 7일에 MBC 〈생방송 음악캠프〉를 보다가 '이달의 신인' 후보로 소개되어 데뷔곡 〈HUG〉를 선보인 동방신기의 음악성과 발랄한 모습에 매료되어 D는 금세 팬이 되었다. 나의 20년 지기 E는 가족들이 모두 잠든 사이 홀로 MBC 예능 프로그램 〈라디오 스타〉를 시청하던 중 게스트였던 은지원에게 덕통사고를 당해 '젝스키스'에 입덕했다.

1997년에 데뷔, 2000년에 해체한 한국의 1세대 아이돌 그룹 젝스키스는 MBC 〈무한도전〉 프로젝트를 통해 2016년 4월에 재결합하여 성공적으로 컴백한 참이었다. 컴백을 기념하며 〈라디오 스타〉에 출연한 젝스키스가 프로그램 마지막에 보여 준 〈Road Fighter〉(1998) 라이브 무대에 선 은지원을 보고 친구는 자기도 모르게 빠져들었다. 현재 내가 덕질하고 있는 AB6IX의 팬들 가운데, 특히 대휘와 박우진(이하 우진)이 최애 멤버인 ABNEW의 상당수는 Mnet이 제작한 서바이벌 오디션 프로그램 〈프로듀스 101 시즌2〉를 시청하며 참가 연습생이었던 우진과 대휘를 응원하다 입덕해 '워너원Wanna One'을 거쳐 AB6IX까지 팬덤을 지속하고 있는 팬들이다.[42]

그럼 나는 어떻게 AB6IX에 '입덕'했을까? 서문에서 짤막하게 언급했지만 나 역시도 텔레비전의 영향을 받았다. 그러나 입덕 전후로 다른 가수 팬덤에서 휴덕과 탈덕을 경험함은 물론, ABNEW로 정체화하기까지 다소 곡절이 있었다. 이제 저자가 AB6IX 팬덤에 들어가 안착하기까지의 과정에서 몇 가지 주요 단계들을 중심으로 기술해 보고자 한다. 이 입덕기를 읽으며 1장에서 제안한 팬덤의 여러 개념들을 다시금 상기해 보는 것도 좋을 것이다.

휴덕 중 당한 덕통사고

2015년 여름부터 2018년 겨울, 엄밀히 2018년 12월 중순까지, 이따금

---

42 둘은 프로그램에서 선발하는 최종 11명에 들어 케이팝 프로젝트 그룹 워너원으로 데뷔했

느슨해진 적도 있었지만 어쨌든 나는 JYJ 팬덤에 제법 단단히 결속되어 있었다. 물론 2016년 6월에 멤버 유천이 예전부터 저지른 여러 건의 성폭행이 발각되면서 대부분 JYJ 팬들과 마찬가지로 그를 보이콧boycott하고[43] 유천에게서는 완전히 탈덕했으나, 최애 준수만 바라보며 꾸준히 팬덤을 유지해 갔다. 2017년 2월 9일에 입대했다가 이듬해 11월 6일에 제대한 준수는 곧장 활동을 재개했다. 11월 30일부터 12월 2일까지 사흘에 걸쳐 《WAY BACK XIA》라는 솔로 콘서트를 열었고, 12월 12일부터는 뮤지컬 《엘리자벳》에 출연했다. 나는 콘서트의 마지막 날 준수를 보러 갔다. 변함없이 뛰어난 가창력과 춤 실력, 무대 장악력에 행복했던 시간이었다. 그러나 콘서트에서 열광하고 감동받았던 순간들과는 별개로 내 팬덤에 슬슬 회의가 생겼다. 뮤지컬 배우를 겸업하고 있는, 아니 뮤지컬계에서 더욱 활발한 준수를 계속 덕질할 자신이 없었기 때문이었다. 물론 나는 준수가 출연했던 뮤지컬 《드라큘라》를 총 2주 동안의 공연 중 세 번 보러 갔었고, 《데스노트》는 심지어 미국에서 '피켓팅'에[44] 성

었고, 프로젝트 종료 후 워너원이 해체함에 따라 자신들의 원 소속사 브랜뉴뮤직으로 돌아와 그룹 AB6IX의 멤버로서 다시 데뷔했다.

43 당시 JYJ 팬덤의 본거지였던 《디시인사이드(DCinside)》〈JYJ 갤러리〉(이하 DC JYJ갤러리)에서는 팬들의 중론을 모아 〈최근 박유천 사건에 대한 DC JYJ갤러리의 입장 표명〉을 공지했다. 입장문에서 팬덤은 유천의 성범죄를 강력히 규탄하며 그에 대한 지지 철회를 천명하였다. 이미지 파일(jpg)로 올라온 입장문의 파일명이 "내_청춘_시발"인 것이 꽤 인상적이었다. 공지 전문은 https://gall.dcinside.com/board/view/?id=jyj&no=1825795에서 확인할 수 있다.

44 피켓(Picket)을 들고 시위한다는 의미의 피켓팅(picketing)과 발음 및 한글 표기는 같지만 뜻은 전혀 다른 용어이다. 매표의 티켓팅(ticketing)과 매우 치열한 상황을 뜻하는 관용어 '피 튀기다'의 피가 합쳐져 '피 튀기는 티켓팅'을 의미하는 신조어이다. 좌석수가 제한된 공연, 스포츠 경기 등의 티켓 예매에 성공하기 위해 수많은 팬들이 치열하게 경쟁하는 상황을 표현하는 팬덤 내 은어였으나, 최근 들어 한국의 주요 언론 매체 기사에서도 이 표현

공하여 무대와 굉장히 가까운 좌석에서 관람하기도 했었다. 뮤지컬《도리안 그레이》를 보러 가서는 도리안 그레이로 분한 준수의 사진이 박힌 공식 MDmerchandise(이하 MD 혹은 굿즈) 구입에 티켓 가격과 맞먹게 지출하고 왔었다. 그러나 사실 뮤지컬이 내가 썩 즐기는 공연 장르는 아니다. 전 소속사와 분쟁으로 인해 JYJ 활동을 제대로 할 수 없었던 시기, 준수에게는 뮤지컬이 활로였다는 걸 알기에, 이제는 뮤지컬 배우로도 인정받고 있는 준수가 자랑스러워 뮤지컬 공연장을 찾았던 것이지, 뮤지컬 자체에는 집중을 못한다. 극과 음악을 동시에 좇는 걸 잘 못한다는 게 더 정확한 표현일 것이다.[45] 결국 난 준수가《엘리자벳》에 출연을 시작한 즈음부터 휴덕에 들어갔다.

박사학위를 마치고 귀국한 지 1년이 다 되어 갔지만 한국 생활에 좀처럼 적응하기 힘들었다. 그나마 준수 팬덤을 실천하며 버텨 왔던 날들이 그 활동을 잠시 멈추게 되자 견디기에 더욱 힘들어졌다. 나는 헛헛하면서도 겉도는 심정을 달래 보려고 휴대폰과 노트북, 텔레비전으로 음악 및 예능 등을 시청하면서 2018년 12월 말을 보내고 있었다. 연구 분야와도 관련이 있기에 케이팝 아이돌 가수들이 대거 출연하는 지상파 TV의 연말 가요 프로그램들은 좀 더 집중해서 봤다. 그 프로그램들은 당해의 케이팝 트렌드를 정리할 뿐 아니라, 출연 가수들의 커버, 합동 무대를 통해서 한국 대중음악의 역사도 되짚어 볼 수 있게 해 주기 때문에 시청 가치가 충분했다. 12월 28일에는 KBS 2TV에서 방영하는 〈2018

을 사용할 정도로 관용어가 되었다.

45 극음악 혹은 음악극이 아닌 음악으로 이야기를 들려주는 '판소리'는 꽤 좋아해서 소리꾼 이자람의 창작 판소리 공연장을 가끔 찾곤 한다.

KBS 가요대축제〉(이하 가요대축제)를 시청했다. 그보다 사흘 전 〈2018 SBS 가요대제전〉을 이미 봤던 터라 라인업이 겹치는 가수들의 무대를 서로 비교해 보면 더 재미있게 시청할 수 있을 것이었다. 두 프로그램에 모두 출연한 선미는 그해 발표하여 큰 인기를 얻었던 싱글 〈주인공〉과 미니앨범 《WARNING》의 타이틀 〈사이렌Siren〉을 공연했는데, 〈가요대축제〉에서 〈주인공〉 무대는 후배 아이돌 가수들과 함께 꾸몄다. 이 무대를 좀 더 묘사해 보자면, 처음 무대 위엔 선미와 '레드벨벳Red Velvet' 멤버 슬기가 앉아 있다. 첫 악구phrase는 슬기가 부른 후 선미가 다음 악구를 이어 부르고, 둘이 번갈아 노래하며 첫 절verse을 끝낸다. 첫 절 후 간주가 흐를 때 음악에 맞춰 선미와 슬기가 춤을 추는 동안 무대 아래에서부터 또 다른 아이돌 가수 한 명이 슬며시 등장한다. 그는 선미, 슬기와 다른 성별의 아이돌, 워너원 멤버 대휘이다. 무대에 모습을 완전히 드러내자마자 그는 여성 백댄서들에게 둘러싸여 함께 춤추며 두 번째 절을 노래하기 시작한다. 두 번째 절의 후렴에서 대휘는 노래를 멈추고, 슬기와 선미가 다시 이 부분을 번갈아 부른다. 그 사이 대휘는 선미, 슬기에 자연스럽게 합류해 셋이 똑같은 동작으로 원곡의 특징적인 안무를 선보인다. 마지막 악절passage은 슬기, 대휘에 이어 곡의 원가수인 선미가 마무리하며 이 공연 무대를 마친다. 약 3분가량의 무대에서 1분 30초가 지나서야 등장하여 선배 아이돌들과 어울려 공연한 대휘의 인상은 지금까지 내가 다른 음악가들에게서 받았던 것보다도 한층 더 강렬한 것이었다. 무대 중간에 투입되었다고는 하지만, 여가수 곡의 원래 조성key으로, 자신보다 앞서 공연하고 있던 선미, 슬기의 노래와 위화감이 느껴지거나 그들보다 튀지 않도록 조절해 부르는 가창력이 우선 놀라웠다. 그의 동작이 만들어 내는 춤선과 대휘가 공연 내내 보여 준 표정은 더욱 인상

깊었다.

텔레비전 쇼 프로그램에서 남성 가수가 여성 가수의 곡을 커버하는 대개의 경우, 남성은 여성의 의상을 입고 여장하는 것에 매우 어색해 한다. 이는 단지 이성의 외양 및 차림을 보여 주는 행위가 우리 사회에서 다수의 사람들이 일상적으로 실천하는 일이 아니기 때문에 촉발되는 감정만은 아니다. 여성의 겉모양새를 재현해 내는 그 순간 자신의 남성성이 탈각되는 게 당황스러운 것이다. 그리하여 공연 중에도 스스로의 성별을 확인identify하고 그에 부여, 권장되는 남자다움을 훼손시키지 않기 위해, 나아가 남성성이 거세된 남자라는 비난에서 벗어나기 위한 방편으로, 차라리 커버하는 대상의 원래 동작과 표정을 과장되고 우스꽝스럽게 표현해 버린다. 다시 말해, 남성 가수가 여성 음악을 커버할 때 수행perform하는 여성성은 희화화된 것이며, 이는 커버하는 남성 개인의 문제라기보다 성별화된 사회와 문화에서 심화된 '성차별적gender discrimination 관습'의 영향을 받은 탓이다. 이렇게 커버 무대에서 재현된 여성은 자칫 조롱과 심지어 혐오의 대상이 될 수 있다. 그런데 대휘의 〈주인공〉 공연은 달랐다. 물론 대휘가 이 공연을 위해 여장을 하지는 않았다. 만 17세 소년으로서 짧은 머리에 남성의 슈트를 입고 무대에 올랐다. 그러나 위에서 지적한 경우와는 전혀 다른 마음가짐이 드러나는 공연이었다. 본래 여성 가수를 위해 짜인 안무 동작들의 특징 및 이미지를 대휘는 남성의 몸을 통해 진지한 자세로 정확하게 재현했다. 곡의 영어 제목이 〈Heroine〉, 한국말로 옮기면 '여주인공'인 음악 공연 무대에서 남자 아이돌 대휘의 존재와 그의 남성성, 그가 여자 아이돌 선미, 슬기와 어우러져 재현하고 수행하는 여성성이 병립하면서 무언가 특별한 의미를 만들어 내고 있었다. 아무리 이 무대 콘셉트concept가 프로그램 제작자 측 계획이었다지만, 공연자의 동의와 의지 없이는 불가능했을 터이다. 어느새 나는 대휘와 이 공연을 곱씹게 되었다. 바로 '덕통'(덕통사고)이었다.

며칠 후 2019년 1월 초에 나는 친구 B와 만났다. B는 인피니트 팬덤을 완전히 그만두고 새롭게 'NCT 드림DREAM'을 덕질 중이었다. 또 비록 라이트 팬이지만 멤버 예리를 최애로 레드벨벳의 팬덤에도 가담하고 있었다. B의 새 팬덤, 나의 준수 휴덕 등 '빠순' 근황에 대한 대화가 장시간 이어졌다. 얘기 끝에 요사이 대휘에게 관심이 생겨 워너원 활동이 종료되면 대휘가 새롭게 데뷔할 아이돌 그룹을 지켜볼까 한다니, B는 아무래도 내 팬덤에 '환승'[46] 시기가 온 것 같다고 조언해 줬다. 마침 난 2주 후면, 몇 달 전 현지인들을 제치고 간신히 '피켓팅'(피 튀기는 티케팅)에 성공한 '방탄소년단BTS'《LOVE YOURSELF》월드 투어의 싱가포르 공연을[47] 관람할 예정이었기에, 어쩌면 방탄소년단 팬덤으로 갈아탈 수도 있겠다는 생각을 했다. 그러나 일주일간 싱가포르에 머무르며 공연을 포함하여 현지 케이팝 팬덤 현장 연구에서 값진 경험을 하고 중요한 자료들을 수집하는 데에는 성공한 반면, '아미ARMY'로[48] 환승은 성공하지 못했다. 싱가포르에서 돌아온 지 며칠 뒤 대휘가 발표한 음악을 듣게 됐다. 대휘는 같은 회사 소속이면서 워너원 멤버인 우진과 듀엣으로 부른 〈Candle〉을 디지털 싱글로 발매했는데, 음원이 처음 공개된 1월 29일은 그의 생일이라 깜짝 선물로 팬들에게 선사하는 '팬송'이라

---

46 한 팬덤을 그만 두고 다른 스타의 팬덤으로 옮겨 가는 것, 다른 말로 한 스타에게서 탈덕 후 다른 스타에게 입덕하는 상황을 환승이란 말로써 비유적으로 표현한다.

47 이 공연은 2019년 1월 19일 싱가포르 국립 경기장(Singapore National Stadium)에서 열렸다.

48 방탄소년단의 공식 팬클럽과 팬덤의 명칭이다.

고 했다.[49] 팬송인만큼 가사와 선율, 리듬, 분위기 모두 밝으면서도 포근함이 느껴지는 곡이었다. 대휘가 작사, 작곡, 프로듀싱을 맡았고, 우진이 곡의 랩 가사를 썼다. 곡을 듣다 보니 '음악적 재능이 뛰어나구나'하는 감탄이 절로 나왔지만, 또 동시에 '아직 만 열여덟 살밖에 안 됐고, 더구나 (당시) 가장 핫hot한 아이돌 그룹 워너원 멤버라 눈코 뜰 새 없이 바쁠 텐데, 그 와중에 설마 이 곡을 직접 썼을까'라는 의심이 들었다. 미국에서 한창 학위논문 쓰던 시기에 〈프로듀스 101 시즌 2〉가 방영했기 때문에 사실 난 그 프로그램을 제대로 본 적이 없었다. 워너원에 대해서도 11명이라는 멤버 수, 시청자 투표로 프로그램 최종회에서 1위를 차지한 멤버, 데뷔곡 〈에너제틱Energetic〉 정도만 알고 있었기 때문에 막 관심이 생긴 대휘에 관해서 아는 바가 많지 않았다. 〈프로듀스 101 시즌 2〉 초반 소속사 평가에서 브랜뉴뮤직BRANDNEW MUSIC 소속 연습생으로 참가한 대휘, 우진, 김동현(이하 동현), 임영민(이하 영민)이 대휘가 트랙, 가사, 멜로디를 쓰고 편곡까지 도맡았던 자작곡 〈HOLLYWOOD〉 무대로 평가받았던 사실 또한 나중에서야 알았다. 〈Candle〉을 들으면서 품었던 의심은 나의 무지와 편견에서 비롯된 것이었다. 무지했으며, 색안경을 끼고 의심했던 그때의 나를 반성한다.

탈덕, 입덕, 입덕 부정기의 결말

대휘에게 덕통사고를 당했지만 금세 팬덤을 실행에 옮기지는 않았

---

49 특히 대중 가수가 자신의 팬들에게 감사와 애정을 표현하기 위해 만든 노래이다.

다. 그저 '입덕 부정기'를[50] 거치는 중이었다. 이 시기에 친구 B가 조언했던 대로 팬덤을 갈아타기 위해 대휘 외에도 다른 아이돌 가수들을 염탐했다. 3월 중순부터 4월 초까지는 신생 그룹 '투모로우바이투게더 TOMORROW X TOGETHER'(혹은 줄여서 TXT) 데뷔 미니앨범을 집중적으로 들었다. 4월 13일에는 '플미'[51] 티켓까지 구입해서 매진을 기록한 '몬스타엑스Monsta X'《WE ARE HERE》월드 투어의 서울 콘서트를 관람했다. 관람 전 앨범 타이틀을 중심으로 인기곡들을 들으며 '예습'했고, 콘서트를 본 후엔 공연에서 좋았던 곡들을 '복습'했다. 또한 Mnet이 제작한 몬스타엑스 멤버 셔누의 '먹방' 유튜브 콘텐츠 〈셔누의 욤냠냠〉을 챙겨 보며 '몬베베MONBEBE'가[52] 되어 볼까 잠시 고민하기도 했었다. 5월 초에는 미국까지 날아가서 아미로 환승을 다시 한번 시도했다. 방탄소년단의 스타디움 투어 《LOVE YOURSELF: SPEAK YOURSELF》 일정 중 로스앤젤레스Los Angeles(이하 LA) 로즈볼 경기장Rose Bowl Stadium에서[53] 열린 콘서트를 열심히 참여관찰하고 왔지만, 이번에도 환승에 실패했다.

미니앨범 《B:COMPLETE》가 2019년 5월 22일에 발매되면서, 이윽고 대휘는 우진, 동현, 영민, 그리고 전웅(이하 웅)과 함께 그룹 AB6IX로 데뷔했다. 앨범이 나온 직후 난 구독하고 있는 음원 사이트에서 일단 《B:COMPLETE》를 쭉 들어 봤다. 수록된 일곱 곡 중 어느 하나도 대

---

50 누군가의, 혹은 무엇의 팬이 된, 말 그대로 입덕한 자신의 상황을 받아들이지 못하고 부정하는 시기를 의미하는 팬덤 관련 신조어이자 은어이다.

51 '프리미엄(Premium)'의 준말로 원래 가격보다 비싸게, 프리미엄을 붙여 티켓을 되파는 것을 뜻하는 팬덤 내 은어이다.

52 몬스타엑스의 공식 팬클럽과 팬덤 이름이다.

53 LA 로즈볼 경기장에서는 5월 4일과 5일 이틀 동안 콘서트가 열렸고, 저자는 5월 5일 공연을 참관했다.

충 들어 넘길 것이 없었다. 각 곡의 스타일과 분위기가 모두 다른데 특색이 있었고, 모든 곡의 사운드가 내 취향이었다. 특히 앨범의 타이틀 ⟨BREATHE⟩의 코드 진행은 지금껏 들어 왔던 다른 케이팝 아이돌 음악과 확실히 다르게 들렸다. 전형적이지 않았으며, 무엇보다 세련된 화성 진행에 탄복할 수밖에 없었다. 이 곡의 후렴 중 "I Wanna Breathe Just Set Me Free" 부분을 노래하는 대휘의 창법과 음색은 정말 독특해서 굉장히 인상적이었다. 친구 C가 이 부분을 ⟨BREATHE⟩에서 '킬링포인트 killing point'라고[54] 표현했던 것처럼, 대휘의 목소리는 AB6IX 데뷔 타이틀의 화룡점정을 찍었다. 결과적으로 앨범의 곡들은 음향sound 및 편곡 instrumentation 혹은 orchestration이 나의 '취향을 제대로 저격'했고, 음악적 완성도가 높아 매우 만족스러웠다. 이뿐 아니라 첫 트랙 ⟨ABSOLUTE⟩ 작곡을 제외하면 그룹의 멤버들이 나머지 수록곡들의 작사, 작곡에 참여했다는[55] 점은 내 마음을 더욱 동하게 했다. 사실 현재 적지 않은 아이돌 가수들이 무대 위 공연자라는 주업무 외에 작사가, 작곡가, 프로듀서로도 역할하고 있다. 그러나 대개 흥행을 보증할 수 있는, 다시 말해 케이팝계에서 이미 실적이 좋고 유명한 작곡가, 작사가, 프로듀서가 아이돌

---

54 음악, 영화, 드라마 등 미디어 작품에서 가장 두드러지는 부분을 표현하기 위해, 영어 하이라이트(highlight), 혹은 하이 포인트(high point)의 동의어로 사용되는 한국식 영어 표현, 즉 콩글리시(Konglish)이자 신조어이다. 줄여서 '킬포'라고도 한다.

55 첫 트랙 ⟨ABSOLUTE⟩의 작사에 영민, 우진, 대휘가 참여했고, 두 번째 트랙이자 AB6IX의 첫 팬송인 ⟨별자리(SHINING STAR)⟩는 동현의 자작곡이다. 나머지 트랙들 ⟨BREATHE⟩, ⟨FRIEND ZONE⟩, ⟨LIGHT ME UP⟩, ⟨둘만의 춤(DANCE FOR TWO)⟩, ⟨HOLLYWOOD⟩는 대휘가 작사, 작곡했다. 또한 앞서 본문에서 언급했듯이 ⟨HOLLYWOOD⟩의 편곡자는 대휘이다. 그룹의 래퍼인 우진과 영민은 ⟨FRIEND ZONE⟩을 제외한 앨범 전 곡의 랩 파트를 썼다.

앨범과 타이틀을 담당한다. 데뷔한 지 오래되어 꾸준히 음악성을 인정받고 입지가 확고한 아이돌이 아니고서야, 아이돌 가수가 만든 곡을 앨범 타이틀로 내는 경우란 흔치 않다. 그런데 AB6IX는 데뷔부터 멤버들의 자작곡을 전면에 내세우고, 대휘는 프로듀싱까지 해냈다.[56] 이렇게 이모저모 입덕할 요건들이 충분했음에도 불구하고, 나의 입덕 부정기는 쉬이 끝나지 않았다. 팬덤에 몸담을 준비가 미처 되지 않았다고나 할까. 그 시기에 준비를 시작해 여름 동안 완수해야 할 일들(학회 참석 및 발표, 여름 학기 수업, 현장 연구)이 덕질보다 우선순위에 있었기 때문이었다.

한편 준수는 5월 31일에 시작하여 사흘 동안 고려대학교 화정체육관에서 《WAY BACK XIA》 앙코르 콘서트를 열었다. 언젠가부터 나는 생일을 자축하는 의미로 생일 즈음에 볼 수 있는 콘서트 티켓을 스스로에게 선물하곤 했었다. 2013년 성시경의 《축가》 콘서트, 2014년에는 LA에서 열린 역시 성시경의 공연, 2016년 준수가 네 번째 솔로 앨범 《XIGNATURE》 발매 직후 가졌던 아시아 투어의 서울 콘서트, 2018년에 성시경 《축가》와 윤종신의 《Shape of Water》 콘서트가 선물들이었다. 준수의 앙코르 콘서트 역시 우연찮게 생일에 맞춰 열리게 되었다. 게다가 공연 첫날은 고려대학교에서 콘서트 시작 시간 전까지 강의가 있었다. 그러나 난 예매조차 하지 않았다. '돌덕'들끼리 하는 말이 있다. 고려대 화정체육관, 삼성동 코엑스홀, 일산 킨텍스 공연장은 탈덕을 부른다고. 지난한 팬덤을 끝장내기 위해 저기에서 열리는 콘서트를 일부러 참관한다고. 저 장소들은 기실 음향이 엉망인 것으로 악명 높다. 애초에

---

56 Mnet에서 제작, 방영했던 AB6IX의 데뷔 리얼리티 쇼 〈BRANDNEWBOYS〉 6화(2019년 5월 23일 방송 분)에서는 대휘가 데뷔 앨범 프로듀싱에 참여하는 것을 보여 준다.

음악 공연을 위해 설계된 곳이 아니기 때문에 무대 위 연주자의 실력과는 전혀 상관없이 형편없는 울림에 귀를 혹사당한다. 좌석 또한 불편하고 객석 구역에 따라 공연자가 마치 면봉처럼 보이기도 한다. 이렇게 척박한 환경에서 공연을 관람하다 보면 팬덤을 그만둘 의지가 자연스레 생길 수 있다는 것이다. 그런데 그런 곳에서 준수가 콘서트를 한다니 만감이 교차했다. 아무리 휴덕 중이라고 하지만 3년 넘도록 내 최애인데, 잠깐만이라도 들러 보고 싶어 수업 후 화정체육관 쪽으로 걷다가 이내 돌아섰다. 그리고 나는 비로소 준수와 JYJ로부터 '탈덕'했다.

AB6IX는 7월 13일과 14일 이틀 동안 데뷔 후 첫 팬 미팅《1ST ABNEW》를 서울에서 개최했다. 입덕 부정기를 겪으며 AB6IX의 공식 팬클럽 가입 기간을 놓친 나는 팬클럽 회원들만 가능한 선예매에 참여할 수 없었고, 일반 예매에도 성공하지 못했다. 대신 매진된 팬 미팅 티켓을 구하기 위해 예매 사이트에 대기자로 이름을 올렸는데 운 좋게 대기가 풀려 첫날에 참여할 수 있었다. 팬 미팅인지라 그룹은 앨범 수록곡의 공연보다는 팬덤과 소통에 시간을 더 할애했다. 각종 게임과 대화를 통해 '팬들에게 즐거움을 선사'하는 한편, 멤버 각자가 '연예인'이면서 10대 후반의 '소년' 혹은 20대 초중반 '청년'인 자신을 알리려고 최선을 다하는 모습에서 저들이 스스로를 케이팝 아이돌로 정체화하는 identification with K-pop idols 방식을 엿볼 수 있었다. 무엇보다 그들에게선 이전 세대 아이돌들과는 다른 태도와 에너지가 느껴졌다. 팬들 또한 AB6IX가 마련한 이벤트를 즐기고 그에 반응하며 능동적으로 팬덤을 수행했다. 다시 말해, 팬들은 주체와 객체 역할을 오가면서 행사의 성료에 한몫했다. 당연히 소속사의 기획이겠으나, 팬 미팅장에서 퇴장할 때 팬덤 이름 ABNEW와 팬덤의 로고를[57] 알파벳 틈에 배열한 디자인이 깔끔

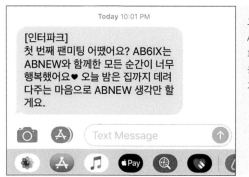

그림 1.
AB6IX 팬 미팅《1ST ABNEW》후 인터 파크(INTERPARK)에서 예매자(관람자) 들에게 일괄적으로 발신한 휴대폰 문 자 메시지(출처: 저자)

하게 날염된 에코백을 선물받았다. 그리고 귀가하는 길에는 예매처가 대행하여 발신한 AB6IX의 메시지를 받았다(그림 1). 에코백과 문자 메시 지에 흐뭇한 내 자신을 의식하게 되자 이제 그만 입덕을 인정할 때가 된 것 같았다. 그리고 약 한 달 뒤 입덕 부정기에서 벗어나게 되었다.

2012년부터 시작된 케이콘KCON(이하 케이콘)은 케이팝뿐 아니라 외국 에서 인기 있는 한국의 대중문화(드라마, 영화, 미용, 패션, 음식 등) 상품을 해외 현지에 소개하고 판촉, 판매하는 대회convention이다. 여기에서 케이 팝 가수들은 기자회견과 쇼케이스showcase, 혹은 팬들이 스타의 손을 잡 아 볼high-touch 수 있는 행사가 포함된 소규모 팬 미팅meet and greet을 갖고, 합동 콘서트에 참석해 공연한다. 첫해에는 미국 캘리포니아California 주 어바인Irvine에서 케이콘이 열렸는데, 이듬해부터 장소를 LA로 옮겨 한 류 관련 대규모 대회로 자리매김하게 됐다.[58] LA까지 차로 1시간 정도

---

57 AB6IX는 그룹뿐 아니라 멤버 각자마다 고유의 로고가 있고, 팬덤 ABNEW의 로고가 정해 져 있다.

58 2015년부터는 미국 뉴욕과 일본에서도 케이콘이 개최되고 있으며, 2016년엔 아랍에미 리트의 아부다비와 프랑스 파리에서, 2017년 멕시코시티, 호주의 시드니, 그리고 2018-

(80여km 거리) 밖에 걸리지 않는 리버사이드Riverside와, 리버사이드 바로 옆 도시 모레노 밸리Moreno Valley에서 도합 3년 반을 살았지만, 정작 그 시기 동안 케이콘에 가 본 적은 없었다. 그러다 현장 연구의 일환으로 현지 날짜 8월 15일부터 18일까지 LA에서 개최되는 2019년 케이콘2019 KCON LA Festival을 참여관찰하기 위해 한국 시간 15일에 출국했다. 체크인을 하고 출국장으로 향하는 길이었다. VIP 승객 체크인 카운터 쪽에 많은 이들이 몰려 있었고, 대부분은 일명 '대포'라 불리는 커다란 고성능 디지털 카메라DSLR(이하 DSLR)를 들고 있었다. 옆에 있던 항공사 직원이 나에게 아이돌 가수 청하가 저기에 있어 팬들이 몰려든 것이라고 귀띔해 줬다. 청하는 2016년 방영된 〈프로듀스 101〉에서 결성했던 프로젝트 그룹 '아이오아이I.O.I' 출신에, 그룹 해체 후 '댄스음악' 주특기인 솔로 가수로서 성공적인 데뷔를 마쳤다. 호기심에 청하의 팬이라는 사람들에 섞여 그를 기다렸다. 잠시 후 누군가가 VIP 체크인 데스크에서 나왔으나 기다리던 청하가 아닌 AB6IX 멤버들이었다. 그들 중에도 대휘가 가장 먼저 모습을 드러냈다. 대포를 든 팬들이 일제히 멤버들을 에워싸 셔터를 눌러 댔고 난 짐짓 그들과는 몇 발짝 떨어져 출국장 쪽으로 걸었다. 나 또한 휴대폰으로라도 사진을 찍고는 싶었지만 '찍덕'[59] 혹은 '홈마'라[60] 불릴 그들과 동일한 팬덤을 수행하고 싶지는 않았다. 그런데

19년에는 태국에서 한시적으로 케이콘이 열린바 있다. 코로나19 바이러스 대유행이 시작된 2020년부터는 케이콘택트(KCON:TACT)라는 명칭으로 케이팝 공연 및 미니 팬 미팅, 대담 등의 이벤트를 온라인으로 진행하고 있다.

59 찍덕은 '찍다'와 덕후의 합성어로, 찍는 것, 즉 촬영을 좋아하고 그 활동에 보다 집중하는 덕후(팬)를 뜻한다(이민희 2013, 53).

60 홈마에 대해서는 4장과 5장에서 상술하도록 하겠다.

AB6IX 멤버들 또한 출국장으로 급하게 향하는 것이었다. 뒤따르던 팬들은 출국장 입구에서 하나 둘씩 떨어져 나갔고, 공교롭게도 '나의 새로운 스타들'과 나란히 출국장에 입장하게 되었다. 그들이 손을 뻗으면 닿을 법한 거리에 있다는 사실에 너무 긴장되고 떨렸지만 평정심을 잃지 않으려 애썼다. 특히 소지품 검사대에서는 멤버 영민이 내 바로 전 차례여서 말 그대로 그의 등 뒤에 밀착해 순서를 기다리기도 했다. AB6IX 멤버들과 나는 다른 종류의 비자로 미국 방문을 하는 것이라 출국심사 마지막 관문에서 그들과 멀어졌다. 비자 면제 관광객인 내가 먼저 출국장을 빠져나왔다. 이미 출국장 안에서 함께 있었던 것에 만족하며 미련 없이 면세품 인수장 쪽으로 가던 도중 나와 다른 문에서 나오는 그들과 다시 한 번 마주쳤다. 누군지 확실히 몰라도 연예인인 것 같으니 수군거리며 AB6IX를 향해 휴대폰 카메라를 드는 행인들 틈에서, 후들거리는 손으로 간신히 전화기를 부여잡고 멤버들이 내 앞을 지나치는 찰나 재빨리 촬영했다. 케이콘 사전 조사 단계에서 그들이 라인업에 포함된 정도는 알고 있었다. 그렇지만 신참 덕후가 무슨 수로 스타의 출국 스케줄까지 꿸 수 있겠는가. 순전히 우연한 기회로 AB6IX와 맞닥뜨렸던 2019년 8월 15일. 대한민국의 광복을 기념하는 날이자, 내 팬덤 역사에서는 '덕계못'이 깨어진 기념일이다. 그리고 '덕후가 계 탄 순간'을 짧으나마 영상으로 남길 수 있었던 행운의 날이다.

케이콘 참여관찰에서 보다 많은 정보와 자료를 수집하기 위해 LA에 도착하자마자 강행군에 돌입했다. 다행히 AB6IX는 참관을 계획했던 케이팝 신인 소개 행사KCON ROOKIES와 합동 콘서트에 모두 출연했고, 이틀 동안 진행된 합동 콘서트에서는 첫 날인 8월 17일 무대에 올라 〈BREATHE〉, 〈별자리〉, 〈HOLLYWOOD〉 세 곡을 순서대로 공연했다.

무대 위 대형 모니터에서 그룹 소개 영상이 나오고 어두운 무대에 붉은 조명이 비치며 멤버들이 등장했다. 그런데 우진은 보이지 않았다. 사실 우진은 6월에 발목 부상을 입은 이래로 회복 중이었다. 그럼에도 팬 미팅 중 의자에 앉은 채로 공연을 소화해 냈었기에, 아직 조명이 비추지 않은 무대 한 구석에 우진이 앉아 있으려나 싶었다.[61] 첫 곡 〈BREATHE〉 시작 전 짤막한 인트로intro가 삽입되었는데, 곡의 후렴을 디스코disco풍 기악instrumental 버전으로 편곡한 음악에 맞춰 대휘, 동현, 웅, 영민이 차례대로 자유롭게 짧은 독무를 추며 무대를 꾸몄다. 이 부분을 마치고 곡의 전주가 흐르자 아직 무대 위에 등장하지 않은 우진을 제외한 나머지 멤버들이 본격적으로 〈BREATHE〉를 선보였다. 첫 번째 악절 후 우진이 담당하는 랩 파트에 이르자 "밖에 날씨는 자유롭지 못해 크게 한번 숨 쉬고파 Breathe 답답함을 Drink"라고 하는 우진의 육성이 들리며 무대 밑에서 그가 스르르 올라왔다. 무대 위로 완전히 모습을 드러낸 우진은 나머지 부분을 열정적인 라이브로 장식했다. 특히 그 파트 마지막 "나는 발버둥을 치네 어서 여길 떠나 Let's Get it Get it Get it"를 그 어느 때보다도 힘차게 읊고 지른 그의 목소리 톤tone과 음색에 나는 완전히 사로잡혔다. 또한 후에 의자로 이동해 앉아서 공연을 이어가긴 했으나 무대에 서서 곡의 첫 랩 파트를 완수한 그에게 큰 감동을 받았다. 이렇게 2019 케이콘 LA 콘서트에서 우진이 보여 준 래핑rapping과 의지 및 의기 덕분에, 나는 드디어 입덕 부정기에서 탈출하는 데 성공했다. 그리고 마

침내 'ABNEW'가 되었다.

공부는 나의 힘

앞서 이야기했듯이 대휘에게 덕통을 당한 날부터 7개월여, AB6IX 데뷔일로부터 계산하면 3개월이 조금 안 되는 기간 동안 새로운 팬덤에 대한 의심과 망설임, 즉 입덕 부정기를 겪고 나서야 스스로 ABNEW로 정체화할 수 있었다. 입덕 부정기 동안 놓친 것들을 따라잡기 위해 정말 열심히 '공부'했다. 음악방송 및 기타 공연 무대 영상은 기본이고, 각종 인터뷰, 출연한 예능 프로그램 영상 등을 찾아 시청했다. 멤버들 중 대휘, 우진, 동현, 영민이 참가했던 〈프로듀스 101 시즌 2〉에서 저 넷이 등장하는 부분만 추려 보기도 했다. 또 그룹 전체 및 멤버 개개인에 관한 인터넷 백과사전 항목, 매체 기사들을 검색해 열독했다. 그러면서 그간 다른 가수들(동현과 영민이 〈프로듀스 101 시즌 2〉 종영 후 결성해 활동했던 듀오 MXM 포함)이 대휘의 자작곡을 취입해 온 사실과, 우진이 미국 래퍼 A Boogie Wit Da Hoodie와 협업했었다는 사실을 알게 됐다. 그리하여 우진이 랩 피처링으로 참여한 곡, 다른 가수 음반에 수록된 대휘의 작품들, 그리고 대휘가 워너원 활동 시절 유닛으로 발표한 곡을 음원 사이트 플레이리스트에 추가해 AB6IX 데뷔 EP 전체, 우진과 대휘의 듀엣곡 〈Candle〉과 더불어 틈날 때마다 들었다. 이러한 '귀 훈련'을 통해 AB6IX 음악에 점점 익숙해짐은 물론, 각 멤버의 노래 혹은 랩하는 음성을 완전히 구분할 수 있게 됐고, 그들의 발성과 음색의 특징 또한 확실히 인식하게 되었다.

자습으로 알아낼 수 없는 부분들은 박사논문 연구에 참여해 줬던 학교 후배와 친구 B에게 물어봐서 정보를 구했다. 비록 둘의 선택이 대휘나 우진, 동현, 영민은 아니었으나 두 사람 모두 〈프로듀스 101 시즌 2〉를 애청했다. 학교 후배의 지인 중엔 대휘 팬이 있었다. 자습만으로 풀리지 않는 대휘에 대해 궁금한 점을 후배에게 질문하면, 그는 지인에게 물어 나한테 답을 전해 줬다. B에게서는 팬 사인회와 관련하여 '가르침'을 받았다. 4장에서 보다 자세히 이야기하겠지만 나는 2019년 10월부터 AB6IX 팬 사인회에 참석하기 시작했다. 팬덤의 역사가 짧지 않았음에도 그때까지 팬 사인회에 다닌 경험이 없어서 응모 단계부터 갈피를 잡을 수가 없었다. 팬 사인회에서 찍은 사진이나 영상이 주가 되는 '후기'만 검색될 뿐 당첨에 도움이 될 만한 정보는 없었기 때문이었다. 그 상황에서 케이팝 아이돌 팬 사인회 참여 경력이 꽤 있는 B에게 당첨 팁부터, 당첨자 발표 이후엔 참가 팁까지 '배움'을 청했다. B는 내가 응모하려는 팬 사인회가 몇 회차인지, 무슨 요일에 진행되는지, 팬 사인회 진행 업체가 어디인지, 팬 사인회를 통해 프로모션하는 음반이 언제 발매됐는지, 음반 판매량은 어느 정도인지, 모두 따져 응모에 필요한 음반 구매 수량을 산출해 줬다. 뿐만 아니라 자신의 경험에 비추어 응모 기간 중 어느 시점에 구입했을 때 당첨 확률이 더 높았는지 알려 줬다. 평소 배우기를 즐기는 나는 팬덤을 수행함에 있어서도 박식하고 경험이 풍부한 주변인들의 가르침과 조언을 충실히 따랐다.

익숙하고 선호하는 방식인 공부로 시작한 덕분일까. AB6IX를 향한 덕질이 꽤 재미있게 느껴졌다. 그리고 ABNEW로서 경험할 수 있는 더욱 흥미롭고 다채로운 팬덤이 내 앞에 기다리고 있었다.

덕메가 있기에 더 재밌는 덕질

그땐 덕메란 용어가 없었다. 그러나 나는 이미 90년대에 팬덤 내에서 친구를 사귀었었고 돌이켜 보면 그들이 바로 덕메였다. PC 통신에 개설된 가수 패닉 팬클럽. 그곳에서 알게 된 동료 팬들이 있었다. 주로 10대 후반에서 20대 초반에 수도권에 거주했던 우리는 공연을 함께 보러 다니고 공연 때가 아니더라도 정기적으로 만났으며, 온라인 채팅 이외에 아예 전화번호를 교환하여 따로 연락할 정도로 친하게 지냈었다. 그 시간들은 여전히 좋은 추억이다. 그래서 난 진즉에 알았다. '덕메가 있으면 덕질을 더욱 재미있게 할 수 있다'는 것을. 이제 ABNEW 친구들과 더불어 어떻게 더 흥미로운 팬덤을 수행하고 있는지, 이렇게 덕메와 함께 케이팝하기는 어떠한 의미가 있는지 이야기해 보도록 하겠다. 이야기에 앞서 ABNEW가 되기 전, 케이팝 한국 여성 팬덤에 관한 박사논문 현장 연구를 진행하며 연구 참여자들과 친구가 된 경험과, 그들의 덕메 일화를 잠시 소개하고자 한다. 이는 입덕, 휴덕, 혹은 탈덕 등 일련의 '팬덤 과정에 동료 팬과의 관계가 영향을 미침'을 제안하기 위해서이다.

서문에서 언급했다시피 C는 연구자와 연구 참여자였다가 친구로 발전했다. 2015년 9월 서울대학교 홍석경 교수의 프랑스 한류 여성 팬들에 관한 연구 발표를 들으러 갔던 날이었다. 홍 교수 발표 후 난 (무엇에 대해 물어 봤는지 지금은 정확히 기억나지 않지만) 질문을 했었다. 또한 케이팝 한국 여성 팬덤을 연구하고 있다는 내 소개와 함께 자기민족지적 연구자의 입장에서 의견도 보탰었다. 아마도 그때 C는 내게서 케이팝 아이돌 팬으로 동질감을 느꼈으리라. 모든 순서가 끝나고 다들 자리를 떠나는 순간이었다. 당시 학부생이었던 C가 다가와 논문 연구에 참여하고 싶다는 의사를 먼저 밝혔다. 연락처를 교환하고 얼마 지나지 않아 우리는 첫 인터뷰를 가졌다. 연구자와 연구 참여자 사이의 인터뷰라기보다 친구끼리 수다처럼 대화는 쉼 없이 이어졌고, 이후 우리는 꽤 자주 만나게 되었다. 그 만남은 현재까지 이어지고 있다. C와 나는 같은 팬덤에 속한 덕메 사이는 아니지만 좁게는 케이팝 아이돌부터 넓게는 정치, 사회 문제에까지 다양한 화제로 대화를 나누며 평소 눈여겨 뒀던 식당과 카페에 같이 가는 '실친'(실제 친구)이 되었다.

나를 JYJ 팬덤으로 이끈 A와는 서로 덕메였다. A가 부산에 살아 자주 보진 못했지만 콘서트를 비롯해 JYJ 관련 행사에 참석하기 위해 그가 상경할 때면 우린 꼭 만났다. 그러나 우리 둘 모두 준수 제대 후 팬덤에 회의를 느끼고 있었다. 《WAY BACK XIA》 콘서트 관람 전 함께 식사하는 자리에서 방탄소년단과 JYJ를 연신 비교하는 A를 보며 난 그가 탈덕의 기로에 있음을 직감했다. 그러다 내가 먼저 JYJ 팬덤을 그만 두었고, 현장 연구차 방탄소년단 콘서트에 다니는 나를 A는 유독 부러워했다. 준수의 《2019 XIA Ballad & Musical with Orchestra Vol. 6》를 관람하기 위해 2019년 12월 말 서울에 온 A와 난 공연 전 잠깐 만났다. 그는 휴대폰에 방탄소년단 영상을 선별해 잔뜩 저장해 왔다며 내게 나눠 주고 싶어했다. 그때 난 이미 AB6IX 팬덤에 꽤 몰입한 상태였다. 케이팝 연구자로서 방탄소년단의 활동에 항상 주목하고 있지만 '내 돌' 챙겨 보기에도 바쁜 마당에 '타돌' 자료를 굳이 받고 싶지는 않았다. 그리고 그가 왜 나와 데이터를 나누려 하는지 대충 짐작됐다. 둘 다 방탄소년단 팬으로서 덕메 관계를 유지하고 싶었을 게다. ABNEW인 내 팬덤을 분명히 밝히며 아미로 입덕은 에둘러 사양했다. A는 내 심경을 눈치 챘는지 자기도 준수 '탈덕 후' 나와 '함께' AB6IX '덕질'할까 보다는 말을 남겼다. 그 말에 난 다음 번 만날 땐 '입덕' 기념으로 AB6IX 정규 1집 《6IXENSE》를 선물하겠다고 약속했는데, 이후 A와 연락은 아쉽게도 끊기고 말았다.

예전부터 친구인 B, E와는 케이팝 팬덤이라는 공통분모 덕분에 우정이 더 두터워졌다. 각자 다른 팬덤에 속해 있지만 서로의 아이돌과 덕질에 관하여 일신상 맥락에서 이야기를 나누다 보면 반나절은 정말 후딱 지나갔다. 또한 '케이팝의 음악하기' 과정들 중 동일 팬덤 내에 덕메에게 부탁하기 곤란한 '티켓팅' 혹은 '음원 선물하기' 같은 일들을[62] B와 E에게는 믿고 맡길 수 있었다. 나 역시도 그 친구들이 콘서트에서 더 좋은 자리를 차지할 수 있도록 예매에 동참해 주거나 보내 주는 음원을 다운받으며 보답했다. 이러한 '덕질 품앗이'를 통해 친구들과 나는 더욱 돈독한 사이가 되었다.

한편 B는 무척 가까웠던 덕메와 무슨 이유에서인지 사이가 꽤 나빠진 적이 있었다. 덕메와의 관계 악화가 인피니트 팬덤을 관두게 된 결정적인 이유는 아니었지만, B는 그 덕메로 인해 덕질에 회의를 느끼고 심각하게 탈덕을 고민하기도 했었다. 박사논문 연구 참여자였던 젝스키스 팬 또한 자신이 목도한 팬덤 내 사건을 들려줬었다. 친하게 지내던 덕메들 무리에서 한 명이 남들과는 다른 가치관을 내비치자 나머지가 그를 따돌림 비스무리하게 냉대했다. 덕메들 사이에서 소외감을 견디지 못한 그 한 명의 팬은 결국 탈덕하고 말았다는 것이다. 이처럼 팬덤에서 이탈하는 과정, 즉 탈덕에 덕메 간 관계성이 영향을 미치기도 한다.

이제 다시 내 얘기로 돌아오자면, AB6IX 팬덤의 일원으로 나를 정체화한 후 한동안 혼자 팬 활동에 임했다. 이렇게 동료 팬을 동반하지

62　케이팝에서 음악하기 과정과 다양한 실천들은 3장에서 자세히 다룰 것이다.

않고 홀로 팬덤을 수행하는 상황을 게임에서 비롯된 용어인 '솔플solo-play'(솔로 플레이의 준말)로써 표현한다. 나는 솔플로 그럭저럭 정규 1집 발매 쇼케이스, 웅과 우진의 생일 이벤트 카페,[63] 첫 단독 콘서트, 팬 사인회 등에 참석했다. 2020년 1월 말 대휘의 생일을 기념하는 이벤트 카페들을 순회하다 그중 한곳에 설치된 대휘의 등신대 사진 곁에서 혼자 기념 촬영을 하고 있던 차였다. 한 팬이 자기가 찍어 주겠다고, 또 자신을 같은 자리에서 찍어 달라며 다가왔다. 그는 대휘 생일 이벤트에 참여하기 위해 주말을 이용해 내한한 일본 팬이었고, 역시 솔플 중이었다. 일정이 맞는 한에서 나머지 카페들과 생일 축하 광고가 게첩된 장소를 함께 방문하는 것이 어떠냐는 그의 제안에 나는 동의했고, 사흘 동안 여러 곳에 동행했다. 우리는 처음에 '트위터 맞팔'만 했다가 보다 수월히 연락하기 위해 서로를 '카카오톡 친구'로 추가했다. 그는 ABNEW가된 이래로 서로 얼굴을 아는 상태에서 트위터상 별명뿐 아니라 본명으로 사귄 나의 첫 덕메였다. 그의 경우 팬덤만 위하여 한국에 온 외국인이라 솔플을 할 수밖에 없는 형편이었고, 나는 입덕한 지 오래되지 않은데다 꽤 오랜 기간 트위터 이용자였음에도 불구하고 덕계는 판지 얼마되지 않아 상호 팔로우하거나 소통하는 팬들이 없었기에 솔플이 당연했다. 솔플하던 우리가 의기투합해 대휘 생일 이벤트에 같이 다닌 것은 1장에서 제안한 '팬덤이 사회적 역할을 하는 팬들의 집단'이라는 개념과 연관될 수 있다. 집단 구성원들의 사회성에 기인하여 케이팝 팬들은 솔플보다는 여럿이 모여 함께 하는 덕질을 선호한다. 그들은 공연, 기념

---

63 케이팝 팬덤이 주도하여 개최하는 케이팝 스타의 생일 및 기념일 이벤트에 관해서는 5장에서 상세히 다루도록 하겠다.

일 이벤트 등과 같은 행사 즈음 동행자를 구하는 트윗을 올려 팬덤 내에서 '트친'(트위터 친구) 및 덕메를 사귄다. 또한 진즉 온라인상에서는 친숙하지만 실제로 본 적 없는 동료 팬들과 직접 만나 오프라인 활동을 함께하면서 비로소 덕메 관계로 발전시키기도 한다. 나의 덕메들 중 J와 K가후자의 경우로 서로 덕메가 된 이들이다. 둘은 나처럼 솔플을 하던 팬들이었다. 그런데 K가 '공식 팬카페'에[64] 올린 글에 J가 관심을 보이며 카페 '쪽지'로 연락을 주고받다 마침 같은 지역에 살고 있는 걸 알게 되고, AB6IX 정규 1집 활동 중 온라인상에서 음총팀(음원총공팀의 준말)[65] 스태프로 나란히 활동하고 있다는 사실까지 우연히 알게 되자, 둘이 만나 콘서트 및 여타 행사들에 함께 다니며 자연스레 덕메가 되었다.

F를 포함하여 이미 그의 덕메였던 다른 ABNEW들과 덕메가 된 계기 및 시기 또한, 앞 문단에서 언급한 일본 팬과의 일화와 마찬가지로 대휘 생일이었다. 사진 전시회를 겸했던 또 다른 대휘 생일 이벤트 카페에는 일정상 내가 일본인 덕메보다 먼저 도착했다. 유명한 '대휘 홈마'가 주최한 이벤트라 카페 내부는 발 디딜 틈이 없을 정도였다. 그렇다 보니 일면식도 없던 팬들끼리 동석이 다반사였다. 나 역시 혼자라 전혀 모르는 다른 ABNEW들이 와서 내가 자리 잡은 테이블에 동석해도 상관하지 않았다. F와 그의 덕메들이 그렇게 내 곁에 앉았던 팬들이었다. 그들은 내가 이벤트에 지참한 (대휘도 가지고 있는) 수달 인형에게 관심을 보이며 말을 붙였다. 자신들이 가지고 온 대휘 인형과[66] 내 수달 인형을 한군데에

---

64 축약형으로 '공카'라 칭한다. 이 책에서는 공식 팬카페와 공카 두 용어를 혼용할 것이다.
65 음원총공이란 케이팝 아이돌이 새 앨범을 발매했을 때, 혹은 중요한 기념일에 팬들이 음원사이트에서 총공격하듯 일제히 음원을 스트리밍하고 다운받고 선물하는 등의 행위를 의미한다. 이에 대해서는 3장에서 상술하도록 하겠다.

모아 촬영해도 되냐고 물었고 나는 흔쾌히 허락했다. 인형들 사진을 찍은 후 그들과 난 트친을 맺었다. 그 후 F는 자신을 비롯하여 대휘 생일 이벤트 카페에서 나와 동석했던 팬들이 함께 있는 카카오톡 단체 채팅 방에 나를 초대했고, 나는 그곳에서 비로소 그들의 본명을 알게 됐다. 물론 나 역시 단체 채팅을 하며 그들에게 내 본명을 밝혔다.

F와는 코로나19 바이러스 대유행 상황(팬데믹) 때문에 온라인으로 열린 AB6IX의 콘서트를 다른 팬들과 한 곳에 모여 관람하는 자리를 준비하기도 했다.[67] F는 트친이었던 G에게, 나는 평소 트위터 타임라인에서 자주 보여 꽤 익숙한 별명의 팬 H에게 디엠DM(direct message의 준말)을 보내 그 자리에 초대했다. H가 자신의 덕메 I를 합류시켜 총 다섯 명의 ABNEW가 모였고, 예약해 둔 서울 시내 레지던스에서 만나 온라인 콘서트를 함께 보며 즐겼다. 그런데 알고 보니 우리들은 어떤 식으로든 이미 연결되어 있는 사이였다. G는 내가 나눔을 했던 AB6IX의 두 번째 EP 《VIVID》를 우편으로 받은 팬들 중 하나였고, 나는 H와 I가 공동으로 주최했던 대휘 생일 이벤트 카페에서 전시한 액자를 구입한 이력이 있었다. 서로 인연을 신기해 하며 그들과 난 금세 덕메가 되었다. 덕메가 된 우리는 이후 오프라인 이벤트에 동행하기 위해 약속하여 만나기도 하고, 다른 행사에서 우연찮게 마주치면 반가워 어쩔 줄 몰라 하며 잠깐 동안 수다를 떠는 사이로 발전했다. 그들과 함께하니 예전 솔플로 할 때와는 비교가 안 될 정도로 케이팝하기가 더 재미있어졌다. 또한 덕메들

---

66 케이팝 팬덤에서 스타들을 '캐릭터화'하여 인형을 생산하고 소비하며, 각종 케이팝 행사 및 일상에서 지참하는 케이팝하기에 관해서는 6장에서 보다 구체적으로 다룰 것이다.

67 팬데믹 시기에 온라인으로 이루어지는 공연에서 케이팝 가수들과 팬덤이 실천하는 케이팝하기(음악하기)는 10장에서 보다 자세히 논의하겠다.

로부터 배우는 것들도 많아지자, 보다 다양하고 심화된 경지의 덕질을 시도할 수 있게 되었다. 또한 그들과 동일한 집단에 속해 있다는 '소속감'이 팬덤에 더욱 몰입하도록 이끌었다.

2020년 9월부터 11월까지 동현, 웅, 우진의 생일 기념으로 간소하게 음반 및 포토 카드 나눔 이벤트를 열었다. 이벤트 장소였던 서울 동교동 소재 카페에 방문하여 인사를 나눈 ABNEW들과 대부분 트친을 맺었고, 또 일부와는 트친 이

그림 2. 인증을 위해 식사 전 음식이 함께 보이도록 AB6IX 멤버들의 포토 카드 들고 사진 찍기(출처: 저자)

상의 덕메가 됐다. 고등학생이어서 방과 후 바로 교복을 입고 달려와 이벤트 물품들을 받아 갔던 L이 바로 그렇게 덕메가 된 이다. L이 고등학교를 졸업한 후엔 반드시 행사 때가 아니더라도 따로 만나 트위터상에서 차마 다 하지 못한 팬덤에 관한 속 깊은 얘기를 나누곤 한다. 또 케이팝 팬들끼리 만나면 일상에서 으레 행하는 팬덤 '인증'을 위해 식당, 카페 테이블에서 최애의 포토 카드와 함께 사진 찍기도 즐긴다(그림 2).[68]

J 및 K와는 '투표'로 인해 덕메로 발전했다. 그들과 어떤 투표 때문에 어

---

68 최근에는 케이팝 팬들이 식당, 카페에서 최애 스타의 포토 카드를 음식 앞에 놓고 찍거나, 본문 뒤에서 더 얘기할 케이팝 투어 도중 스타가 머물렀던 장소에서 스타의 포토 카드를 들고 찍는 것을 '예절샷'이라 칭하기도 한다. 이 은어는 팬덤을 단순히 '인정'하는 것을 넘어 팬덤의 현장에 스타를 '함께 모시는 예절'을 차림을 내포하고 있다.

떻게 덕메가 되었는지 이야기하기 전에, 케이팝 팬덤의 투표 문화에 대해 간단히 설명하고자 한다. 한국 대중음악 신에서는 이미 1980년대부터 투표를 통해 가요 순위를 매겨 순위권 가수들의 무대를 방송에 내보내는 프로그램이 존재해 왔다. 1981년에 KBS에서 시작된 〈가요톱텐〉이 바로 그것이다. 1990년대 이전 〈가요톱텐〉은 "KBS 경영정보센터에 등록된 명단"에서 추출된 "10만 명"과 "지역, 연령"에 따라 선정된 "2800명"의 "투표인단", 그리고 "KBS 가요 담당 PD"가 "추천한 10곡을 8:2 비율로 합산"하여 순위를 선정했다(강혜경 2011, 69). 1990년대에는 여기에 PC 통신과 전화 ARS로 진행되는 실시간 투표가 순위 선정 방식에 추가되었다. 뒤이어 제작된 타 방송사 가요 순위 프로그램들 역시 비율의 차이가 있긴 해도 모두 시청자 투표를 순위 산정에 반영했다. 1990년대 후반 이후 대중음악 팬들은 '재미로' 인터넷 웹 사이트에서 투표를 활용했다(강혜경, 77). 다시 말해 그들은 온라인에서 가요 순위 프로그램에 '공식적으로' 투표하는 것 외에, 웹 페이지 편집에 능한 팬들이 자체적으로 만들어 올린 가수와 음악에 관련된 다양한 주제의 간단한 '비공식' 설문 조사(poll)에도 참여하며 대중음악 '팬덤의 투표 문화'를 형성해 갔다. 한국의 연예 산업은 온라인상에서 벌어지는 이러한 팬들의 활동을 간과하지 않았다. 특히 2010년대 후반부터 우후죽순 출시된 엔터테인먼트 관련 모바일 앱application(어플리케이션, 이하 앱)은 '케이팝 팬덤을 용이하게 한다는 명목'으로 기실 팬덤의 자발적인 투표 문화를 이용하고, 심지어 팬들의 돈과 시간을 착취까지 하는 산업의 산물이라 할 수 있다. 이러한 앱에서 팬들은 TV 음악 순위 프로그램의 공식 투표뿐 아니라, 스타의 생일을 비롯하여 온라인 혹은 오프라인 '광고'를 조건으로 프로모션promotion이란 미명하에 이루어지는 갖가지 주제의 '케이팝 스타 순위 매기기 투표'에 동원된다. 그런데 투표권이나 해당 앱에서 유효한 '화폐'를 보유해야만 투표 참여가 가능하다. 이에 팬들은 앱과 제휴한 업체들의 광고 동영상을 매시간 시청하고, 업체들의 앱 다운로드 및 회원 가입, 업체들의 소셜 미디어 팔로우, 구독의 방식을 통해 투표권과 화폐를 무료로 획득한다. 또한 업체들에서 물품을 구입하고 그 보상으로 투표권과 화폐를 얻을 수 있다. 아니면 아예 앱에 일정한 금액을 지불하여 투표권과 화폐를 직접 구입하면 된다. 즉, 자발적이건 비자발적이건 팬들은 '산업이 전유한 팬덤의 투표'에 막대한 시간과 돈을 투자해야 한다.

　여하튼 나 역시 AB6IX 팬덤에 들어온 이래로 이러한 투표들 일부에 참여하고 있으며, 2020년 11월에 한 앱에서 진행된 투표 덕에 J와 K를 사귀게 되었다. 투표의 주제는 다재다능한 케이팝 아이돌이었는데, 후보에 대휘가 올랐고 다른 아이돌 그룹 멤버와 1위 자리를 두고 경합 중이었다. 상대 아이돌은 2014년에 데뷔하여 국내뿐 아니라 국제적으로 이미 수많은 팬들이 있는 그룹 소속으로 멤버들 중에서도 인기가 가장 높았다. 게다가 그 그룹은 새로운 정규앨범으로 컴백을 목전에 둔 시기여서 상대 팬덤의 결집력은 강할 수밖에 없었다. 우리는 그들에 비해 작은 규모의 팬덤으로 매우 불리했지만 여러 ABNEW들이 공카(공식 팬카페)와 트위터에 투표 독려 및 인증 게시물을 올리며 대휘가 근소한 차이로 앞서거나 뒤서거나 하는 상황을 만들어 냈다. 나는 B와 (과거 일본의 아이돌 SMAP부터 현재 펭수에 이르기까지 덕질의 역사가 오랜) 또 다른 친구가 투표에 동참해 줬고, 사용 중인 아이폰과 아이패드, 맥북을 총동원하여 복수의 계정으로 '현질'까지[69] 하면서 최선을 다해 투표했다. 그러나 우리는 투표 참여자의 수적인 열세를 끝내 극복하지 못했다. 대휘는 그 투표에서 결국 2위를 기록했다. 아쉬운 마음을 추스르고 공카와 트위터를 오가며 열심히 투표를 독려한 ABNEW에게 고마움을 표해야겠다 싶었다. 그는 계정 프로필 사진이나 별명으로 미루어 다른 멤버가 최애였음에도 대휘에게 투표하도록 독려하고 투표를 인증하는 모습이 인상적이기 때문이었다. 나는 그에게 트위터 디엠을 보내 감사의 표시로 기프티콘을 선물하겠다고 했으나 그는 투표를 도운 자신의 친구에게 공을 돌리며 그 친구와 나를 연결시켜 줬다. 친구는 나처럼 대휘가 최애인 ABNEW였는데 기프티콘 대신 자신에겐 아직 없는 포토 카드를 받고 싶어 해 보내 줬더니 보답으로 손수 만든 카드 지갑을 오히려 내게 선물하기도 했다. 이후 내가 트위터에서 주최했던 스트리밍 이벤트에 그 둘이 참여했기에 난 일부러 둘을 당첨시켜 또 다시 선물을 보냈고, 그 계기로 빈번하게 디엠을 주고받다 아예 '카카오톡'(이하 카톡)으로 연락하는 덕메 사이로 발전했다. 그들이 바로 J와 K이다. AB6IX라는 공통의 관심사 외에도 '또래'인 우리들은 금세 친해졌다.

덕메들을 동반하는 경우는 앞서 언급한 공연 관람에서부터 기념일 이벤트 카페 방문에 이르기까지 다양하다. 케이팝 뮤직 비디오 혹은 방송 프로그램, 자체 콘텐츠 영상 촬영지, 케이팝 기획사 건물, 케이팝 스타가 단골인 맛집, 카페 등의 장소를 찾아다니는 행위 또한 덕메들이 동반되는 팬 활동에 해당된다. 이러한 방식의 팬덤 수행을 '투어'라 하는데, 대체로 케이팝 아이돌의 이름이 앞에 붙어 불린다(예: '방탄 투어'). AB6IX 팬덤에서는 그룹의 애칭인 '예삐'를 붙여 '예삐 투어'라 한다. 나는 J, K와

---

69 현질은 온라인게임 유저들이 현금을 주고 게임 아이템을 사는 상황을 묘사하는 은어에서 비롯되었으나, 현재는 온라인상에서 유료 앱, 소프트웨어 등을 구매하는 행위를 아우르는 신조어로 사용되고 있다. 케이팝 팬들의 투표권, 화폐 구입 또한 현질이라 표현한다.

그림 3. AB6IX 멤버들이 출연한 인터넷 리얼리티 예능 프로그램 〈의리게임〉 촬영지였던 강화도의
식당 전경(출처: 저자)

함께 강화도로 예삐 투어를 다녀온 적이 있다. 강화도는 인터넷 방송 딩
고 뮤직dingo music에서 제작, 방영했던 AB6IX 출연 〈의리게임〉을 촬영한
곳이었다.[70] 우리는 그룹 멤버들이 식사했던 식당에서 점심을 먹고, 바
퀴 썰매를 탔던 놀이공원에 가서 그들처럼 썰매 타기를 즐겼다(그림 3).
또 프로그램에서 멤버들의 회의 장소였던 다방과 기념사진을 찍은 사
진관이 위치한 시장에도 들렀다. 우리가 투어를 갔던 날엔 아쉽게도 다
방이 휴무일이어서 근방의 카페로 이동해 차와 간식을 먹으며 팬덤 및
일신상에 관한 대화를 나누다 보니 어느덧 저녁때가 다되었다. 덕메들
과 오전에 만나 출발했던 나의 첫 예삐 투어는 그렇게 밤이 돼서야 막을
내렸다.

---

70 〈의리게임〉의 전편 시청 가능 URL은 다음과 같다. https://youtube.com/playlist?list=PLmx
VF8ick5cSYeaGKHM5Y8ZNh71zcdOyN

덕메가 하나 둘씩 늘어남은 물론 그들과 더불어 예전보다 더욱 즐겁게 팬덤을 실천하고 있는 나에 대해 B는 덕질이 한참 재밌을 때라고 했다. 그러나 덕메를 사귀고 함께 팬덤을 수행하는 과정이 마냥 재미있는 일만은 아닐 것이다. 덕질이라는 공통점으로 뭉쳐 연령과 성별, 국적, 인종을 초월하는 친구가 되었을지라도[71] 각기 다른 개성의 사람들 간 관계에서 어차피 갈등은 일어나기 마련이다. 그리하여 즐기기 위해 시작한 덕질일진대 앞서 B와 박사논문 연구 참여자 사례에서 언급한 바와 같이 덕메와 갈등 때문에 탈덕에까지 이를 수도 있는 것이리라. 팬덤 내 구성원들 사이의 복잡한 관계에 대해서는 4장에서 보다 구체적으로 다루기로 하고, 이 장의 마지막 부분으로 넘어가도록 하겠다.

영업하는 교수님

2019년 9월부터 연세대학교에서 강사로 재직하며 외국인 교환학생들만 수강할 수 있는 "Understanding K-Pop(케이팝의 이해)"이라는 과목을 영어로 가르치고 있다. 이 과목을 듣는 학생들은 크게 네 부류이다.

1. 방탄소년단, '블랙핑크BLACKPINK'처럼 현재 전 세계 대중에게 높은 인기를 얻고 있는 케이팝 아이돌을 '최근에' 좋아하게 된 초보 팬. 이들 중 일부는 방탄소년단과 같은 레이블label 소속 아이돌인 투모

---

71 본문에서 내비친 것처럼 나와 C, L은 나이 차가 꽤 된다. 또한 책에서 언급되지 않지만 호주, 싱가포르 국적의 덕메도 있으며, H의 덕메 중에는 남성인 ABNEW가 있다.

로우바이투게더, 혹은 '엔하이픈ENHYPHEN'을[72] 함께 좋아하기도
한다.

2. '뉴이스트NU'EST',[73] '스트레이키즈Stray Kids', '에이티즈ATEEZ' 등 이른
바 '수출형 아이돌'이라[74] 불리며 한국보다 외국 활동에 더 큰 비중
을 두면서 해외 팬을 우선 공략한 케이팝 아이돌의 데뷔 팬. 혹은
혼성 아이돌 그룹 '카드KARD'와 같이 추구하는 음악 스타일이 한국
보다 미주美州, 특히 라틴 아메리카Latin America 청취자들의 취향이라
해외에서 먼저 알려진 가수의 팬.

3. '슈퍼주니어Super Junior', '소녀시대', '빅뱅', '샤이니', '2PM' 등 2000년
대 후반 대중음악 분야에서 한류의 주역이었던 2세대 케이팝 아
이돌의 음악을 유년기부터 즐겨 듣기 시작하여 팬덤을 지속하면
서 저들의 소속사, 즉 대형 기획사가 배출한 신세대 아이돌을 추가
해 좋아하는 멀티 팬. 아니면 고등학교 시절엔 케이팝 팬덤에서 떠
났다가 대학생이 되어 신세대 아이돌 팬덤으로 돌아온 팬. 이러한
팬들 중 일부는 부모님이 한국 드라마, 2세대 케이팝 아이돌을 좋
아했던 영향을 받아 온 가족이 한국 대중문화의 팬으로서, '한류의
2세대 팬덤' 사례가 되기도 한다.

4. 수강의 이유가 한국 대중문화 및 케이팝을 아예 몰라 배우기 위해

---

72 엔하이픈은 케이팝 기획사 하이브(HYBE) 산하 레이블 빌리프랩(BE:LIFT)에 소속되어 있
고, 방탄소년단과 투모로우바이투게더는 같은 레이블 빅히트 뮤직(BIGHIT MUSIC) 소속
이다.
73 뉴이스트는 2022년 2월 28일에 해체했다.
74 이규탁이 《갈등하는 케이, 팝》에서 "수출형 아이돌"을 정의하고 분류하는 방식은 저자와
다소 다르다.

서이고, 수업을 들으며 관심 갖고 알아가며 팬이 될 잠재적인 가능
성이 있는 팬덤 외부인.

과목을 처음 가르치기 시작한 2019년 2학기엔 수업 첫날 내 출신지,
전공, 주 연구 분야만 간단하게 소개했었다. 그래도 학생들이 자기소
개 할 때 좋아하는 케이팝 가수를 언급하면 그의 근황과 음악에 대해
아는 체 해 주니 학생들은 눈을 반짝였다. 또 나는 AB6IX의 데뷔 앨범
《B:COMPLETE》 단체 콘셉트 포토가 인쇄된 A4용지 크기 홀더에 출석
부 및 다른 서류 등을 넣고 다녔는데, 교탁 위에 놓인 홀더를 우연히 본
학생들은 사진 속 인물들에 호기심을 보였다. 그제야 AB6IX 팬덤인 나
의 정체성을 밝히고 사진은 그룹 멤버들이며 홀더는 공식 굿즈goods라고
알려 주면, 위에서 특히 세 번째 부류에 해당하는 학생들이 수업 후 나
와 대화하기 위해 장사진을 이뤘다. 팬덤 용어 중 '최애'에 해당하는 영
어의 은어 'biasUrban Dictionary 2011'를 써 가며 내가 누굴 가장 좋아하는지
묻고, 그들 최애에 대한 찬사와 애정을 스스럼없이 표하면서 '우리의 팬
덤'에 관해 한없이 이야기를 나누고 싶어 했다. 내 수업 이후 다른 수업
에 가야 하는 학생들은 따로 만나 얘기하자고 청하기도 했다.

대중문화 전반 혹은 한국의 대중문화, 대중음악 전반 혹은 한국의 대
중음악, 그리고 한류에 관한 과목들은 그동안 여러 대학들에서 개설해
왔다. 케이팝은 이러한 수업들의 교과 일부로 다뤄졌다. 가르치는 내용
이 서로 유사하고 겹칠 수 있겠으나, 용어 '케이팝'을 과목명 전면에 내
걸고, 한 학기(15-16주)의 2/3 가량 동안 현재 케이팝까지 연결되는 대중
음악 스타일 및 장르, 한국 대중문화에 대해 분석적, 비판적으로 살펴보
는 과목은 사실상 내 수업이 최초였다. 전 세계 젊은이들 사이에서 케

이팝에 대한 관심과 팬덤은 점점 증가하는 데 비해, 그들이 현지 제도권 교육 기관에서 케이팝을 공부할 수 있는 기회는 거의 없다시피 하다. 그러므로 그들의 선택지는 한국에 교환학생으로 와서 "Understanding K-Pop"을 수강하는 것이었다. 과목에 대한 기대가 높긴 해도 아마 수강생들은 케이팝을 팬덤의 '외부인'으로서 연구한 사람이 강의할 것이라 예상했을 터이다. 그런데 교수(로 불리지만 정확히는 강사)가 자기들과 같은 케이팝 팬덤의 '내부인'이라니! 그들과 난 단순히 교수자와 학습자의 관계가 아닌 '우리'로 묶일 수 있는 동지들이었다. 학생들이 수업 후에도 강의실에 남아 나와 대화를 나누고자 했던 이유는 흥미로운 대화 거리 이상의, 대화에서 느낄 수 있는 '공감empathy과 유대감bond' 때문이다. 동일한 대상을 덕질하고 있다면 말할 나위도 없고, 서로 다른 팬덤에 속해 있더라도 나 또한 '연구자 이전에 대중 가수(아이돌)의 덕후'이니, 대중음악(케이팝) 팬의 정체성을 공유하고 있다는 사실 앞에서 그들은 스스로 빗장을 열고 자신에 대한 많은 얘기를 들려준다. 또 나에 대해서도 뭐든 듣고 싶어 한다. 그러나 '우리는' 케이팝 팬덤이라는 정체성을 이해하지 못하는, 혹은 이해하려 들지 않는 팬덤 외부자들 앞이라면 섣불리 우리 이야기를 털어 놓지 않는다.[75] 심지어 팬덤의 일원이 아닌 척 일코를 하기도 한다. 더구나 해외에서 케이팝 팬덤 실천은 그 사회의 '소수자'로서 정체성을 인정하는 것과 다름없다. 아무리 한류가 거세다고 해도 해외 대중음악에서 케이팝은 주류가 아니다. 게다가 미국, 유럽 등 백인이

---

75 이러한 이유로 웬만해서 팬들과 섞이지 않고 거리를 유지한 채 외부자로서 팬 연구를 하는 학자에게 팬들이 제공하는 정보는 제한적일 수밖에 없다. 팬덤 연구에서 자기민족지가 더욱 중요한 까닭이 여기에 있다.

기득권층인 지역에서는 아시아계 주민들을 중심으로 유색인들people of color, 즉 인종(민족)적으로 소수집단이자 주변부에 위치하는 사람들이 그 지역에서 케이팝을 처음으로 듣기 시작했고, 팬덤의 대부분을 구성했다. 앞서 내 수업을 듣는 네 부류의 학생들 중 세 번째 경우이면서 고등학생 때 케이팝 팬덤을 떠났던 이들은 교실에서 지배적인 문화에 적응하기 위해 케이팝을 멀리하기 시작한 것이다. 왜냐하면 케이팝은 아직 그곳의 주류 대중음악에 속하지 않았기 때문이었다. 그러다가 대학생이 되어 보니 케이팝 애청자가 자신들의 유·청소년기 때보다 폭증했다. 매체에서도 과거보다 훨씬 더 빈번하게 케이팝을 접할 수 있게 되었다. 이러한 분위기에서 그들은 어릴 적 팬덤을 회복할 수 있었고, 급기야 한국에 건너와 케이팝의 역사와 관련 주제들을 공부할 기회가 생겼다. 그런데 가르치는 사람이 자신들처럼 팬이라는 정체성을 가지고 있으며, 팬덤에 입각한 지식을 바탕으로 강의하고, 그들의 케이팝 경험이 강의에서 실례가 되도록 수업 중 발언을 장려하며 진술을 경청한다. 수업에서는 특정 아티스트와 작품 소개 및 설명을 넘어 케이팝의 문화, 역사, 사회, 정치적 맥락을 짚어 주면서, 취향의 영역을 넘어 학문의 영역에서 케이팝을 말할 수 있게 해 준다. 그러므로 "Understanding K-Pop" 강의실은 학생들의 팬덤이 존중받을 뿐 아니라, 그 경험이 가치 있는 학술 정보로써 활용, 공유될 수 있는 곳이었다. 수업이 끝나면 팬들은 보다 친밀한 관계를 만들어 간다. 교실에 남아 서로의 팬덤을 미주알고주알 털어놓고 캐묻는 대화를 나누는 가운데 학생들과 나 사이의 동질감은 강해지며, 이윽고 우리는 케이팝 팬덤으로서 결속solidarity을 이루게 된다.

아무튼 2020년 1학기부터는 수업 첫 시간부터 아예 내 팬덤을 밝히며 시작했다. 그리고 팬덤 소개 시 해외 케이팝 팬들 사이에서 통하는 은어인 bias, 'stan'(덕후, 입덕, 혹은 덕질을 뜻하거나, 덕심, 덕력을 강하게 표출함을 의미)(Merriam-Webster, n.d.)을 써서 팬덤을 드러내기 어려워하거나 꺼려하는 학생들이 자발적으로 팬의 정체성을 보여 줄 수 있도록 독려했다. 더불어 케이팝을 잘 몰라 수강하는 학생들이 소외감을 느끼지 않도록 그들의 의견에 더 귀 기울이고 케이팝과 관련하여 어떤 주제와, 또 어떤 가수에 특별히 관심을 보이는지 주의 깊게 살폈다. 교실에 앉아 강의를 듣는 것 외에 이런 학생들이 케이팝에 입문하는 통로로 중간고사를 대체하는 팀 프로젝트가 있다. 팀 프로젝트란 수강생들이 그룹을 이뤄 한국 대중음악에서 한 곡을 골라 그 음악을 위한 그들만의 뮤직비디오를 자유롭게 제작하는 것이다. 커버댄스[76] 비디오, 아예 새로운 안무를 창작하여 춤추는 장면으로 구성되는 뮤직비디오, 가사와 음악 분위기에 맞춘 서사가 있는 브이로그vlog 스타일, 한국에서 찍은 사진들을 슬라이드 쇼 형식으로 보여 주는 영상 등 다양한 방법들을 택하게 했다. 학생들은 약 4주 동안 팀원이 모두 모여 브레인스토밍부터 시작하여, 대본, 연출, 연기, 촬영 및 편집은 서로 역할을 분담하여 협업하고 중간고사 기간에 완성된 뮤직비디오를 발표한다. 이 시간에 단지 최종 결과물만 상영하는 것이 아니라 제작 노트를 구두로도 발표해야 한다. 퍽 재미있는 과제인 반면, 이를 완수하기 위해 학생들이 들이는 수고는 만만치 않다. 아무리 미디어를 익숙하게 잘 다루는 Z세대라고 하지만 뮤직비디오 제작의 처음부터 끝까지 모든 단계를 손수 실행해 보는 것은 익숙하지 않을 수 있다. 세상에 유일무이한 학생들의 케이팝 뮤직비디오 탄생

---

76 커버댄스(cover dance)로 통칭하는 '춤 따라 하기'는 댄스 커버(dance cover)라고 해야 정확하다. 이 책에서는 한국에서 보다 일반적인 커버댄스라는 표현을 사용할 것이다.

을 축하하고 그들의 노력을 치하하며 발표 후 AB6IX의 음반을 선물로 나눠 주었다. 그리고 학생들을 상대로 나는 '영업'을 시작하게 됐다.

기본적으로 케이팝에 관심 있는 학생들이고, 외국인들은 한국인들에 비해 복수의 팬덤을 수행하는 경우가 흔하기 때문에 영업이 아주 어렵지는 않다. 게다가 외국 현지에서 케이팝 음반은 한국보다 훨씬 비싼 가격에 판매되는 현실에서, 공짜로 음반을 얻는다는 건 경제적으로도 이득이었을 터이다. 갑작스런 코로나19 바이러스 대유행으로 인해 온라인 비대면 수업으로 전면 전환된 2020년 1학기 이래로 학생들의 뮤직비디오 발표 또한 화상 회의로 진행되고 있다. 따라서 보상과 동시에 영업이 목적인 음반 선물을 즉시 할 수는 없었다. 그래도 2020년 1학기 종강 직후엔 합정역 근처 카페를 일정 시간 대여해 학생들과 대면하는 기회를 마련하여 AB6IX 음반 및 B와 그의 친구들이 기증한 다른 케이팝 아이돌의 음반들을 기념품으로 나눠 줬다. 물론 AB6IX 음반은 증정용이기도 했지만 영업용이었다. 본국으로 돌아가는 일정이 다소 늦은 학생들 중 일부와는 또 다시 만나 전에 나눠 준 AB6IX 앨범보다 신보인 《VIVID》를 추가로 선물하며 강도 높은 영업을 펼치기도 했다. 그룹 전체와 각 멤버들에 대해 자세히 이야기해 주고 뮤직비디오와 방송 영상들을 함께 시청하다 보니 학생들은 AB6IX에게 더 큰 관심을 보이기 시작했다. 그 다음 학기와 2021년 1학기엔 내가 주최한 AB6IX 관련 이벤트에 학생들을 초대해 화상으로만 접하던 이들을 직접 만나고 음반 또한 선물했다(그림 4). 찾아온 학생들은 현장을 맘껏 즐기며 서서히 AB6IX에 대해 알아갔다. 즉, 그 자리에서 영업은 자연스럽게 이루어졌다. 이미 팬인 학생들에게 이러한 이벤트는 케이팝 팬덤에서 향유할 수 있는 '축제'이자 체험해야 할 '의례'의 일환이었다.[77] 따라서 그들에게는

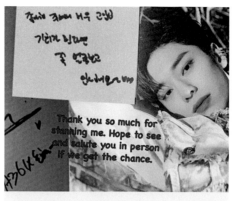

그림 5. 데뷔 2주년 이벤트를 방문했던 AB6IX 팬인 학생들에게 전하는 동현의 답신. 학생들을 위해 동현의 한국어를 영어로 번역하여 사진에 삽입했다(출처: 저자)

그림 4. AB6IX 데뷔 2주년 이벤트에서 학생들에게 선물하기 위해 그룹의 미니 4집 《MO' COMPLETE: HAVE A Dream》을 구비해 놓았다 (출처: 저자)

영업하는 대신에, ABNEW로서 정체성을 강화하고 팬덤을 심화시킬 수 있도록 유도했다. 가령 멤버 동현이 최애인 학생들을 위해서는 팬 사인회에 참석하여 그에게 학생들의 응원 메시지를 전하고, 답신을 받아 사진을 찍어 학생들과 공유했다(그림 5).[78] 동현의 답신 사진을 본 학생들은 무척 기뻐했고 감사 인사와 함께 앞으로 AB6IX 팬덤에 더욱 활발히 참여하겠다는 다짐을 표했다. 지금까지 내 수업을 들으며 음반 선물을 받았던 학생들에 따르면 나의 영업전략은 성공적이었다고 한다. 적어도

---

77 팬 주최 케이팝 아이돌 기념일 이벤트의 축제성과 의례적인 측면에 관해서는 5장에서 다룰 것이다.

78 케이팝 아이돌 팬 사인회에서 메시지 전달과 답신을 받는 방법은 4장에서 상술하도록 하겠다.

자신들은 AB6IX가 누구인지 알게 되었고 신곡을 발표하면 스포티파이 Spotify나 애플 뮤직Apple Music 등 실시간 음악 감상 및 다운로드 사이트 혹은 앱에서 검색하여 한번쯤 들어 보고, 유튜브에 업로드된 뮤직비디오도 찾아보게 된다는 것이었다. 저렇게 특정 가수와 그의 음악을 미디어에서 '찾아 감상'하는 행위는 가수에게 도움이 된다. 해당 미디어 플랫폼이 사용자의 검색 이력을 기억, 저장하여 플랫폼에 다시 접속했을 때 검색했던 가수의 또 다른 음악과 동영상을 연관 콘텐츠로 추천하고 지속적으로 감상하도록 이끌기 때문이다. 이로 인해 사용자는 가수에 대한 관심이 커질 수 있고 나아가 팬덤에 가담할 수 있게 된다. 또한 사용자의 감상 기록은 음악 순위 산정에 영향을 줘 순위를 통해 대중들 사이에서 가수의 인지도가 높아지는 계기로 작용한다. 다시 말해, 가수의 활동이 성공할 수 있도록 촉매 역할을 한다.

학생들은 '교수님의 영업'에 대해 한 가지 더 보탰다. 본국에 돌아가 AB6IX의 신곡을 감상하며 나를 생각하고, 한국에서 보냈던 교환학생 시절을 추억한다고. 따라서 내가 행하는 영업은 AB6IX를 프로모션하는 팬덤의 방식이지만, 한편으론 그들과 관계를 지속시키고 학생들의 한국에 대한 기억을 떠올리게 하는 매개 행위로 의의가 확대될 수 있을 것이다.

제3장

음악하기

 1장에서 설명한 바처럼 음악하기란 음악을 단순히 특정 형식의 예술 작품을 넘어 '사람들이 행하는 활동'으로 이해하는 개념이다. 또 음악하기는 각기 다른 방식으로 음악하는 사람들 사이의 관계를 통해 음악의 특징을 설명할 수 있도록 해 준다. 이 장에서는 음악하기 개념에 의거한 케이팝 공연의 자기문화기술지를 시도한다. 보다 구체적으로 2019년 11월에 참관했던 AB6IX의 첫 단독 콘서트를 사례로 콘서트 당일 현장을 비롯하여 콘서트 전, 후로 실행했던 팬덤을 기술하면서, 케이팝 공연과 관련한 음악하기를 살펴보고자 한다. 콘서트 당일 전 수행하는 음악하기로는 앨범 발매에 따른 쇼케이스, 음원 스트리밍, 음반을 포함한 굿즈 구입, 콘서트 표 예매에 관해 서술할 것이다. 특히 음반과 굿즈 구입과 관련된 음악하기 부분에서는 팬덤의 구매, 소비 활동의 몇 가지 사례들을 다각적으로 이야기해 본다. 더불어 콘서트 당일 현장의 음악하기를 기록하는 것과 별도로 '떼창'을 보다 상세히 분석한다. 끝으로 이 장의 마지막 부분에서 케이팝 콘서트에서 팬덤이 수행하는 음악하기로 인해 만들어지는 '소리풍경'을 묘사해 볼 것이다.

컴백 쇼케이스, 콘서트의 축소판 혹은 예행연습

2장에서 언급했다시피 나는 이미 2019년 7월(팬 미팅)과 8월(케이콘 LA) 에 AB6IX의 무대를 관람했었다. 그러나 그때엔 ABNEW로 나 자신을 완전히 정체화하기 전이라 공연 중 팬덤을 제대로 실천하지 못 했었다. 게다가 팬 미팅 프로그램 일부 혹은 케이콘 부대 행사로서 진행된 쇼케이스, 합동 콘서트 중 무대여서 공연의 질과는 상관없이 충분히 즐기기 에 짧은 감이 없잖아 있었다. 케이콘 직후 AB6IX의 소속사는 공식 응원 봉을 출시했다. 이는 공식 응원봉을 사용할 수 있는 콘서트가 머지않았 음을 암시하는 것이었다. 그런데 그때까지 그룹이 발표한 곡의 수는 데 뷔 미니앨범에 수록된 일곱 곡뿐이어서 콘서트가 가능할까 의구심이 들 기도 했다.

그로부터 약 3주 후 2019년 추석 연휴가 지나고 9월 셋째 주에 접어들 때였다. 그룹의 공식 소셜 미디어 계정에 컴백 티저가 공개되고, AB6IX 의 첫 번째 정규앨범 《6IXSENSE》가[79] 10월 7일에 발매된다는 소식이 공 지됐다. 또한 발매 당일 앨범 쇼케이스가 개최된다고 했다. 정규앨범의 쇼케이스면 팬 미팅이나 케이콘 때보다 당연히 많은 곡들을 무대에서 실연할 것이고, 콘서트의 축소판 혹은 예행이 될 것으로 예상됐기에, 쇼 케이스에 꼭 가고 싶었다. 그렇지만 팬 미팅 때와 마찬가지로 공식 팬클 럽 선예매를 할 수가 없으니 가고 싶다고 갈 수 있는 상황은 아니었다. 데뷔 후 첫 컴백에, 첫 정규앨범 발매이니만큼 팬들의 반응은 열렬했고

---

79 육감을 의미하는 영단어 sixth sense와 그룹명 AB6IX가 합쳐진 표현으로 표기는 '6IXSENSE'이지만 발음은 '식스 센스'로 한다.

팬클럽 선예매로 쇼케이스 표가 매진되었다. 그렇다고 포기할 순 없어서 예매 대기를 신청했고 다행히 표를 구할 수 있었다. 또 예매 완료 후 급하게 공식 응원봉도 주문했다. 쇼케이스 전까지 배송되지 않으면 어쩌나 걱정했으나 그 전에 무사히 받았다.

드디어 음반 발매와 함께 쇼케이스 개최 당일이 되었다. 마침 쇼케이스 장소인 경희대학교 평화의 전당과 지근거리에 위치한 한국외국어대학교에서 "Korean Popular Culture and *Hallyu*(한국 대중문화와 한류)" 수업이 있는 날이었다. 강의를 마치고 1시간 후면 음반 발매와 동시에 음원 및 뮤직비디오가 공개될 터이고, 또 그보다 2시간 후면 쇼케이스 시작이라 강의 중에도 굉장히 설렜다. 수업이 끝나기가 무섭게 난 학교를 빠져나가 근처 패스트푸드점에 앉아 이른 저녁 식사를 했다. 그곳에는 나 말고도 10대로 보이는 ABNEW 몇이 있었다. 그들의 대화 중에 AB6IX 멤버들 이름이 등장하는 것을 똑똑히 들었다. 음반 발매 시간이 되자마자 구독하는 음원 사이트에서 앨범을 처음부터 끝까지 쭈욱 들어 본 후 뮤직비디오를 감상했다. 이어 공개된 타이틀 〈BLIND FOR LOVE〉와 첫 번째 트랙 〈기대BE THERE〉의 '응원법' 비디오도 챙겨 봤다.[80] 쇼케이스 시간이 다가와 슬슬 공연장으로 이동했다. 평화의 전당 마당은 일찌감치 도착한 팬들로 붐볐다. 또 곳곳에 앨범 포스터와 콘셉트 포토, 앨범 포토북에 실린 사진으로[81] 제작한, 통상 한국에서는 포토월 혹은 포토존이라 불리는 대형 현수막과 깃발 형태의 중소형 현수막이 설치되어 있었

---

80 케이팝 응원법은 떼창 부분에서 보다 자세하게 설명하도록 하겠다.
81 포스터, 포토북을 포함하는 케이팝 앨범 구성에 관하여는 이 장의 다다음 부분에서 상세히 다룰 것이다.

다. 이러한 설치물들은 새 앨범 발매 및 쇼케이스를 기념하고 축하하는 분위기를 조성하는 한편, 팬들이 공연 관람 전후로 공연장 주변에서 '촬영'이라는 '음악하기'를 실행할 수 있도록 해 준다. 나를 비롯한 팬들은 그렇게 평화의 전당 야외에 구석구석 설치된 현수막들을 찾아 다니며 쇼케이스에 입장하기 전까지 열심히 카메라에 담았다.

　뒤에서 상술하겠지만 콘서트를 축하하기 위해 팬덤이 행하는 활동 중 '나눔'이 있다. 자신이 찍었거나 가수의 공식 소셜 미디어 계정에 공개된 사진, 아니면 직접 그린 가수 캐릭터가[82] 인쇄된 스티커, 메모지, 종이 슬로건(소형 포스터 혹은 전단지를 뜻하는 콩글리시이자 대중문화 팬덤의 관용어, 이하 종이 슬로건) 등을 대량으로 주문해 공연 당일 다른 팬들에게 무료로 나눠 주는 행위가 나눔이다. AB6IX의 《6IXSENSE》 쇼케이스 현장에서도 나눔이 이루어졌다. 처음 본 낯선 사이더라도 ABNEW라는 공동의 정체성으로 그 자리에 모인 우리들이기에 눈이 마주치면 뚱하게 외면하기 보단 미소로 답하고, 눈인사를 보내거나 "안녕하세요"라며 짧게 인사말을 건네며, 나눔 물품을 준비해 온 팬들은 다른 ABNEW에게 나눔을 행했다. 나는 대휘 스티커와 영민의 종이 슬로건을 나눔받았고, 쇼케이스장 객석에서는 옆에 앉은 ABNEW에게 시작 직전 과일 캬라멜과 사탕, 작은 초콜렛이 담긴 봉투를 받았다. 이렇게 공연장 안팎에서 스티커와 종이 슬로건, 간식 봉투 나눔을 받고 나니 공연이 확연하게 와닿았다. 더불어 나눔의 동기가 앨범 발매 쇼케이스 축하이긴 하지만, 같은 팬에 대한 동지애companionship와도 연관되어 있음을, 다시 말해 그들이 나를 동료로 여기기 때문에 내게 나눔했다는 것을 깨닫게 되자, 나 또한

82　케이팝 스타의 캐릭터에 대해서는 6장에서 상술할 것이다.

그림 6. AB6IX 공식 응원봉(공식 별칭: 엡봉) 작동 시 기본으로 표시되는 빨강색과《6IXENSE》수록곡〈DEEP INSIDE〉공연 중 중앙 제어로 응원봉이 모두 파란색으로 바뀐 광경(쇼케이스 영상 캡처 및 출처: 저자)[83]

AB6IX 팬덤의 일원이라는 소속감을 비로소 느낄 수 있었다.

쇼케이스는 거의 2시간에 걸쳐 진행되었다. 새 앨범의 11개 트랙들 중 세 곡의 무대를 선보였고, 나머지 수록곡들에 대한 설명, 창작 배경,[84] 그리고 앨범 제작 전반에 관한 이야기를 들려줬다. 또한 앨범 콘셉트와 연관되는 게임을 하고 멤버들끼리 대화를 이어 나가며 쇼케이스를 꾸며 나갔다. 응원법이 공개된 두 곡의 무대에서 일부 ABNEW들은 특정 부분에서 정해진 구호를 외치고 노래도 따라 불렀다. 난 아직 응원법을 완전히 암기하지 못한 상태여서 후렴구 가사만 눈치껏 따라 부르고 힘껏 함성을 지르며 호응했다. 쇼케이스였음에도 불구하고 AB6IX가 세 곡을 공연하는 동안 객석의 팬들이 들고 있는 공식 응원봉은 콘서트에서처

---

83   AB6IX《6IXENSE》쇼케이스는 https://www.vlive.tv/post/0-18392524에서 다시보기가 가능하다.

84   웅을 제외한 멤버들이 앨범 수록곡들의 작곡과 작사에 참여했다.

럼 중앙 제어되어 기본색인 빨강에서 일제히 다른 색으로 변하고 동시에 점멸됐다(그림 6).[85] 이렇게 예행연습을 치르고 약 한 달 뒤 그룹의 첫단독 콘서트에서 AB6IX와 ABNEW는 본격적인 음악하기를 수행하게된다.

노동과 감상 사이, 그 어디쯤에서 '스밍'

쇼케이스에서 예행연습 후 콘서트에서 음악한 이야기를 하기 전, 콘서트 당일 현장에서 음악하기의 전 단계로 수행되는 '듣기'에 대해 짚어보고자 한다. 듣기는 음악 팬덤의 가장 기본이 되는 음악하기 방식이지만 케이팝 팬덤에서는 단순히 '감상' 이상의 의미를 가진다. 공연 목록을숙지하여 콘서트에 완전히 몰입하기 위한 준비 과정이자, 케이팝 가수와 음악의 프로모션이 될 수 있다. 듣기가 프로모션이 되는 이유는 음원사이트를 통한 팬덤의 '실시간 듣기', 즉 '스트리밍streaming'은 가수가 음원 사이트 및 음악 프로그램에서 높은 순위를 차지할 수 있도록 해 주기때문이다. 이제 듣기라는 음악하기의 두 가지 측면, '콘서트 참관 준비', 그리고 '프로모션'을 중심으로 보다 자세히 살펴보도록 하겠다.

콘서트를 충분히 즐기기 위한 방법으로는 앞서 짧게 언급한 떼창이있을 것이다. 이 장의 뒤에서 더 설명하겠지만 떼창에 더 수월하게 참여하기 위해서는 반복적인 듣기를 통해 곡의 구조를 완전히 파악하여 정

85　케이팝 공연에서 공식 응원봉의 중앙 제어에 대해서는 이 장의 마지막 부분에서 소리풍경과 연결시켜 조금 더 이야기하기로 한다.

확히 어느 지점에서 구호를 외치고 노래를 따라 불러야 하는지 숙지해야 한다. 떼창을 위한 응원법이 따로 없는 곡, 즉 떼창을 반드시 하지 않아도 되는 곡일지라도 관객은 '능동적인 감상'으로써 콘서트에 참여할 수 있다. 달리 말하면 콘서트 무대를 맹탕 보는 것이 아니라 해당 곡의 음반 녹음 버전, 방송 무대에서 하는 버전과 비교하면서 감상할 수 있다. 이러한 분석적 감상은 악곡의 조성, 구조, 가수의 가창 스타일, 악기 편성 등과 같은 음원의 내용을 완벽히 꿰고 있어야 가능한데, 이에 도달하는 길은 무한 청취밖에 없다. 그렇다고 팬들이 가수가 발표한 곡 전부를 무턱대고 듣는 것은 아니다. 대개 팬들은 콘서트가 공지되면 셋리스트setlist(콘서트 무대에서 공연될 곡들의 목록, 이하 셋리스트)를 추측하여 플레이리스트를 만들고 반복해서 듣는다. 플레이리스트를 듣는 방식은 팬마다 제각각이다. 내 경우 박사논문 현장 연구를 위해 일시 귀국하기 전까지는 미국에서 애플의 아이튠즈iTunes 스토어에서 MP3를 맥북에 다운받아 플레이리스트를 만들고 이를 아이폰에 동기화시켜 등하굣길 버스 안 혹은 걸으면서 이어폰을 통해 주로 들었다. 복잡하면서도 다소 구식의 방법이었다. 한국에서 현장 연구 기간, 그리고 학위 후 귀국해서는 운전하는 동안 휴대전화를 카 오디오에 연결시켜 구독하고 있는 음원 사이트에 만들어 둔 플레이리스트를 재생시켜 들었다. 현장 연구 시기에는 종종 카 오디오에 장착된 CD 플레이어나 컴퓨터의 시디롬CD-ROM으로 음반을 듣기도 했으며, 대중교통 수단 이용 시엔 차 안에서 스피커로 들었던 음원 사이트의 플레이리스트를 이어폰을 꼽고 들었다. 네트워크 사정이 좋지 않을 때를 대비하여 다운받은 MP3를 동기화시킨 플레이리스트도 전화기에 백업으로 마련해 놓곤 했다. 대부분의 케이팝 팬들이 나와 유사한 방식으로 콘서트를 대비한 청취를 실천한다.

자신이 좋아하는 가수와 그 음악을 프로모션 하기 위한 듣기는 흔히 스트리밍의 준말인 '스밍'으로 표현된다. 스트리밍은 본디 웹 사이트에서 음원, 동영상의 실시간 재생을 의미하지만 대중음악, 특히 케이팝의 맥락에서는 가수가 음악 차트에서 일정 순위 안에 들 수 있도록 팬덤이 음원 사이트에서 반복적으로 재생하는 것을 뜻한다. 케이팝 팬들은 뮤직비디오 조회수가 순위 산정에 반영되는 차트를 위해 음원 스밍 외에도 유튜브에서 뮤직비디오를 반복 재생하기도 하는데, 이를 뮤직비디오 스트리밍, 줄여서 '뮤스'라 한다. 그리고 주요 음원 사이트에서 "특정 시간대에 특정 곡"의 음원을 집중적으로 스밍, 다운로드, 선물하는 행위를 '음원총공'이라는 용어로 표현한다(신윤희 2019, 30). 여기에서 총공은 '총공격'의 준말로 팬덤이 총력을 모아 뮤스, 음원 스트리밍, 다운로드, 선물하기는 물론 각종 투표에 참여하는 것을 포괄적으로 나타내는 말이다. 케이팝 아이돌 가수의 팬덤에는 총공을 전략적으로 기획하고 지휘, 관리하는 일명 총공팀이 존재한다. ABNEW의 경우 AB6IX가 앨범을 발표하기 직전 '음원총공팀'(줄여서 '음총팀')이 꾸려져 앨범 발매 후 그룹이 음악방송을 중심으로 활동하는 동안 함께 활동한다.[86] 음총팀이 되기 위해서는 음반 구입을 비롯하여 팬덤에 적극적으로 참여하고 있음을 증명해야 한다. 자격 심사를 통과한 팬들은 각기 다른 역할로 음총팀에서 일하게 되는데, 팀원들끼리는 이메일이나 소셜미디어 DM 등을 통해 온라인으로만 소통한다. 음총팀의 활동은 크게 다음과 같이 요약될 수 있다.

---

[86] 앞 장에서 언급했다시피 덕메 J와 K는 AB6IX가 정규 1집 《6IXENSE》를 발매했을 때 꾸려졌던 음총팀에서 활동했다.

- 음반 발표 후 활동 기간 동안 팬덤 전체가 반복 재생해야 하는 플레이리스트, 즉 '스트리밍 리스트'(줄여서 '스밍리스트') 만들어 배포한다. 스밍리스트뿐 아니라 음원 및 뮤직비디오 스트리밍 가이드도 작성하여 함께 공지한다.
- 다른 팬들이 생성해 음총팀에 제공한 복수의 음원 사이트 아이디로[87] 접속하여 순위권 진입을 목표로 하는 곡(일반적으로 앨범 타이틀)을 순위 산정에 반영되는 방식에(대개 한 계정에서 시간 당 한 번 스트리밍한 기록이 반영) 따라 스밍한 후 접속을 종료하는 행위를 반복한다. 제공받은 아이디로 스밍하기 위한 스트리밍 이용권은 팬덤에서 모금한 돈으로 결제한다.
- 위와 같이 제공받은 아이디로 특정 시간에 일제히 음원을 다운받는다. 다운 비용 역시 팬덤이 모금하여 마련한다. 혹은 다른 팬들에게 음원 선물받아 특정 시간에 다운받는다.
- 상기 활동들이 원활히 효과적으로 진행될 수 있도록 각종 실험을 선행한다. 스밍 이벤트 개최 등을 통해 팬덤 전체가 스트리밍에 집중하도록 독려한다. 가수 활동 종료 후 음총팀 활동비용을 정산하고 사항들을 정리하여 팬덤에 보고한다.

음총팀의 주도로 가수 활동기에 수행하는 스밍, 다운로드, 선물하기 외에도, 팬덤 내 다수의 팬들은 프로모션을 위해 지속적으로 스트리밍을 실천한다. 이러한 듣기는 케이팝 팬덤의 기본이다. 그리하여 활동기

---

[87] 팬들은 한국의 음원 사이트에서 한 개의 휴대폰 번호로 생성할 수 있는 최대 수의 계정을 생성한다. 이 중 하나는 자신이 직접 사용하고 나머지 아이디들은 음총팀에 제공한다.

에 음총팀에 제출하는 음원 사이트 아이디들을 제외하고도 유료 결제하여 구독 중인 복수의 계정으로 여러 대의 기기에서 항시 스밍하고 있는 팬들이 꽤 된다. 나와 직장인 덕메들의 경우 국내 주요 음원 사이트에 두 개 이상의 계정이 있으면서, 여러 대의 공기계, 아니면 하나의 기기에서 여러 음원 사이트를 동시에 구동시킬 수 있는 앱을 이용해 AB6IX의 곡들을 쉼 없이 스트리밍하고 있다. 내 상황을 보다 구체적으로 이야기하자면, 우선 아이패드로 음원 사이트 멜론MelOn에서 스밍을 한다.[88] 공기계인 또 다른 태블릿 PC(엘지 태블릿)로는 음원 사이트 플로flo에 접속하여 스트리밍한다. 심카드 없는 저사양의 구형 삼성 휴대폰에서는 동시 재생 앱을 활용해 플로와 유튜브에서 음원 및 뮤직비디오를 동시에 스트리밍하고 있다.[89] 현재 사용 중인 아이폰으로는 운전할 때, 혹은 대중교통 수단을 이용하거나 도보로 이동할 때, 아니면 집에서 휴식을 취할 때, 즉 통신 수단으로 전화기를 당장 쓰지 않을 때에만 음원 사이트 지니Genie에서 스밍하는데, 이때의 듣기는 순전히 '감상'을 위함이다. AB6IX 음반 발매 직후 활동 초반기에 필수인 음원 다운로드와 선물은 노트북으로 멜론(음원 선물 및 다운), 지니, 벅스Bugs, 바이브VIBE(음원 다운로드)에서 수행하고 있다.[90]

---

88 참고로 책의 원고를 탈고할 때까지만 해도 미국에서 사용했던 심카드 없는 아이폰 4S에 멜론 앱을 설치하여 스밍했었다. 그러나 얼마 지나지 않아 멜론이 비행기 모드에서 구동되는 스트리밍을 차단하기 시작했고, 더 이상 업데이트되지 않는 iOS(운영체제)로는 앱에 접속조차 할 수 없게 되자 아이폰 4S 공기계 스밍을 그만둬야 했다.

89 원래 이 휴대폰에서 플로와 지니를 동시에 스밍했었는데, 지니가 비행기 모드에서는 스트리밍을 할 수 없고 다운받아 저장한 음원만 재생할 수 있도록 시스템을 바꾸어 뮤스(뮤직비디오 스트리밍)로 대체했다.

90 벅스, 바이브를 구독하지는 않고 해당 사이트에서 음원 다운로드만 한다.

순수하게 음악 감상으로 들을 땐 찬찬히, 또 꼼꼼히 음미하며 스트리밍하지만, 프로모션을 위한 듣기는 기계적으로 스트리밍할 뿐이다. 다시 말해 프로모션을 위한 듣기는 음량을 최소로 하여 실제로는 듣는 것은 아닌데 플레이리스트의 반복 재생 기능을 통해 끊임없이 스밍만 하는 것이다. 이 때 스트리밍이 끊기지 않는지 때때로 기기마다 확인해야 한다. 음원 사이트들마다 일정 횟수 이상 재생되면 스트리밍이 중단되거나, 로그인된 상태가 일정 시간을 초과하면 자동으로 로그아웃되어 스트리밍이 끊기기 때문이다. 이러한 상황들을 일일이 확인해야 함은 물론, 스트리밍하는 기기가 방전되지 않도록 충전에도 신경 써야 한다. 케이팝 팬덤에서는 좋아하는 가수와 음악의 프로모션을 위해 스밍에 들이는 이와 같은 수고를 '노동'이라는 단어에 비유한다.[91] 노동은 국경을 초월하여 해외 팬덤 또한 스밍에 동참하며 한국 팬들의 노동을 분담한다. 한국이 새벽에 접어들고 한창 낮 시간인 미국에 있는 팬들이 '이제 우리 차례다. 한국 ABNEW가 잠자리에 들어 있는 동안 우리는 애플 뮤직, 스포티파이, 유튜브에서 열심히 일하자!'라며 미국 및 유럽 등 한국과 시차가 나는 지역 팬덤에게 스밍 독려 트윗을 올렸을 때, 그리고 인도네시아 수라바야Surabaya 거주 ABNEW들이 PC방 한 곳을 대여해 여러 대의 컴퓨터들로 공식 뮤직비디오와 방송 영상을 일제히 스트리밍하며 조회수를 올리는 노동 현장 영상을 공유해 줬을 때, 협동해 줘서 고마운 동시에 집단행동이라는 팬덤의 묘미를 짜릿하게 느꼈다. 게다가 해외 ABNEW들은 '일work'이란 말도 쓰지만 '스트리밍 파티streaming party'로 표

---

91 스트리밍 외에도 투표, 검색, 특정 해시태그를 포함하여 집중적으로 트윗(tweet)을 올려 실시간 트렌드를 만드는 행위 등도 팬덤의 노동으로 표현된다.

현하면서, 프로모션의 듣기를 단지 팬의 의무로만 간주하기보다 파티와 같은 이벤트로써 즐기려 한다. 이러한 긍정적인 태도 덕분에 케이팝 팬덤이 수행하는 듣기의 음악하기는 감상과 노동을 넘어, '유희'의 영역까지 넘나드는 행위로서의 가능성을 내재하게 되는 것이다.

'호구비뉴'지만 "감정이 있는 ATM"

현대 자본주의 사회에서 팬덤은 왕성하고 적극적인 소비의 장이라고 1장에서 소개하였다. 이에 대해 케이팝을 포함하는 한국 대중문화 팬들이 자조적으로 쓰는 말이 몇 있다. '호구', 'ATM', '텅장'이 바로 그것들이다. 팬들은 스타의 기획사, 제휴사 및 유통사의 상술을 뻔히 알면서도 새로운 관련 상품이 출시되면 여지없이 구입하고 마는 스스로를 "어수룩하여 이용하기 좋은 사람"의 비유어인 호구虎口(국립국어원 표준국어대사전, n.d.)로 부른다. 저렇게 지출하는 작태를 '출금'에 비유해 현금 자동 인출 기능이 있는 기기인 'ATM'으로 자칭하기도 한다. 또한 팬덤에 돈을 과도하게 쓴 탓에 통장의 잔액이 거의 없는 상황을 텅 비어 있다고 묘사하면서, '텅'과 통장을 합친 '텅장'이라는 은어로써 팬덤에 따른 자신의 재정 상태를 빗댄다.

이러한 용어들이 지출에 대한 팬덤의 자괴감을 반영한 것은 분명하다. 그러나 그 소비가 반드시 괴로움이나 부끄러움, 뉘우침으로 귀결되지는 않는다. '우리'의 소비엔 "나름"대로 "철학이 있다"(이진송 2015). 우리는 경쟁이 치열한 케이팝 산업 구조에서 최애 가수가 우위를 차지하고 살아남을 수 있도록, 혹은 다른 스타 팬덤과 경쟁에서 승리하기 위하여 기꺼이 지갑을 연다(Sun 2021). 이와 같은 '대승적' 소비 말고도 사사로운 이유로 때에 따라 스타 관련 상품을 구매하면서 우리는 소비 활동에 대한 가치를 생각하고 각자 다양한 의미를 부여한다. AB6IX 팬덤을 수행하며 내가 가장 크게 지출하는 부분은 음반인데, 크게 세 가지 이유에서 음반을 구입한다. 우선 음반 판매고에 기여하기 위해서이다. 음반의 판매고가 늘어난다면 '음악'이 본업인 스타의 경력에 좋은 기록을 남겨 줄 수 있다. 다음으로 4장에서 부연 설명하겠지만, 구입 수량만큼 음반 판촉을 위해 기획되는 가수의 팬 사인회에 참석할 수 있는 기회를 얻을 수 있기 때문에 음반을 구매한다. 팬 사인회에서는 AB6IX 멤버들과 직접 만나 음반에 내 이름이 적힌 '기명' 사인을 받고 짧게나마 대화도 나눌 수 있다. 세 번째 이유는 내가 좋아하는 가수가 직접 찍은, 즉 가수의 셀카(self-camera의 준말로 영어 selfie의 콩글리시)가 인쇄된 (공개 및 미공개) '포토 카드'를 모으기 위함이다.

사실 케이팝 팬이라면 국내외를 막론하고 대부분 포토 카드 수집을 목적으로 음반을 구입한다. 팬덤에서는 보통 줄여서 '포카'라 불리는 포토 카드는 속설에 의하면 2010년 소녀시대가 발매한 《'Oh!' The Second Album》에서 앨범 구성품으로 포함된 것이 그 시작이었다. 그런데 이 포토 카드는 그룹일 경우 멤버별로 제작되고, 또 멤버당 여러 종류가 출시되어 무작위로 음반에 포함된다. 그리하여 팬들은 자신이 구입한 음반에 가장 좋아하는 멤버의 포토 카드가 들어 있지 않았다면 그것을 획득하기 위해, 혹은 최애 멤버 포토 카드를 종류별로 모으기 위해 여러 장의 음반을 구입하는 것이다. 또한 케이팝 기획사들은 하나의 앨범을 여러 버전으로 동시에 발매하며 버전에 따라 다른 포토북 및 포토 카드를 제작하여 팬덤의 수집벽을 더욱 더 자극한다.[92] 음반 정식 구성품 일부로서 포토 카드뿐 아니라 케이팝 팬덤 사이에서 속칭 '미공포'라 불리는 '미공개 포토 카드'도 팬들의 구매를 부추긴다. 미공개 포토 카드는 앞 문단에서 언급한 팬 사인회 혹은 경품 행사인 럭키 드로우ucky draw 응모와 결합되는 방식으로 '판매'된다. 즉 팬 사인회 참여 응모를 위해 앨범 '구입' 시 '특전'으로 미공포를 받거나, 온라인 및 오프라인 럭키 드로우 행사에서 음반을 '구입'하면 '경품'으로 미공포가 증정되는 식이다. 그런데 미공개 포토 카드 역시 앨범 수록 포토 카드처럼 단 한 가지가 아닌 여러 종류로 제작되고 무작위 증정이다. 따라서 수집가 팬들은 이를 다 모으기 위해서라도 여러 장의 앨범을 구입하고, 다량 구매가 어려운 팬들은 팬덤 내에서 최소 자신이 가장 좋아하는 멤버의 미공포만 따로 구입하거나 교환을 통해 원하는 미공포를 획득한다.

케이팝 기획사들은 음반뿐 아니라 다른 종류의 상품 판매 판촉의 일환으로 스타의 미공개 포토 카드를 제작하여, 팬들로 하여금 지갑을 열도록 이끈다. 다른 종류의 상품이라 하면 연말연시에 제작, 판매되는 굿즈 세트를 의미하는 시즌 그리팅season's greetings(줄임말로 '시그')을[93] 비롯하여, 콘서트, 팬 미팅 등의 개최 기념으로 제작, 판매하는 공식 공연 MD, 그리고 통칭 포토북인 수백 페이지짜리 화보집이 대표적이다. 이러한 상품들에 미공개 포토 카드가 덤으로 포함되는데, 여러 종류 중에서 무

---

92 케이팝 아이돌 가수 음반에 포함되는 영어로 liner note라 하는 가사집 혹은 해설집은 언제부터인가 화보집을 방불케 하는 수십 매 분량의 포토북 형식으로 제작되고 있다. 앞서 1장에서 언급한 '이미지'가 중시되는 케이팝의 특성이 음반 포토북에도 반영되는 것이다.
93 영어의 season's greeting(s)이 연말연시 인사에 한정된다면, 케이팝을 포함하는 한국 대중문화의 맥락에서는 연말연시 인사를 겸해 팬덤에 판매하기 위해 제작되는 스타 관련 굿즈 세트로 그 의미가 확장된다.

작위로 하나 혹은 둘 씩 증정되기 때문에 일부 팬들은 자신이 원하는 포토 카드를 얻기 위해 상품을 다량 구입한다. 기획사에서 제작, 판매하는 MD 외에도 아이돌이 모델로 활동하는 업체 상품에도 미공포가 포함된다. 자신들의 스타가 모델인 상품을 웬만하면 구매하는 팬들이 그 보상으로 미공포까지 받을 수 있다면 팬덤의 소비는 더욱 활발해질 수밖에 없다. AB6IX는 데뷔한 해에 화장품과 교복 모델로, 멤버 대휘가 음료 모델로 활동했다. 2019년 8월까지 입덕 부정기를 겪었던 나는 그들이 모델이었던 화장품은 구입한 적 없었고, 고등학교를 졸업한 지 20년이 넘은 터라 교복 또한 구매할 수 없었다. 대휘가 모델인 음료수를 가끔 사다 마시는 정도였다. 비록 제품의 모델은 아니었지만, 그룹은 2021년 미니 4집, 정규 2집 발매 직후 한국의 글로벌 온라인 오픈마켓과 제휴하여 그곳에 입점한 한국 화장품, 식품, 생활용품 업체들의 프로모션을 담당했다. 당연히 이 프로모션들에는 구입 품목과 결제 금액에 따라 멤버들 개인 및 단체 미공개 포토 카드가 증정되었다. 나는 AB6IX가 프로모션에 참여한 상품들 중 유아 생활용품을 제외하고 색조 화장품과 저칼로리 야식, 초콜릿 막대 과자를 구매했고, 모든 종류의 미공포를 받을 수 있을 정도로 사들였다.[94] 그런데 기준 수량과 금액에 맞춰 구매했으면 그만저만 중복되는 포토 카드 없이 각 멤버의 이름과 얼굴을 구분해 증정하는 음반 상점들과 달리, 오픈마켓의 상점들은 미공개 포토 카드를 마구잡이로 보냈다. 다시 말해 나를 비롯하여 여러 ABNEW들이 미공포

---

94 내가 쓸 것을 제외하고 여분의 화장품은 미국에 거주 중인 친구 및 수업을 듣는 학생들 몇에게 선물했다. 야식은 나와 따로 거주하는 가족들에게 일부 나눠 주기도 했으나 유통기한 전에 소진시키기 위해 한동안 곤약 국수와 곤약 젤리, 게살 봉, 단백질 바를 주식, 간식으로 먹은 적 있었다. 초콜릿 막대 과자는 아직도 상당 수량이 남아 있다.

를 종류별로 모두 수령할 만큼 지출했음에도 불구하고, 아예 없는 카드가 있거나 어떤 카드는 몇 장씩 중복된 불완전한 미공포 세트를 받았다. 물론 위와 같은 상황에서 팬들은 교환을 통해 원하는 포토 카드를 얻을 수 있다. 하지만 교환이라는 번거로운 과정을 거치지 않고 모든 종류의 포토 카드를 한 번에 얻기 위해 그에 맞춰 구매를 했는데 지출한 금액만큼의 보상을 받지 못한다면 분명 문제이다. 나는 이러한 상황을 겪었을 때 처음엔 덕메들과 교환하곤 했었다. 또한 나의 소비가 모로 가도 결국 스타에게 도움이 될 거라 기대하며 차라리 몇 번 더 구매하는 쪽을 택했었지만, 소비자의 권리가 너무 무시당하는 것 같아 오픈마켓 상점 측에 건의해 보기로 했다. 상품 구매 페이지의 문의 게시판과 판매자에게 직접 발송하는 메시지를 통해 미공개 포토 카드를 골고루 보내 줄 수 있는지, 추가 구매이니 이전에 받았던 미공포와 다른 종류로 보내 줄 수 있는지 멤버 이름까지 특정하여 설명하고 '정중히' 물었다. 그러나 판매업체 측은 그나마도 문의한 지 한참이 지나서야 답변하면서 무작위 증정이라 어쩔 수 없다고 성의 없는 변명으로 일관했다. 문득 케이팝 스타의 다양한 활동에 따르는 팬덤의 소비가 현재 대한민국 자본주의에서 이용만 당할 뿐 경시된다는 생각이 들었다. 한국에서 케이팝 팬덤을 실천하고 있는 이들이라면 누구든 한 번쯤 나와 같은 생각을 했을 터이다. 오죽하면 저러한 상황에 있는 스스로를 호구에 비유하겠는가. 팬덤의 소비는 업신여김을 넘어 판매자로부터 비웃음마저 당한다. 2016년 모 음반 판매점 직원은 팬 사인회 응모용으로 아이돌 그룹의 CD를 대량 구매한 고객(팬)의 정보가 입력된 컴퓨터 화면을 사진 찍어 소셜 미디어에 올리고 지인들과 그 팬을 '빠수니'라 칭하며 조롱하는 댓글을 주고받았다. 이 사건은 팬덤의 공분을 샀고 언론에서도 다뤄졌다. 기사문은 해당 사건을 보도하면서 "돈을 쓸수록 제공받는 상품이나 서비스의 질이 높아질 것이라 예상하는 ⋯ 자본주의 ⋯ 상식"이 통하지 않는 분야가 "아이돌 음반 시장"이라며 안타까워했다(인세현 2016). 또 팬덤의 소비가 제대로 존중받지 못하는 이유로 여성혐오를 지적했다. "음반 시장의 주요하고 거대한 소비자"인 케이팝 아이돌 팬덤을 단지 '빠순이'로 성별화하여 "자신의 명확한 기호를 위해 자발적으로 돈을 쓰는", 즉 "자본주의"의 "기본적 가치"를 실천하는 여성을 삐딱하게 보는 시각은 그 대상을 혐오하는 데에서 비롯된 것이다.

'기여'이든 '기호'의 충족이 됐든, 기꺼이 '호구비뉴'(호구와 AB6IX의 팬덤 ABNEW를 합성한 우리 사이 은어)가 되어 행하는 소비의 팬덤이 그 가치를 제대로 인정받지 못하고, 소비자로서의 권리가 존중받지 못하는 여러 상황들에 종종 울분이 든다. 케이팝 팬들 사이에 유명한 밈meme에 있는 말풍선에 있는 어구 "나는 감정이 있는 ATM이라고 말했을 텐데?"가 절실히 와 닿는 순간들 말이다. 그럼에도 불구하고 또 다시 지갑을 연다. 특히 콘서트라는 음악하기의 일환으로 콘서트 타이틀 및 테마를 바탕으로 소속사에서 내놓는 공식 MD를 열심히 구입한다. 무대 위 공연에 호응하여 흔들어 줘야 하는 응원봉은 기본이다. 응원봉과 더불어 음악에 맞춰 흔들 수 있는 통칭 '슬로건'인 천 재질의 작은 배너도 함께 구매하면 좋다. 멤버들의 사진이 인쇄된 갖가지 문구류, 그룹의 로고 등을 무늬로 넣은 생활용품은 콘서트 당일 현장에서 바로 사용할 수 없겠지만, 콘서트가 끝난 후 공연을 추억하며 실생활에서 유용하게 쓸 수 있을 테니 이러한 상품들 또한 장바구니에 넣는다. 슬로건은 공식 MD뿐 아니라 홈마 팬이 자기가 찍은 사진을 활용하여 제작, 판매하는 것을 구입하기도 한다. 이처럼 콘서트 음악하기를 보조할 수 있는 소비의 팬덤을 실천하며 우리는 분하고 서운한 감정을 잠시 접어 둔 채 다시금 호구, ATM을 자처한다. 그리고 콘서트에서 즐겁게 음악하기할 채비를 한다. 콘서트 당일에 공연 장소에서 구매하는 음악하기에 대해서는 뒷부분에서 조금 더 이야기하도록 하겠다.

───────── '피케팅', 예매 전쟁에서 살아남기 위하여

바로 앞에서 콘서트에 가기 전 팬덤이 콘서트와 관련된 갖가지 공식, 혹은 비공식 굿즈의 구입에 대해 언급했었다. 케이팝 콘서트 음악하기에서 이보다 선행되는 구매 행위로 공연 티켓 예매가 있다. 이제 매표, 즉 티켓팅이라는 음악하기를 짧게 서술하고자 한다.

들어가기에서 이미 언급했다시피 나의 대중음악 콘서트 관람의 역사는 중학생 때로 거슬러 올라간다. 태어나서 생전 처음으로 관람한 대중음악 공연이었던 신해철 콘서트 표는 사실 친구의 어머니가 구해 주신 것이었다. 이후 대학생이 되어 다닌 콘서트들은 주로 대형 음반 판매점에서 티켓팅을 했다. 당시엔 공연 기획사가 서울과 지방 주요 도시의 대형 음반 가게에 티켓 판매를 위탁했었기 때문이다. 음반 가게 외에 은행에서도 대중음악 콘서트 티켓을 구입할 수 있었다. 2001년에 관람했던 1세대 아이돌 그룹 god의 콘서트 표는 당시 제일은행에서 판매했다. 이에 따라 티켓 판매 개시 날 은행 영업시간 전부터 매표를 위해 팬들이 장사진을 친 지점이 꽤 있었다고 하는데 우리 동네 제일은행은 그 정도까지는 아니었다. 그 덕에 은행 영업 시작 시간에 방문하여 대기 없이 수월하게 티켓팅을 했던 기억이 난다. 또 윤종신, 패닉, 노바소닉의[95] 콘서트에서는 팬클럽 임원이 소속사의 중개로 공연 기획사에서 직접 대량으로 구매한 티켓을 회원들에게 할인가로 판매하는 것을 구입한 적도 있었다. 이러한 역사를 거쳐 2000년 이래로 콘서트 티켓팅은 온라인에서 하고 있다.

매표를 위해 티켓 판매점이 문을 열 때까지 수 시간 밖에서 진을 치고 기다리는 일은 더 이상 하지 않아도 되었지만, 온라인 티켓팅은 성공을 위해 신경 써야 할 일들이 은근히 더 많다. '속도가 빠르고 안정적인 네트워크' 환경이 최우선이다. 많은 팬들이 티켓팅을 위해 PC방을 찾는 이유이다. 해외 케이팝 팬들의 경우 PC방이 흔하지 않고 일반 가정에서 사용하는 인터넷 속도가 빠르지 않아 학교 컴퓨터실을 이용하기도 한다.[96] 내가 미국에서 준수가 출연하는 뮤지컬 《데스노트》의 티켓팅을 성공하여 무대에서 가까운 자리를 잡을 수 있었던 것도 인터넷 속도가 빠른 학교에서 성능 좋은 컴퓨터를 사용한 덕분이었다. 수많은 싱가포르 현지 팬들이 예매 페이지에 진입조차 못 하고 대기만 하다 우르르 실패했던 방탄소년단 《LOVE YOURSELF》 싱가포르 공연의 티켓팅은 집 근처 시립도서관 컴퓨터로 성공했다. 성시경이 직접 피아노를 연주하며 노래했던 소극장 콘서트 《노래》에서 피아노 페달을 밟는 성시경의 복숭아뼈가 보일 정도로 가까운 1열 좌석 예매에 성공했던 것 역시 시립도서관 컴퓨터에서였다.

---

95 패닉의 멤버 김진표가 보컬 및 랩 담당으로 몸담았던 메탈 밴드이다.
96 방탄소년단이 아시아, 미주, 유럽을 돌며 《LOVE YOURSELF》, 《LOVE YOURSELF: SPEAK YOURSELF》 콘서트를 개최했을 때 학생 아미들은 티켓팅에 성공하기 위해 학교 컴퓨터실로 몰려들었고, 컴퓨터실의 모든 PC 화면이 방탄소년단 콘서트 예매 사이트 화면이었던 사진이 소셜 미디어에서 화제가 됐었다.

온라인 티켓팅에서 빠른 인터넷 속도만큼 중요한 것은 판매가 시작되자마자 좌석 선택부터 결제 버튼까지 순식간에 누를 수 있는 '클릭 속도'이다. 이를 위해 팬들은 다른 공연 예매 페이지에서 수없이 연습한다. 그러나 연습을 통해 손가락을 단련했음에도 불구하고 긴장한 탓에 정작 자신의 최애 가수 콘서트 티켓팅에서는 실패하는 팬들이 상당하다. 그리하여 많은 케이팝 팬들은 나름 손이 빠른 지인들에게 부탁하여 동시에 티켓팅에 임한다. 이렇게 티켓팅에 동원되는 이들을 '용병'이라 표현한다. 다른 팬들과의 경쟁에서 이기고 살아남아 티켓팅에 성공해야 하는, 마치 전쟁 같은 치열한 매표에서 인기 있는 용병으로는 인기 교양 과목 수강 신청에 성공한 적 있는 대학생, 한국 시리즈 티켓 구입에 성공한 적 있는 프로야구 팬, 그리고 추석, 설에 열차표 예매에 성공한 적 있는 지방 출신 귀성객들이다. 물론 아이돌 가수의 콘서트 티켓팅에서 무대 바로 앞자리를 잡은 이력이 있는 타돌덕, 즉 다른 아이돌 가수 팬들도 용병으로 선호된다. 내 티켓팅에는 친구 B, C, D, 아이돌 그룹 '원어스ONEUS' 팬인 지인, 또 수년 전 엑소EXO 콘서트 예매 전쟁에서 당당히 살아남은 전적이 있는 친구가 주로 용병으로 뛰어 주고 있다. 이들 외에도 뮤지컬 팬인 지인에게 가끔 티켓팅 도움을 요청한다. 나 역시 티켓팅 용병으로 참전한 경험이 있다. 조카를 위해 아이돌 그룹 '위너WINNER' 콘서트 티켓팅에 참여해 임무를 완수했었고, 성시경 《축가》 콘서트 티켓팅에서는 예매 시작 후 1분이 채 지나기도 전에 네 개의 좌석(그중 세 개는 연석)을 잡아 의뢰인들에게 선물했었다.

이처럼 케이팝 콘서트의 온라인 티켓팅은 결코 쉽지 않다. 오죽하면 티켓팅의 '티'를 '피 튀기다'에서 따온 '피'로 바꾸어 '피켓팅'이라 묘사하겠는가. 피켓팅에서 살아남기 위해 매크로macro라 불리는 컴퓨터 프로그램의 힘을 빌리는 팬들도 등장했다. 매크로는 "특정 명령"을 "자동"으로 "반복 입력"하여 티켓팅의 모든 단계를 "몇 초 만에" "한 번에 처리"해 버린다(김건희 2021). 문제는 이 프로그램을 이용해 티켓 판매 사이트의 서버 기능을 저해하거나, 대량으로 표를 구매해 암표로 비싸게 되파는 불법 행위가 발생하고 있다는 데에 있다. 매크로를 써서 대신 티켓팅을 해 주는 업자들 또한 성업 중이다.[97] 매크로 사용이 적발되어 매표가 취소를 당했든, 용병들의 더 좋은 좌석 선점 덕분에 자신이 잡은 자리를 취소했든, 아니면 입금 기한을 깜빡한 미입금 취소든지 간에, 취소표는 생기기 마련이다. 티켓 판매 사이트들은 구매자의 입금 마감 시각을 기준으로 하여 자정 직후부터 취소된 표들을 재판매한다. 취소된 티켓을 구매하는 상황을 팬덤에서는 '취켓팅'(취소 표 티켓팅)이라는 은어로 표현한다. 취켓팅이라고 쉬운 것은 아니다. 티켓 판매 사이트마다 취소표 재판매 시각이 다르고, 취소된 표들이 일제히 풀리는 것이 아니라 띄엄띄엄 올라오기 때문이다. 따라서 취켓팅에 성공하기 위해서는 늦은 시간에 깨서 예매 페이지를 끊임없이 새로고침해 가며 매표하는 수고를 감내해야 한다. 앞서 다룬 콘서트 전 음악하기들과 또 다른 이유로 티켓팅 또한 이래저래 어렵다. 그러나 이 단계만 지나면 공연이라는 희열을 곧 맛볼 수 있으리라.

---

[97] 물론 매크로 없이 순수하게 빠른 손놀림으로 티켓팅을 대행하고 수고비를 받는 업자들도 드물지만 있다.

"Welcome to my Hollywood":
2019년 11월 9-10일에 음악한 기록

정규 1집 《6IXENSE》를 발매한 지 채 5주가 되기 전인 2019년 11월 9일과 10일 양일에 걸쳐 AB6IX는 서울 올림픽공원 KSPO DOME(구 체조경기장)에서 《6IXENSE 1st WORLD TOUR IN SEOUL》이라는 타이틀로 첫 단독 콘서트를 열었다. 팬클럽 선예매가 아닌 일반 예매 기간에 티케팅을 했음에도 친구 D가 함께 선전해 준 덕분에 첫 날은 공연장 플로어의 스탠딩 구역, 마지막 날은 '취켓팅'으로 객석 1층의 가장 앞줄 좌석을 잡을 수 있었다. 앞서 언급한 대로 공식 응원봉(이하 응원봉과 별칭 '엡봉' 혼용)은[98] 앨범 쇼케이스 직전에 손에 넣었고 이제 슬로건을 구입할 차례였다. 2010년부터 사용하던 트위터 계정이 아닌 부랴부랴 개설한 '덕계'로 이름난 대휘 홈마들부터 팔로우하며 그들이 제작, 판매하는 슬로건들 중 맘에 드는 몇 가지를 주문했다(그림 7). 그룹의 첫 단독 콘서트를 축하하며 인터

그림 7. 콘서트 음악하기의 준비로 홈마에게서 구입한 대휘 슬로건의 앞면과 뒷면. 앞면에는 대휘의 얼굴이, 뒷면에는 이름이 인쇄된 천 소재 슬로건이다(출처: 저자).

---

[98] 2019년 당시에는 공식 응원봉 별명이 따로 없었다. 2020년 6월 29일에 발매한 미니 2집 《VIVID》의 타이틀 〈답을줘(THE ANSWER)〉 응원법 영상에서 멤버들이 응원봉 이름을 '엡봉'으로 정했다고 발표했다. 영상은 https://youtu.be/Vg-RTzCVZ54에서 시청 가능하다.

넷 포털 사이트에 개설된, 대휘 개인 팬카페가 진행한 기부에도 참여했다. 이것저것 준비하다 보니 어느덧 콘서트 날이 되었다. 이제 ABNEW로서 이틀 동안 AB6IX 콘서트에서 음악한 경험을 본격적으로 이야기해 볼까 한다.

콘서트 날 공연이 시작되기 전까지 팬들은 공연장 외부에서 다양한 방식으로 음악하기를 수행한다. 앞에서 다룬 구매 활동은 콘서트 당일에도 이어진다. 당연히 이보다 먼저 온라인으로 콘서트 MD를 선주문하는 팬들도 많다. 그러나 나처럼 공식 굿즈를 선주문하지 못한/않은 ABNEW들은 소속사가 콘서트 당일 공연장 밖에 별도로 설치한 매대에 전시된 공식 콘서트 MD의 실물을 보고 구입을 최종 결정한다. 나는 공연 첫날인 11월 9일에 일단 굿즈들을 구경하고 구매는 10일에 했다. 첫 공연은 스탠딩 구역에서 관람하기 때문에 공연장에 들일 휴대용품은 최대한 간소하게, 엡봉과 슬로건, 음료수만 지참하기 위해서였다. 게다가 9일엔 MD를 구매하려는 팬들이 쇄도해 결제와 수령까지 꽤 오래 대기해야만 했다. ABNEW가 되어 처음으로 참석한 콘서트, 그것도 첫날에 줄서서 시간을 보낼 순 없었다. 나는 공연 전 공연장 밖에서 음악하기를 즐기는 팬덤에 하나라도 더 '참여'하고 '관찰'해야 할 음악인류학자이기도 했다. 그러나 굿즈 구입을 위한 기다림 또한 콘서트에서 공연 전 케이팝 팬들이 수행하는 음악하기의 중요한 일부임을 확실히 해 둬야겠다. 특히 해외 팬들은 케이팝 가수의 해외 순회공연에서 음악하기를 '제대로' 해내기 위해서라도, 콘서트 현장에서 판매하는 MD를 사려고 기꺼이 장시간 동안 줄을 선다. 물론 소속사에서 운영하는 혹은 위탁한 온라인 쇼핑몰의 해외 배송을 통해 공식 굿즈를 구입할 수도 있지만, 콘서트 MD의 경우 대개 공연을 단 며칠 앞둔 시점에야 생산이 완료되는 경우가 많아 해외에서 주문하면 공연에 직접적으로 쓸모 있는 굿즈(공식 응원봉, 슬로건, 의류)가 공연 일까지 배송되지 못할 수도 있다. 이러한 지경에 처하느니 차라리 기다리더라도 결제와 동시에 바로 수령할 수 있는 현장 구매를 택하는 것이다. 그리고 팬들은 그 대기의 시간조차 즐긴다. 나를 포함해, 케이팝 콘서트에서 현장 연구를 진행하며 만난 팬들이 그러했다. 2019년 1월 19일 싱가포르에서 열린 방탄소년단의 콘서트를 참여관찰할 때였다. 공연장인 싱가포르 국립 경기장 위치 및 분위기를 확인할 겸 콘서트 전일 저녁 그곳을 찾았다. 워낙 공중도덕이 엄격하고 공공 규제가 강한 싱가포르인지라 관객의 공연장 입장 게이트, 입장을 위한 대기 구역에는 이미 바리케이드가 설치되어 행인조차 접근을 제한하고 있었다. 따라서 공연장 주변은 비교적 한산해 보였다. 그런데 한군데가 북적이는 것을 발견했다. 사람들의 행렬은 콘서트 MD 현장 판매 구역을 향하고 있었다. 공연장 입구, 그리고 입장 대기 구역과 달리 딱히 접근에 제한이 없는 구역이었다. 거기 모인 이들은 바로 공연 당일 오전 9시 30분에 판매가 시작되는 공식 굿즈 구입을 위해 벌써부터 대기 중인 아미들이었다(Loh 2019). 행렬의 선두에 선 아미들은 내가 현장을 찾기 두 시간 전쯤 진행됐던 공연 리허설 '소리'만 듣기 위해 진즉에 도착해, 경기장 내부로부터 방탄소년단의 노래가 들릴 때마다 한바탕 함성을 지르기도 했다. 그곳에 늘어선 아미들에게서 피곤한 기색은 보이지 않았다. 들뜬 표정으로 동행인들과 재잘거리고 휴대폰으로 방탄소년단을 비롯하여 케이팝 가수들의 공연 영상을 보며 그 순간을 누리던 팬덤의 공연 전 음악하기는 잊을 수 없다.

케이팝 팬들이 콘서트 당일 공연이 시작되기 전 즐기는 대표적인 음악하기로 '나눔'이 있다. 이 장의 앞부분에서 잠시 언급했다시피 팬들은 콘서트, 팬 미팅과 같은 행사를 축하하며 스타의 사진이나 팬 자신이 디자인한 그림 등이 인쇄된 물품들을 발주하여 행사 당일에 다른 팬들에게 무료로 나눠 준다. 포토 카드, 스티커, 메모지, 종이 슬로건 같은 소형 인쇄 물품 외에도 사탕, 캐러멜, 초콜렛, 쿠키처럼 간식거리도 나눈다. 인쇄물을 나누는 팬들이 나눔 시간과 위치, 조건[99] 등을 명시하여 트위터에 게시물을 올리면 다른 팬들은 이를 보고 행사 당일 나눔받기 위해 동분서주한다. 반드시 콘서트나 팬 미팅에 참여하지 않더라도 나눔만 주고받기 위해 현장을 찾는 팬들이 있을 정도로[100] 나눔은 케이팝 팬덤의 공연 전 음악하기에서 가장 두드러진다. 나눔은 해외 팬들 사이에서도 점점 유행하고 있다. 내가 처음 경험한 해외 케이팝 팬덤의 나눔은 신화 콘서트에서였다. 사실 코로나19 바이러스가 대유행하기 전에는 서울에서 열리는 콘서트를 관람하기 위해 내한하는 외국인 팬들이 상당했다. 그러한 해외 팬들은 한국 팬덤이 수행하는 콘서트 음악하기에 적극적으로 동참하며 급기야 나눔까지 실천하게 된다. 2018년 10월에 관람했던 신화의 20주년 콘서트에서 내게 스티커와 포토 카드, 배지를 나눠 준 팬들 중엔 태국 신화창조가 있었다. 2019년 5월 방탄소년단의 LA 콘서트에 갔을 때에도 주변에 앉은 미국 아미들로부터 인쇄물 나눔을 받았다.

---

99 특히 콘서트에서 나눔을 받기 위한 조건으로 주요 음원 사이트에서 가수가 콘서트 직전 발매한 앨범 타이틀을 일정 횟수 이상 스트리밍한 기록이 있어야 한다. 또 어떤 팬들은 자신의 소셜 미디어 계정을 팔로우하면 물품을 나눠 준다.
100 박사논문 연구 참여자들 중에는 2016년 1월 24일에 개최된 방탄소년단의 팬 미팅, 2016년 3월 19일에 열렸던 엑소 콘서트를 관람하지 않았지만, 공연장 밖에서 준비해 온 물품들을 나눠 주기만 한 이들이 있었다.

그림 8. AB6IX 콘서트 《6IXENSE 1st WORLD TOUR IN SEOUL》 첫날(2019년 11월 9일) 공연장 KSPO DOME 앞 사람들(출처: 저자)

약 1달 전에 있었던 쇼케이스보다 넓은 장소에서, 또 이틀에 걸쳐 열린 AB6IX의 첫 단독 콘서트장 주변은 ABNEW뿐 아니라 올림픽공원으로 산책 나온 동네 주민들까지 어우러져 인산인해를 이뤘다(그림 8). 행인들 사이에 죽 늘어선 이들이 있다면 십중팔구 나눔을 주고받는 줄이었다. 나는 가장 갖고 싶은 물품을 나눔하는 팬을 찾아 나섰다. 정규 1집 수록곡 〈민들레꽃DANDELION〉을 모티브로 곡의 한 구절과 함께 멤버들을 드로잉한 팬 아트 엽서를 나누는 팬이 있다는 걸 우연히 알았다. 나는 그가 나눔하는 장소로 가서 타이틀 〈BLIND FOR LOVE〉의 음원 사이트 스트리밍 기록을 보여 주곤 엽서를 두 장이나 받았다.

나눔을 행하는 팬들은 콘서트 기념으로 자신이 소장하고 싶은 포토카드 등의 굿즈를 이왕 만드는 거 대량 주문하여 같은 마음으로 공연 현장에 있는 동료들과 나눔으로써 팬들 사이에 공감대를 강화, 확장시

그림 9. 대휘 개인 팬카페가 AB6IX 콘서트 《6IXENSE 1st WORLD TOUR IN SEOUL》를 축하하며 진행한 기부의 물품(쌀)을 멤버들 사진으로 장식한 설치물이 공연장인 KSPO DOME 입구에 전시되어 있다(출처: 저자).

킨다. 나눔이 순전히 팬덤 내부에서만 이루어지는 '축하의 음악하기'라면, '기부'는 그 대상과 여파가 팬덤 바깥에까지 미친다. 앞서 나는 대휘 개인 팬카페에서 마련한 기부에 가담했다고 언급했다. 팬카페 회원들이 십시일반 입금한 돈으로 쌀, 라면, 연탄 등 생활 물품을 구입하여 '대휘' 및 '팬카페명'으로 자선 단체에 기부하는 것이다. 이러한 기부는 대휘의 생일 같은 기념일, 콘서트, 팬 미팅처럼 대휘가 출연하는 주요 행사를 축하하는 의미에서 행해진다. 행사 기념 기부일 경우 기부 물품의 실물이나 물품이 적힌 소형 현판을 가수의 사진과 리본, 조화 등으로 장식하여 행사 기간 동안 행사 장소의 특정 구역에 전시한다(그림 9-10).[101] 팬덤에서는 이러한 장식물을 꽃의 유무와 상관없이 '기부 화환'이라 통

---

101 기부 물품 구입 및 행사 당일 행사 장소에 물품 전시까지 대행하는 업체들이 따로 있다.

그림 10. 기부 화환은 통상 공연장 입구 실내외에 설치되지만 화환의 수가 너무 많을 경우 공연장 주변 남는 공간을 활용하여 전시되기도 한다. 2016년 3월 27일에 개최된 신화 콘서트에서 공연장인 KSPO DOME으로 이어지는 올림픽공원 구름다리 난간에까지 기부 화환들이 줄지어 있다(출처: 저자).

칭한다. 행사장에 설치된 기부 화환은 모금에 참여한 팬들에게 일의 결과, 즉 기부를 '증명'할 수 있다. 기부자 명단에도 포함되는 스타는 기부 화환을 보고 행사 축하뿐 아니라 그의 평판 제고를 목적으로 팬덤이 기획, 수행하는 '자선 활동'을 '인지'하게 된다.[102] 또한 이 장의 뒷부분에서 조금 더 이야기하겠지만 기부 화환은 공연장 주변 특유의 풍경landscape 조성에도 일조한다.

공연장에 도착해서 콘서트 MD를 '사고', 나눔을 '받고', 기부 화환 및

---

[102] 기부 활동이 케이팝 아이돌 가수 팬덤에만 국한되는 것은 아니다. 한국 대중음악의 장르 불문 전 팬덤에서 공연 및 기념일을 축하하며 실행되고 있다. 따라서 서울 및 지방 대중음악 공연장에서 팬덤이 설치한 기부 화환을 매우 흔하게 볼 수 있다. 그리고 한국 팬들뿐 아니라 해외 팬들 또한 공연을 축하하며 기부에 참여하여 공연장으로 기부 화환을 보낸다. 해외 팬덤의 기부 화환에는 해당 국가의 언어와 국기가 화환 장식에 표시된다.

여러 설치물들을 사진 '찍으며' 누비다 보니 어느새 관객 입장이 시작되어 바야흐로 공연 전 음악하기 마지막 단계만 남았다. 이를 위해 난 공연장 입구 근처 부스로 달려갔다. 그곳에서는 팬들이 소지한 공식 '응원봉'과 팬들의 티켓에 명시된 '좌석(스탠딩 구역) 위치'를 '연동'해 주고 있었다. 케이팝 공연에서 응원봉 연동은 이 장의 마지막에 상술할 '케이팝 콘서트의 소리풍경' 구현에 필수 조건이다. 이 연동 작업을 거쳐야 공연 중 중앙에서 곡의 분위기에 따라 원격으로 객석의 응원봉 색상을 변화시키고 밝기를 조정할 수 있기 때문이다. 응원봉 연동을 완료하고 드디어 공연장으로 입장했다. 티켓에 명시된 번호 순으로 입장한 스탠딩 구역의 팬들은 무대 바로 아래에 구름처럼 몰려들었다. 무대와 조금 떨어진, 스탠딩 구역 끝에 설치된 펜스에 몸을 기댄 채 서 있는 팬들도 있었다. 스탠딩 구역에 서 있든 좌석에 앉아 있든, 팬들은 AB6IX 멤버들의 사진이 인쇄된 대형 포스터로 막이 쳐진 무대를 신나게 촬영했다. 엡봉을 들고 무대를 배경으로 '콘서트 인증샷' 찍기에도 열심이었다. 공연장 내 스피커를 통해 흐르던 음원 소리가 멈추자 무대 위는 암전됐다. 동시에 객석도 고요해졌다가 암전한 무대 스크린에서 콘서트 인트로 영상이 재생되기 시작하면서 여기저기서 높은 함성이 터져 나왔다. 영상이 끝나고 무대는 또 다시 암전, 팬들도 소리를 죽였다. 잠깐 암전 후 공연장 안 조명은 AB6IX의 상징색인 붉은 빛으로 변했다. 조명이 비춘 무대 위에는 무지의 대형 막이 쳐져 있었다. 그 막 뒤에서 대휘의 음성이 들렸다. "Welcome to my Hollywood!" 데뷔 앨범 마지막 트랙이자, 영민, 동현, 우진, 대휘가 〈프로듀스 101 시즌 2〉에서 소속사 평가 때 선보였던 곡 〈HOLLYWOOD〉을 시작하고 끝내는 가사였다. 곧 막이 걷히고 그룹의 로고를 배경으로 다섯 개의 붉은 단 위에 검은 정장 차림으로 서 있는 멤버들이 보였다. "Welcome to my Hollywood!"와 역시 곡의 가사 일부인 "Who am I Who am I"가 번갈아 들리도록 편곡된 전주가 흐르는 가운데 멤버들이 서 있는 단은 서서히 낮아졌다. 단상이 무대와 접합되었을 때 멤버들은 큰 보폭으로 걸어 나와 대형을 이루고 무대 위로 합류한 백업 댄서backup dancer들과[103] 함께 전주에 맞춰 콘서트용으로 새롭게 안무한 춤을 췄다. 멤버들의 등장, 움직임에 따라 팬들은 음고와 장단을 달리해 소리 지르며 공연의 음악하기를 개시했다. 이 짧은 오프닝 무대에 이어 본격적으로 〈HOLLYWOOD〉을 춤추고 노래하면서 AB6IX 또한 콘서트 음악하기에 돌입했다. AB6IX와 ABNEW가 공연 도중 함께 한 음악하기는 이후 부분에서 다루도록 하겠다.

막을 내렸다고 해서 팬들의 음악하기가 종료되는 것은 아니다. 막 내린 콘서트장을 빠져나오면서부터 팬덤은 공연 후 음악하기를 시작한다. 우선 공연을 마치고 숙소로 돌아가는 가수를 배웅하기 위해, 무대 의상이 아닌 평상복으로 갈아입고 퇴근하는 가수의 모습을 눈과 카메라에 담기 위해, 팬들은 공연장 출연자 출입구로 향한다. 출입구에 가수가 등장하면 모여 있는 팬들 사이에선 함성이 터져 나온다. 출입구를 빠져나온 가수가 팬들에게 손을 흔들거나 입 모양으로 고마움을 표시하고, 목소리 내어 감사 인사를 전하기라도 하면 팬들의 환호는 더욱 커진다. 콘서트의 여운이 채 가시기 전 공연장 주변에 삼삼오오 모여 식사, 다과, 혹은 음주를 곁들여 무대에 관한 대화로써 공연 후 음악하기를 수행하는 팬들도 있다. '솔플', 즉 '나 홀로 관람'했던지라 AB6IX의 첫 단독 콘서트 후 공연장 주변에서 동료 팬과 대화를 통한 음악하기를 해 볼 순 없

---

[103] 한국에서는 보통 백댄서라 칭하는데, 정확한 표현은 백업 댄서이다.

었지만, 과거 준수의 콘서트 관람 후엔 JYJ 팬덤의 덕메였던 A를 숙소까지 내 차로 데려다주며 차 안에서 공연에 대해, 준수에 대해, 또 우리의 팬덤에 대해 쉼없이 이야기를 나누곤 했었다. 홈마들이 촬영하여 트위터, 유튜브 등 소셜 미디어에 공유한 콘서트 사진 및 케이팝 용어로 '직캠'이라고도 하는 콘서트 무대 영상을 감상하는 행위 또한 팬덤의 공연 후 음악하기이다.[104] 홈마가 찍은 고화질의 사진을 모바일 기기에 다운받아 틈날 때마다 들여다보고, 직캠을 반복해서 꼼꼼히 시청하며 콘서트를 '복습'하는 음악하기는 공연 당일 객석에서 느꼈던 감동의 여운을 꽤 오래 지속시켜 준다. 그리고 콘서트 중 음악하기를 통해 무대 위 가수 및 근처에 앉았거나 서 있던 동료 팬들과 소통하고 교감했던 순간들을 돌이킬 수 있게 해 준다. 이 장의 다음 부분에서는 공연장에서 스타와 팬덤이 소통, 교감하는 음악하기에 대해 좀 더 자세히 이야기해 보겠다.

케이팝 스타와 팬이 함께 음악하기의 진수 '떼창'

첫 단독 콘서트 무대에 오른 AB6IX와 ABNEW로서 공연 중 음악하기, 보다 구체적으로 말해 떼창을 통해 교류하고 교감했던 이야기를 하기 전, 떼창에 대해 개괄하고자 한다.

---

[104] 공연 중 자신이 촬영한 사진과 동영상을 편집하여 콘서트 종료일부터 며칠 뒤까지 공유하는 활동 역시 홈마가 실천하는 공연 후 음악하기이다.

떼창이라는 용어가 언제 처음 등장했는지 정확히 알 수 없지만, 가수의 라이브 공연에 맞춰 관객이 함께 노래를 부르거나 특정 어구를 외침으로써 공연에 화답하는 행위는 한국 대중음악사에서 꽤 오래전부터 시작되었음은 확실하다. 2018년 tvN에서 방영됐던 〈하나의 목소리 전쟁: 300〉은 가수와 팬덤이 한 팀을 이루어 다른 팀과 떼창으로 경연하는 음악 예능 프로그램이었다. 프로그램 예고 영상에서는 우스개처럼 떼창의 기원을 한국의 전통 민속 음악 판소리에서 찾고 있는데,[105] 이는 어느 정도 일리가 있다. 판소리 구성 요소 중 하나인 '추임새'는 '소리꾼'의 열연에 응하여 '고수鼓手'와 '관객'이 즉흥적으로 '얼씨구', '지화자', '얼쑤,' '좋다', '잘한다', '곱다' 등과 같은 감탄사를 지르는 음악적 행동이기 때문이다. 1982년에 조용필이 발표한 발라드풍 〈비련〉은 TV 음악 프로그램의 라이브 공연 중 첫 가사 "기도하는" 직후 방청석에서 '꺄악'하고 터지는 젊은 여성들의 환성으로 유명하다. 그리하여 제목인 〈비련〉보다 관객의 비명이 따라붙는 구절 "기도하는"으로 더 잘 통하는 곡이 되었다(김정원 2022). 아프리카계 미국인 대중음악 장르의 영향을 받아 1990년대 초반 한국 랩 댄스 음악을 주도했던 현진영, 서태지와 아이들, 듀스의 팬들은 공연에서 랩 부분까지 모조리 따라 불렀다. 신세대라 불렸던 이 관객들은 '환호', '연호', '가창', '랩'을 번갈아 무대 위 가수에게 적극적으로 화답했다.

떼창은 집단, 무리를 뜻하는 '떼'와 노래 부르기, 즉 가창에서 '창唱'을 따와 합친 신조어이다. 따라서 청중이 공연하는 가수의 노래에 맞춰 합창하는 것으로만 떼창을 이해할 수 있다. 그러나 나는 "노래 따라 부르

---

105 https://youtu.be/YEs8zSxrO-8에서 볼 수 있다.

기뿐 아니라 구호를 함께 외치거나 일제히 함성을 지르는 행위 또한 떼창"으로 정의하고자 한다(Kim 2017; 김정원, 108). 떼창을 구성하는 행위들 중 "구호 외치기"와 "함성 지르기"는 '응원' 또는 '응원법'으로 표현하기도 한다(김정원, 108). 응원은 '케이팝 공연'을 특징짓는 중요한 음향 요건이다. 이에 많은 아이돌 가수들은 공연에서 팬들이 응원을 실행해 줄 것을 기대하면서, 또 그렇게 유도하기 위해 신곡 발표 직후, 혹은 콘서트 직전 가수가 실연하는 '응원법 가이드 영상'을 따로 공개한다(김정원 2022).[106] 한국 대중음악가들은 이미 1960년대부터 떼창이 음악 특유의 요소가 됨을 인지해 왔다. 대한민국에서 최초로 1962년에 로큰롤 앨범을 발표했던 밴드 키 보이스Key Boys가 비틀즈The Beatles의 〈I Want to Hold Your Hand〉를 번안해 취입한 〈그녀 손목 잡고 싶네〉에는 곡 중간 중간 여성들의 환호성이 들린다. 이는 원곡자 비틀즈 공연에서 틀림없이 터져 나오는 객석의 함성마저 그대로 재현하겠다는 의도인 한편, 공연 중 팬들이 지르는 소리, 즉 떼창을 로큰롤의 요체로 간주하는 가수 및 음반 기획자의 의식이 반영된 것으로 보인다. 1990년대 중후반 한국 대중음악계에 아이돌 가수들이 등장하면서, 그 팬들이 곡의 특정 부분에서 특정한 방식으로 떼창하는 공연이 점점 발전해 갔다.

한국 최초의 아이돌 그룹 H.O.T.의 공식 팬클럽 클럽 H.O.T. 회원들은 소속사로부터 회원증을 비롯하여 팬덤 상징색인 흰색으로 된 우비와 흰색 풍선 등을 기념품으로 받았다. 우비는 공연 시 착용하면 무대

---

[106] 2019년 12월 14일에 현장 연구로 관람했던 김재환의 콘서트 《illusion; 幻想》에서는 공연 시작 전 무대 양옆에 설치된 대형 스크린으로 김재환이 직접 응원법을 실연하는 영상이 반복적으로 상영됐다.

위 H.O.T.가 객석에 있는 클럽 H.O.T.를 알아볼 수 있을 뿐더러, 근방에 자리 잡은 다른 아이돌 가수의 팬덤과 구별시키는 역할을 했다. 풍선은 바람을 넣어 공연 중 음악에 맞춰 흔들기 위함이었다. 그런데 우비를 입은 관객들이 풍선을 흔드는 동작만 한 것은 아니었다. 이전 시대 현진영, 서태지와 아이들, 듀스의 팬들이 그랬던 것처럼 H.O.T.가 공연하는 노래와 랩을 통틀어 따라 불렀다. 그리고 곡의 전주, 간주, 후주, 브리지 부분에서는 그룹과 그룹 멤버의 이름(예명이 아닌 본명)을 '스타카토'로 '연호'했다. 또한 그룹 명 뒤에는 팬심을 표현할 수 있는 '사랑해요' 같은 짧은 문구를 붙여 '응원 구호'로 만들고 이를 리드미컬하게 외쳤다. 이러한 떼창은 비단 클럽 H.O.T.에 한정되지 않았다. 동시대 활동했던 1세대 아이돌의 팬덤 사이에서 흔하게 실행되었다. 떼창 방법은 대개 팬클럽 임원들이 곡에 어울리게 만들어 팬클럽 회원 전용 전화 사서함에 녹음해 놓으면 다른 팬들은 이를 듣고 배웠다(Kim 2017; 김정원 2022). 텔레비전 음악 프로그램 공개방송이나 콘서트 직전 팬덤이 대기하는 동안 총대總代인 팬들이 즉석에서 떼창 방식을 정해 그 자리에 모인 다른 팬들에게 가르치고 연습시키기도 했다. 이토록 팬덤이 자발적으로 떼창법을 만들어 교육, 유포하고, 공연 중 능동적으로 떼창한 덕분에, 2000년대 중반에 이르면 케이팝 아이돌 공연에서 떼창은 관례가 된다.

2000년대 중반 이래로 케이팝 기획사들은 떼창의 중요성을 확실히 인식했다. 떼창은 공연 중인 가수에게 말 그대로 응원이고, 무대와 객석 서로가 목소리로 교류하는 '케이팝 공연 현장 특유의 음향'을 구축하기 때문이었다(김정원 2022). 그러므로 공연 기획뿐 아니라 음악 생산 단계에서부터 떼창을 고려하기 시작했다. 회사가 나서 작곡가, 프로듀서와 상의하여 앨범 타이틀 및 후속곡에 알맞은 떼창법을 만들어 팬덤에 보급했다. 2010년대 초반까지 케이팝 팬들은 한국 포털 사이트에 개설된 공식 팬카페에 소속사가 공지한 텍스트 형태의 떼창법(응원법), 즉 '어느 악절에서 가수의 가창을 따라 불러야 하는지', '어디에서 어떤 구호를 연호해야 하는지', 또 '환호는 언제 어디서 질러야 하는지' 등을 안내하는 '공지 글'을 '읽어' 익혔다. 그러나 이같은 공지는 공카(공식 팬카페)에 가입하지 않은/못한 팬들이 접하기에 어려웠고, 특히 해외 팬덤은 공카 외부로 유출된 공지를 입수하더라도 한국어 안내라 이해하지 못하는 경우도 많았다. 이러한 팬들은 웹상에서 떼창 소리가 잘 들리는 무대 영상을 찾아 반복 시청하면서 응원(떼창)법을 마스터해야만 했다. 케이팝 회사와 가수는 팬덤의 떼창법 숙지 및 떼창 참여에 저해되는 상황을 해결하고자 마침내 가수가 몸소 떼창을 실연하는 가이드 영상을 제작해 공유하게 된다. 또 팬덤이 응원법을 제대로 습득해 무대 위 연주에 맞춰 순조롭게 떼창한다면 그 공연은 성공으로 기록될 수 있으니, 응원법 가이드 영상을 제작, 공유하는 것은 가수와 소속사에도 결국 긍정적인 효과로 작용한다.

앞서 콘서트의 예행연습처럼 참관한 《6IXENSE》 쇼케이스에서 〈BLIND FOR LOVE〉와 〈기대〉의 응원법을 완전히 외우지 못해 제대로 공연 중 음악하기에 참여할 수 없었던 일화를 소개했다. 그때의 아쉬움을 만회할 기회가 왔다. 사실 쇼케이스가 있었던 주말 울산에서 열린 《2019 아시아송페스티벌》에 현장 연구와 세미나 발표를 겸해 참석했었는데, 마침 페스티벌 둘째 날인 10월 12일 공연 출연자들 중에는 AB6IX도 포함되어 있었다. 그 무대에 오른 '내 가수'에게 화답하고자 《6IXENSE》 타이틀 〈BLIND FOR LOVE〉 및 데뷔 타이틀 〈BREATHE〉의 응원법을 열심히 외워 갔다. 덕분에 두 곡은 이제 콘서트장에서도 막힘없이 떼창할 수 있는 상태였다. 응원법이 공개된 다른 곡들, 〈HOLLYWOOD〉, 〈별자리〉, 〈기대〉 또한 콘서트 전 틈틈이 연습했다. 앞부분에서 언급했다시피 〈HOLLYWOOD〉은 AB6IX 첫 단독 콘서트의 오프닝 곡이었다. 곡이 본격적으로 시작되기 전, 곡에서 가장 상징적인 가사 구절을 포함시켜 편곡한 전주에 맞춰 강렬한 춤을 선보인 짧은 인트로 무대에 목청껏 환호했던 나와 동료 ABNEW들은 바로 목청을 고르고 〈HOLLYWOOD〉에 맞춘 떼창을 시작했다. 멤버 개개 및 그룹 이름, 응원 구호를 또박또박 외치고, 따라 불러야 부분에선 박자와 선율을 정확히 지켜가며 노래했으며, 또한 악절 중간엔 응원법이 안내한 대로 '와아'하는 함성을 질렀다. 이어진 〈기대〉, 〈BREATHE〉 무대에도 우리는 그간 방송국 방청석, 행사장 객석에서, 혹은 TV와 컴퓨터 모니터, 휴대전화 화면을 보며 연습한 대로 열심히 떼창했다. 셋리스트 중간중간 응원법이 따로 없는 곡들의 무대를 감상하면서도 끊임없이 환호성을 터뜨리며 호응했다. 또 AB6IX 멤버들이 공연 사이사이 객석을 향해 던지는 짧은 말에 우리는 반가움, 즐거움 등의 '감정 실린 육성'으로 답했다.

공연은 종반을 향해 가고 있었다. 정규 1집 《6IXENSE》에 수록된 〈민들레꽃〉 무대를 시작하며 멤버들은 우리에게 가사를 알면 '함께 부르자'고 청했다. 나부터도 발매 직후부터 매일매일 앨범 스트리밍에 열심인데, 가사를 모를 리 없었다. 그 자리에 있던 다른 ABNEW들 역시 나와 마찬가지였을 것이다. 그래도 가사 암기가 완벽하지 않거나 청취를 충분히 못한 채로 콘서트에 온 팬들이 수월하게 떼창에 참여할 수 있도록 곡의 가사가 무대 뒤 화면에 자막으로 비쳤다. 그리하여 우리는 박자에 맞춰 엽봉을 흔들며 무대 위 AB6IX와 〈민들레꽃〉을 합창했다. 콘서트 첫 날인 2019년 11월 9일에는 이 곡의 떼창과 더불어 각 멤버 개인 팬카페들이 연합으로 준비한 '슬로건 이벤트'를 실시했다. 앞면에는 "ABNEW에게 날아와 꽃이 되어 준 AB6IX", 뒷면에는 "ABNEW가 바람이 되어 줄게 더 멀리 더 높이 날아올라"라는 문구가 인쇄된 종이 슬로건을 〈민들레꽃〉 차례 전까지 무대 위에서 멤버들이 발견하지 못하게 알아서 감췄다가, 곡이 시작되고 특정 악절부터 앞면을, 또 그보다 나중 악절에서는 뒷면을 번쩍 쳐들고 멤버들에게 보여 줘야 하는 것이었다. 응원법이 따로 없는 곡을 떼창하는 우리의 목소리가 들리고, 색상이 변하며 발광하는 엡봉에, 감사와 응원의 메시지가 적힌 전단지마저 보이자 멤버들은 감동한 기색이 역력했다.

이튿날 11월 10일 '막공'(마지막 공연의 줄임말 표현)에서는 〈민들레꽃〉 대신 두 번째 앙코르곡이면서 공연을 통틀어 가장 마지막 곡 〈별자리〉에서 역시 개인 팬카페들이 연합하여 슬로건 이벤트를 마련했다. 우리는 정해진 응원법의 구호를 소리치고 "너만의 별자리", "널 위한 Shining Stars" 가사에선 함께 노래했다. 또 "영원을 말할게 우리의 자부심 변치 않을게 너만의 별자리", "힘이들땐[*인쇄 원본 그대로 표기, 표준 표기는 힘이들 땐] 에비뉴에게 기대 AB6IX의 빛이 되어줄게"의 문구가 각각 앞뒤로 인쇄된 종이 슬로건을 전날 이벤트 때처럼 곡에 맞춰 높이 들었다. 동현이 작사, 작곡한 AB6IX의 첫 팬송인 만큼 콘서트 전 벌써 여러 행사들에서 공연된 적 있는 곡이라 우리들의 〈별자리〉 떼창은 거침없었다. 떼창하며 종이 슬로건 들고 보여 주기 또한 '첫콘'(첫 콘서트의 준말)에서 이미 해 봤다고 순조롭게 실행했다. 어느덧 이 곡의 공연은 끝났다. 우리가 떼창할 부분은 남아 있지 않았고, 종이 슬로건 또한 더 이상 흔들지 않아도 됐다. 그러나 곡의 반주 음악이 계속 흘러나왔다. 멤버들은 음악에 맞춰 공연이 완전히 막을 내릴 때까지 객석 가까운 방향으로 무대 위를 이리저리 다니며 ABNEW에게 직접 인사를 건넸다. 우리는 이제 노래와 구호 대신 환성으로, 데뷔 후 개최한 첫 단독 콘서트를 성황리에 마친 AB6IX와 그 순간에 동참했던 우리 스스로를 축하했다. 커튼콜 이후 앙코르까지 통틀어 20개 넘는 셋리스트를 다른 가수의 음악 커버 없이 데뷔 EP와 정규 1집 곡들로만 무대를 꾸민 데다, 멤버들 솔로곡인 신곡까지 내놓은 우리 가수에게 보내는 찬사의 환호이기도 했다. 〈별자리〉 반주 음악 음량이 점점 작아지면서 AB6IX 멤버들이 무대에서 퇴장하자 우리는 높낮이를 오락가락해 가며 아쉬움의 목소리를 냈고, 그렇게 우리의 공연 중 음악하기도 끝이 났다.

떼창이라는 공연 중 음악하기를 수행하면서 우리는 무대 위 AB6IX는 물론, 주변의 동료 ABNEW들과 '노래, 구호, 함성으로 교류하며 교감'했다. 또 단순히 청중의 역할만 한 것이 아니라 '공연자로서 케이팝하기'를 실천할 수 있었다. 이 장의 앞부분에서 공연 중 떼창에 보다 수월하게 참여하기 위해서라도 반복적으로 음악을 청취하는 케이팝 팬덤의 콘서트 전 음악하기에 관해 이야기했었다. 이와 같은 듣기로써 쌓은 '청취자의 소양listenership'이 떼창하는 동안 '음악가의 기술musicianship'로 계발된다. 한편 앞서 언급한 〈민들레꽃〉, 〈별자리〉 무대에서 팬들이 자발적으로 진행한 슬로건 이벤트는 어떻게 팬덤이 '떼창으로 공연 일부의 기획자'가 될 수 있는지 보여 준다.[107] AB6IX 콘서트에서는 없었지만, 어떤 공연에서는 오직 팬덤만 참여하는 떼창도 등장한다. 관객들은 셋리스트

---

107 떼창과 함께 특정 문구가 인쇄된 종이 슬로건을 음악에 맞춰 흔드는 슬로건 이벤트는 현재 많은 케이팝 가수들의 콘서트에서 대부분 진행되고 있다.

를 모두 공연하고 무대에서 퇴장한 가수를 다시 불러내는 과정, 즉 커튼 콜에서 박수와 환호성을 보내는 데에만 그치지 않는다(김정원, 113). 그 순간을 활용해 공연 목록에 포함되지 않았던 가수의 곡을 무반주로 합창(떼창)하는 순서를 마련하기도 한다.[108] 이와 같은 '커튼콜 떼창'은 대개 공연하느라 수고한 가수에게 감사를 표하고 감동을 주기 위해 기획되는데, 이때 팬들이 떼창하는 음악은 콘서트 및 앙코르 연주 곡목과는 별개의 공연 레퍼토리로 간주된다(Kim 2017; 김정원, 113-114). 따라서 커튼콜 떼창을 수행하면서 팬덤은 공연의 연주자이자 기획자, 추가로 '레퍼토리 제작자'의 역할까지도 해낼 수 있다(Kim 2017; 김정원, 114). 이토록 여러모로 의의가 있는 떼창에, 공연 중 '즉흥적' 혹은 '일시적'으로 행해지는 '음악하기' 이상의 가치를 부여할 수 있는 사례가 바로 우리들, ABNEW와 AB6IX 사이에서 일어났다.

—————— "Won't you give me that encore"

2019년 11월 9일과 10일에 열린 AB6IX의 첫 단독 콘서트에서 커튼콜 전 마지막 공연 곡은 정규 1집 타이틀 〈BLIND FOR LOVE〉였다. 이 곡 후 멤버들은 모두 무대에서 퇴장했다. 나와 동료 ABNEW들은 불 꺼진 텅 빈 무대에 대고 "에이.비.식.스" 네 음절을 똑똑 끊어 불렀다. 그렇게 우리의 외침만 공연장 내부에 울려 퍼지던 커튼콜이 몇 분 동안 지속되던

---

[108] 이를 성공적으로 수행하기 위해 총대인 팬들은 콘서트 시작 전 모든 객석에 합창, 즉 떼창할 노래의 가사 및 떼창 시 주의 사항이 인쇄된 전단지를 놓아둔다(김정원, 113).

중 갑자기 무대 뒤 화면에 멤버들이 손 글씨로 쓴 콘서트 소감과 인사가 비쳤다. 우리는 함성을 멈추고 영상을 감상했다. 그러나 스크린 속 메시지가 질문이면 그에 큰 목소리로 답하고, 앙코르를 예고하며 "앵콜"을 외쳐 달라는 글귀에 "앵콜, 앵콜" 연호했다. 영상이 끝나자마자 무대 위로 멤버들이 등장해 앙코르곡 〈둘만의 춤〉, 〈별자리〉의 무대를 선보였다.

AB6IX가 2021년 1월에 내놓은 《SALUTE: A NEW HOPE》는 그 전 해 11월에 발매한 미니 3집 《SALUTE》의 수록곡에 세 곡의 신곡을 추가한 리패키지 앨범이었다. 신곡들 중 〈앵콜ENCORE(feat. ABNEW)〉는 바로 위에서 언급한, 2019년 콘서트 커튼콜에서 우리가 "앵콜, 앵콜" 외친 소리를 담고 있었다(김정원, 112).

그런 날 있잖아
되는 일 하나 없고 어딜 가도 안 어울리는 듯한
그런 날 있잖아
어둡기만 한 날
창밖을 볼 때마다 난
그런 생각이 들어 나만 빼고 모두
그리도 행복할까 나만 왜 이런 걸까

적막한 이 도시 가운데 나만 홀로 외로이 서 있네
내 마음과는 정반대로 네가 없이는 무엇도 할 수 없네
풀이 죽어 다 내려간 tension
네 목소리로 크게 들려 줘 decibel
내게 용기를 불어 넣어 줘 이 길을 계속 같이 걸어 줘

한없이 작아진 내 어깨너머 들리는 소리

그게 바로 너야 나를 꺼내 준 너에게 말할게

내 이름 불러 줘

Won't you give me that encore

(encore encore encore)

내 이름을 불러줘

(encore encore encore)

조금 더 높이 올라갈 수 있게

저 위에서도 들릴 수 있게

Again you give me that encore

(encore encore encore)

나를 향해 외쳐 줘

(encore encore encore)

자신 있는 내가 될 수 있게

제일 나다운 나로 살 수 있게

지금처럼만 encore

하루하루 버리는 내게 눈 뜰 수 있는 한줄기의 빛이 되어 줘

하나하나 기억해 네가 날 사랑했던 그 눈빛 표정 말투도

이젠 들려 줘 내 머릿속에 맴돌고 있는 소리

이젠 보여 줘 내가 상상하고 그리던 그림을

한없이 작아진 내 어깨너머 들리는 소리

그게 바로 너야 나를 꺼내 준 너에게 말할게

내 이름 불러 줘

Won't you give me that encore

(encore encore encore)

내 이름을 불러 줘

(encore encore encore)

조금 더 높이 올라갈 수 있게

저 위에서도 들릴 수 있게

비록 조금은 늦더라도

넌 항상 그 자리에 있어 줄래

My one and only

내 맘속엔 너로 가득하게

Won't you give me that encore

(encore encore encore)

내 이름을 불러 줘

(encore encore encore)

조금 더 높이 올라갈 수 있게

저 위에서도 들릴 수 있게

Again you give me that encore

(encore encore encore)

나를 향해 외쳐 줘

(encore encore encore)

자신 있는 내가 될 수 있게

제일 나다운 나로 살 수 있게

지금처럼만 encore

위 〈앵콜〉 가사 전문에서 괄호 안 볼드체로 표시한 부분, "encore encore encore"는 직전 악구, "Won't you give me that encore", "내 이름을 불러 줘", "Again you give me that encore", "나를 향해 외쳐 줘"를 '메기면 받는call and response' 형식으로 구성되어 있다. 2019년 '콘서트에서 음악하며 "앵콜, 앵콜" 외친 우리의 목소리'가 그 받는 부분을 채운 형식이었다.

곡이 발표되고 AB6IX 멤버들은 우리에게 "가수 데뷔 축하한다"는 인사를 일제히 전했다. 2019년 콘서트에 참석했던 나와 동료 ABNEW들은 곡을 감상하면서 우리 목소리라며 감격스러워했다. 보통 콘서트 실황 앨범에서는 공연과 함께 녹음된 객석의 떼창 소리가 음향 효과로만 간주되어 객석의 환호성이 최소한으로 들리도록 음량과 음향이 조절된 음원이 트랙으로 실린다. 이와 달리, AB6IX는 팬덤의 "앵콜" 연호 소리를 음악 구성의 요소로 보고, 곡 창작에서 선율의 주재료로 활용했다.[109] 이처럼 떼창이라는 음악하기는 공연 중 이뤄지는 이벤트성 행위를 넘어 음반에 수록되는 작품 내 음악적 파트로 포함되면서, 즉흥성과 일시성 이상의 '영속성'까지 획득해 가고 있다.

---

[109] 이 곡은 대휘와 우진이 작사를, 대휘와 브랜뉴뮤직의 프로듀서들이 작곡을 맡았다.

비록 떼창이라는 용어가 직접 등장하지는 않지만, god 팬이 자기민족
지적으로 쓴 《god: 스타덤과 팬덤》(2003)에서는 떼창을 구성하는 구호
외치기에 대하여 다음과 같이 비판을 제기하고 있다.

> … TV를 통해 가수들의 무대를 지켜보는 사람들에게 응원구호[*원문 그대
> 로 표기, 표준 표기는 응원 구호]와 함성은 노래의 분위기를 깨는 소음과 같고,
> 그것이 차분한 노래일 때는 더욱 그렇다. 라디오에서 들었을 때 참 좋았던 노
> 래를 순위 프로그램에서 다시 듣게 되었는데 응원구호 때문에 노래에 몰입
> 할 수 없었던 경험도 여러 번 있었다.
>
> 응원이 가진 여러 폐해 … 응원구호가 노래를 묻어 버린다는 것 …
>
> (박은경 2003, 122-123)

저자 박은경은 공연 중 팬들의 응원, 즉 구호 외치기를 '집단주의 문화'
에 견주면서 가수와 팬 모두에게 작용하는 대중음악 "판"의 "인기 경쟁
구조"를 악화시킬 수 있고, "패거리문화"를 조장할 수 있음을 지적한다
(2003, 127). 이어 god가 4집 《chapter 4》의 타이틀 〈길〉 활동 시 '팬사이
트 연합'이 발표한 '공연 중 응원 구호 반대' 성명을 공유하면서도, "격려"
와 "교감"이라는 응원 구호 연호 및 함께 노래 부르기가 주는 긍정적 효
과를 인정한다(박은경, 127-129). 지금으로부터 거의 20년 전, 한국에서
1세대 아이돌이 활동할 당시에는 아직 팬들의 떼창이 공연의 일부이자
케이팝을 음향적으로 특징짓는 요소가 아니었기 때문에, 팬덤 안에서
도 갑론을박할 만했다. 그러나 현재는 팬부터 가수, 작곡가, 작사가, 프

로듀서, 기획사뿐 아니라 방송사에 이르기까지 케이팝 실행자들 전반에 걸쳐 떼창의 중요성을 충분히 인지하고 있다. 떼창을 둘러싼 논란은 이 제 종결된 것으로 보인다.

떼창에 대한 논쟁이 또 다시 불붙은 것은 케이팝 아이돌 콘서트가 아닌 해외 록 밴드의 내한 공연에서였다. 2017년 4월 15일부터 16일까지 데뷔 후 처음으로 한국을 찾았던 영국 밴드 콜드플레이Coldplay의 콘서트 직후 현장에서 떼창으로 교감한 가수와 청중들, 열광적인 분위기 중에도 세월호 3주기였던 16일에는 애도의 순간 또한 마련했던 공연에 대한 긍정적인 기사들이 쏟아졌다. 그러나 소수의 기사는 "떼창 문화"가 공연 관람에 방해가 되었으며(정은혜 2017), 떼창 소리가 가수에게 구애를 넘어 "협박하는 것처럼 들린다"고 비판을 가했다(박세회 2017). 일부 누리꾼들은 떼창에 부정적인 기사는 물론, 긍정적으로 평했던 기사에도 떼창 및 떼창하는 관객을 비판하는 댓글을 남겼다. 이 중에는 아이돌 팬들이나 할 법한 떼창이 세계적 밴드의 공연장 객석에서 벌어졌다며 개탄하는 어조의 댓글도 있었다. 또 다른 누리꾼들은 이러한 댓글과 떼창에 비판적인 기사에 반박하는 댓글을 달면서 논쟁에 가담했다. 반박 댓글의 대부분은 '콘서트 참여자로서 떼창이 관람에 방해가 되지 않았다'는 것이었다. 이와 같은 의견의 분분은 스튜디오에서 녹음되어 음반으로 매개되는 음악이 아닌 라이브 음악의 속성에 대한 이해와 경험의 차이에서 온다. 특정 장르를 향한 편견, 공연에서 관객 역할에 대한 과소평가가 특히 떼창을 못 마땅하게 여기는 입장으로 이어질 수 있다. 그런데 저 때 떼창에 곱지 못한 시선을 보내고 불편해 하던 이들에게 묻고 싶다. 콜드플레이가 방탄소년단과 함께 한 〈My Universe〉에 대해 어떻게 생각하냐고. 떼창으로 특징지어지는 케이팝에서, 떼창의 주 실행자인 팬덤과 별개로 생각할 수 없는 아이돌 그룹 방탄소년단을 영국 록 밴드 콜드플레이가 협업 파트너로 선택한 이유가 무엇일지. 그리고 격식과 매너가 중시되는 클래식 음악 공연에서조차 청중과 떼창을 즐기는 성악가들이 있다고 덧붙여 주고 싶다.[110]

케이팝 콘서트의 '소리풍경'

용어 자체는 아마 훨씬 더 전인 1970년대에 만들어졌을 테지만, 작곡가이자 소리 연구자인 머리 셰이퍼R. Murray Schafer가 발표한 연구 및 저술 덕분에 1990년대 중반에서야 비로소 재조명되기 시작한 '소리풍경 soundscape' 개념은 케이팝 문화를 관찰, 기술하는 데에도 유용한 관점과 방법론을 제공한다. '음향의 풍경sonic landscape' 혹은 '음향적 환경sonic environment'이라는 용어로도 표현될 수 있는 소리풍경은 어떤 '장소'나 '공간'뿐 아니라 '문화 전체'를 '규정'하는 '모든 소리들'을 의미하기 때문이다(Schafer 1994). 누군가 "직접 경험directly experienced"하고 "익숙하게 알고 있는intimately known" '소리'에 대해 쓴 저작은 "신뢰할 수 있다trustworthy"고 한 셰이퍼에 의거한다면(1994, 8), 케이팝 및 그 팬덤에 관한 자기민족지인 이 책에서 관련된 소리풍경을 써 보는 것도 유의미한 작업일 것이다. 이제 2019년에 직접 참여관찰했던 콘서트 현장에서 본 광경과 들은 소

---

110 2001년 첫 내한공연을 가졌던 소프라노 제시 노먼(Jessye Norman)은 앙코르로 영가 〈Amazing Grace〉를 부르면서 '예술의전당 음악당' 객석을 가득 메운 청중들에게 박수 치며 함께 노래할 것을 유도했고, 이에 관객들은 허밍으로 선율을 따라하면서 다소 조용하게 떼창했다(배경화 2002; 김정원 2022).

리를 중심으로 케이팝의 소리풍경을 설명해 보겠다. 아울러 한국 대중음악 신에서 케이팝 콘서트의 소리풍경이 어떻게 발전할 수 있었는지 간략히 이야기하고자 한다.

앞서 AB6IX 정규 1집 《6IXENSE》 쇼케이스와 첫 단독 콘서트 《6IXENSE 1st WORLD TOUR IN SEOUL》에 참석했을 때 공연장 안팎에서 실천했던 다양한 활동들(음악하기)을 서술했었다. 그중 촬영은 반드시 공연 관람자가 아니어도 공연장 부근을 지나치는 행인이라면 누구든 할 수 있는 가장 일반적인 활동이다. 가수의 소속사와 공연 기획사가 공연 홍보 및 공연장 주변에 축제 분위기 조성을 위해 군데군데 설치한 크고 작은 현수막을 배경으로 팬들은 기념사진과 영상을 찍는 것이다. 이러한 현수막 외에도 공연을 축하하며 팬덤에서 자발적으로 실행하는 기부 활동의 증표로써 공연장 주위에 전시되는 화환 역시 기념 촬영 대상으로 인기가 높다. 현수막과 기부 화환 등은 촬영이라는 팬덤의 음악하기를 가능하게 해 줄뿐더러 케이팝 콘서트장 바깥에 구축되는 특유의 소리풍경에서 시각 분야를 담당한다. 그렇다면 그 소리풍경을 구성하는 청각적 요소는 무엇일까? 바로 소속사, 기획사가 역시 공연을 홍보하고 공연 전 관람객들의 흥을 돋우기 위해 공연장 외부 야외에 설치한 대형 스피커로 내보내는 가수의 '음악'과, 공연 전 다양한 형태의 음악하기를 행하며 재잘거리고 흥얼거리는 팬들의 '음성'이다.

몬스타엑스 콘서트를 관람했던 2019년 4월 13일, 공연장인 SK올림픽 핸드볼 경기장(이하 핸드볼 경기장)이 위치한 올림픽공원의 소리풍경에는 몬스타엑스, 몬베베(몬스타엑스 팬덤명)뿐 아니라 뉴이스트, 러브LOΛE(뉴이스트 공식 팬클럽 및 팬덤 명칭)도 등장했다. 핸드볼 경기장 맞은편 KSPO DOME에서는 뉴이스트가 몬스타엑스와 같은 시각에 공연을 시작할 예

그림 11. 2019년 4월 13-14일 서울에서 열린 몬스타엑스 《WE ARE HERE》 콘서트 장소인 올림픽 공원 SK올림픽 핸드볼 경기장 외부에 설치된 포토월(출처: 저자)

정이기 때문이었다. 두 케이팝 아이돌 그룹 멤버들의 사진이 인쇄된 현수막들이 올림픽공원 곳곳을 장식하고 있었고, 두 그룹의 앨범 타이틀 및 수록곡들이 핸드볼 경기장과 KSPO DOME 사이 공간에 울려 퍼졌다(그림 11). 몬스타엑스와 뉴이스트의 음악이 뒤섞여 들리는 것처럼 팬덤인 몬베베와 러브도 서로 뒤엉켜 올림픽공원을 가득 메우고 있었다. 그러나 그들이 지참한 공식 응원봉 모양과 그들끼리 나누는 대화에 등장하는 인물의 이름으로 몬스타엑스 팬인지, 뉴이스트 팬인지 구별할 수 있었다. 가령 상단이 육각형으로 크고 넓은 응원봉을 들고 셔누(현우), 민혁, 기현, 형원, 주헌, 아이엠(창균)이라는 이름을 입에 올리면 그는 몬베베였다. 반면 막대형의 응원봉을 손에 들은 누군가가 JR(종현), 아론, 백호(동호), 민현, 렌(민기)에 대해 이야기하고 있다면 그는 러브였다.

콘서트 날 공연장 외부에서 가수의 소속사와 공연 기획사만 음악을

그림 12. 2019년 4월 21일 신화의 데뷔 21주년 콘서트 《CHAPTER 4》 시작 전 올림픽공원에서 거리 공연을 펼치고 있는 신화창조 내 커버댄스 팀 VENUS(출처: 저자)

트는 것은 아니다. 일부 팬들 또한 공연장 주변에서 휴대용 스피커로 음악을 틀어 근처를 지나는 다른 팬과 행인의 귀를 사로잡는다. 그들은 나눔을 행하면서 혹은 커버댄스 거리 공연을 위해 음악을 튼다. 그리고 그들의 행위와 더불어 소리풍경을 만들어 낸다. 2019년 4월 21일 낮, 올림픽공원 KSPO DOME으로 향하는 길목에 있는 광장 한쪽에서는 두 시간여 뒤 시작되는 신화의 콘서트를 축하하며 팬들로 구성된 커버댄스 팀이 짧은 공연을 열었다(그림 12).[111] 팀원들은 신화 멤버 전진의 솔로곡

---

[111] 한국 케이팝 팬들은 콘서트와 같은 행사가 열릴 때 현장에서 비정기적으로 커버댄스를 공연한다. 여기에 가담하는 팬이 다수는 아니다. 이와 달리 해외 팬덤에서 커버댄스는 가장 활발하게 이루어지는 팬 활동 중 하나이다. 해외 팬들 또한 현지 케이팝 공연을 기념하기 위해 콘서트 당일 공연장 외부에서 커버댄스를 선보이지만, 반드시 공식 행사 때가 아니더라도 거리, 공원, 쇼핑몰 등 임의의 장소에서 불시로 집합하여 '랜덤 댄스'에 참

〈Wa〉(2008), 그룹의 1998년 데뷔 앨범 수록곡 〈으쌰!으쌰!〉, 3집 앨범 타이틀 〈Only One〉(2000), 2018년에 발표한 신화 스페셜 앨범 타이틀 〈Kiss Me Like That〉, 그리고 3집 앨범 후속곡이면서 데뷔 20주년 기념일에 맞춰 리메이크한 〈All Your Dreams〉(2000/2018) 음원을 앰프에 연결된 스피커로 재생시키고 곡들에 맞춰 그동안 연습한 커버댄스를 선보였다. 곡과 곡 사이 댄스 팀 스태프가 마이크를 잡고 마치 진행자처럼 공연 현장을 에워싼 관중들에게 박수와 떼창을 유도하기도 했다. 이에 신화를 상징하는 색상인 주황색 소품을 들었거나 주황색 의상을 입은 이들이 커버댄스 팀의 공연에 맞춰 구호를 외치고 노래를 따라 불렀다.

케이팝의 가장 특징적인 소리풍경은 당연히 공연 중 공연장 안에서 만들어진다. 앞서 가수와 관객이 떼창을 통해 서로 교류, 교감하는 음악하기를 상술했었다. 이러한 음악하기로 조성된 음향에, 무대장치와 조명, 객석에서 빛을 내는 응원봉, 가수의 무대 의상, 팬들이 손에 들고 흔드는 슬로건 등이 시각 요소로 작용해 콘서트의 소리풍경이 구축된다. 여기서 핵심은 청각과 시각 파트가 돌발적으로 발생하고 우연히 교차해 소리풍경이 이루어지는 것이 아니라, 두 분야가 각기 설계된 대로 정교하게 기능해 산출된 소리풍경이라는 점이다. 다시 말해, 가수가 공연하는 곡에 따라 다른 의상을 갈아입고, 무대장치 및 조명이 바뀌는 것은

여한다. 즉 자발적으로 모인 팬들 중 '랜덤으로 재생되는 케이팝' 곡의 안무를 알고 있는 이가 튀어 나와 군중 가운데서 '음악에 맞춰 춤'을 추는 것이다. 팬들은 이러한 랜덤 댄스를 수행하면서 서로 다른 성별, 연령, 인종, 민족의 사람들끼리, 그리고 생전 처음 보는 타인과 일시적이나마 새로운 혹은 대안적 공동체(community)를 구성할 수 있다. 또한 해외 팬들은 지속적인 케이팝 커버댄스 연습을 통해 노래 가사 암기 및 음악 구조 이해를 수월하게 이룰 수 있다.

그림 13. 방탄소년단《LOVE YOURSELF: SPEAK YOURSELF》투어의 서울 콘서트 마지막 공연(2019년 10월 29일) 중 진행된 불꽃놀이. 무대 뒤 대형 화면으로 무대 조명 및 객석의 응원봉 불빛, 쏘아 올린 불꽃이 어우러진 잠실종합운동장 주경기장의 광경이 보인다(출처: 저자).

차치하고라도, 객석의 응원봉이 원격제어시스템을 통해 음악에 맞춰 한꺼번에 색상과 밝기가 다르게 점멸하며, 팬덤은 곡마다 다른 응원법을 학습, 연습해 공연 중 떼창한 결과로써 소리풍경이 만들어진 것이다. 케이팝 콘서트의 소리풍경이 저렇게 치밀하고 총체적으로 구현될 수 있는 데엔 가수의 소속사와 공연 기획사가 소리풍경 창출에 주동이 된 것에서 기인한다. 소속사가 응원법을 만들고 안내 영상까지 제작해 배포하는 것, 공식 응원봉을 생산, 판매하는 것, 기획사가 팬들의 공연장 입장 시 객석 위치와 응원봉을 '블루투스' 방식으로 연동시키는 절차(응원봉 연동)를 실시하는 것은 모두 소리풍경 구현을 염두에 둔 것이다. 스타디움처럼 대형 야외 공연장에서 콘서트가 개최되는 경우 소리풍경 조성에 동원되는 청각, 시각 효과의 규모가 더욱 거대해진다. 그리하여 공연장 이웃 장소의 경치와 음향에도 한시적으로나마 영향을 주게 된다. 잠실종합운동장 주경기장에서 열렸던 방탄소년단《LOVE YOURSELF: SPEAK YOURSELF》콘서트의 서울 공연 막바지엔, 무대 조명과 객석의 '아미밤'(방탄소년단 공식 응원봉)이 그룹의 상징 색상인 보라색으로 빛나는 가운데 불꽃놀이가 벌어졌다. 나를 비롯해 관객들은 경기장(스타디움) 안 객석에 앉아 머리 위로 터지는 불꽃을 올려다볼 뿐이었지만, 무대 뒤 대형 화면에는 경기장 밖 공중에서 보이는 광경, 즉 원거리로 촬영한 장면이 비쳤다(그림 13). 한강과 탄천을 끼고 큰 도로변, 그리고 아파트 단지 옆에 위치한 너른 종합운동장 부지 중앙에서 마치 보라색 꽃받침 위로 노란 꽃잎이 만개한 듯한 모습이었다. 또 평소라면 자동차 지나다니는 소리만 들렸을 인근에, 가수의 노래와 그를 따라 부르거나 그에 화답하는 (대부분이 여성인) 팬들의 환성이 간헐적으로 울려 퍼졌다.

그런데 가수의 소속사와 공연 기획사가 소리풍경 구축에 공을 들이는 작업이 최근 들어 갑자기 나타난 현상은 아니다. 1990년대 중후반 한국 대중음악계에 1세대 아이돌이 등장하면서부터 제작자들(가수 소속사, 공연 기획자, 방송 제작자)은 아이돌의 무대뿐 아니라 아이돌 팬덤이 채우는 객석 또한 공연의 요체로 보고 객석에 시청각적 요건을 부여하며 공연장의 소리풍경을 만들어 가기 시작했다. 소속사가 아이돌의 로고를 만들고 가수 및 팬덤에 고유한 색상을 정해, 공연 시 팬들이 로고가 부착되거나 공식 색상의 소품을 지참하도록 한 것이 바로 그 예이다. 여러 가수들이 출연하는 텔레비전 음악방송과 합동 콘서트는 다채로운 소리풍경을 형성시키기에 좋은 자리였다. 각 가수의 팬들끼리 한데 모여 객석 일부 구역을 차지하고 있노라면, 구역 간 서로 다른 로고와 색상으로 채워지는 진풍경이 펼쳐졌다. 각 구역 관객들은 자신의 가수가 무대

에 올랐을 때 일제히 고함치고 노래를 따라 부르며 소리풍경 형성에 일조했다. 또한 팬덤 별로 한군데 모여 앉는 양상은 운동 경기장에서나 볼수 있었던 '팬석' 문화를 대중음악 공연장의 관습이 되도록 이끌었다. 합동 콘서트의 팬석은 기본적으로 팬들 개개인이 들고 있는 응원봉, 종이슬로건 등의 결집으로써 시각적 효과를 거두지만, 회사나 팬덤 주도로제작되어 팬석에 내걸린 대형 현수막이 하나의 정경을 이루기도 한다. 현수막에는 아이돌 사진과 로고가 인쇄되고, 응원이나 위트의 문구가함께 실린다. 예를 들어 2021년 6월에 열린 드림콘서트에 출연한 AB6IX의 팬석을 장식하기 위해[112] 나와 덕메 I, J, K는 현수막을 주문 제작했다. 이를 위해 팬 사인회에서 내가 찍은 동영상 캡처 이미지를 활용했으며, 미니 4집 《MO' COMPLETE: HAVE A Dream》 타이틀 〈감아CLOSE〉와 수

---

[112] 서울 월드컵 경기장에서 대면 콘서트로 예정되었으나 코로나19 상황이 호전되지 않아 비대면 온라인 콘서트로 진행되었다. 비록 좌석은 관객 없이 텅텅 비었지만 주최 측은 대면 콘서트 때처럼 출연 가수의 팬석에 현수막을 내걸었다.

록곡 〈룰루랄라LULULALA〉에서 따와 우리끼리 만든 문구 "룰루랄라 감아 버려", 그리고 그룹명 'AB6IX' 및 출연 공연명 '드림콘서트'를 모두 포함시킨 도안은 K가 도맡았다. 이러한 현수막은 합동 콘서트의 소리풍경에서 경관으로 작용하는 동시에, 무대 위 가수에게는 응원의 메시지로 인식될 수 있다.

1세대 아이돌 가수 출현에 따른 산업의 재편, 혹은 산업 재편에 따른 1세대 아이돌 가수의 출현, 그리고 대중음악 분야 음악하기에서 팬덤 역할의 다양화, 혹은 팬덤에게 다양한 역할 기대가 맞물려 현재에 이르는 케이팝 특유의 소리풍경이 발전할 수 있었다. 여기까지 읽은 독자라면 이제 소리풍경이라는 개념을 통해 케이팝 콘서트에 접근해 볼 것을 권하고 싶다. 지금껏 공연장에서 보이지 않았고 들리지 않았던 무수한 장면과 소리를 발견하는 재미를 누릴 수 있으리라 확신한다.

제4장

팬스케이프

　앞서 3장에서 케이팝 음반 발매와 공연 전후로, 그와 관련해 팬덤이 수행하는 역할과 활동을 '음악하기' 개념으로 상술하였다. 이러한 음악하기는 1장에서 제안한 '케이팝하기'의 구체적인 방식인 동시에, '팬스케이프'의 일부를 구성한다. 이 장에서는 팬덤부터 스타까지 '케이팝 실행자들'을 확대하여 그들이 같은 활동에 참여하나 서로 다른 역할로 케이팝을 수행하면서 교차하는 지점의 팬스케이프를 살펴보고자 한다. 특히 케이팝하기를 통해 형성되는 아이돌 가수와 팬의 관계, 아이돌 팬덤 내에서 팬들 간의 관계를 고찰할 것이다. 이를 위해 저자가 영상통화 및 대면 팬 사인회와, 팬덤에 활용되는 메신저 서비스에 직접 참여관찰한 양상을 해석, 분석하면서 그 '관계'에 관한 이야기를 풀어 나가도록 하겠다.

　친구 C를 비롯하여 박사논문 연구 참여자들 중 일부는 최애 아이돌이 출연하는 텔레비전 음악 프로그램 공개방송의 사전 녹화를 방청하기 위해 동트기 전 새벽부터 방송국 외부 야외에서 대기한 적이 있었다. 이때 팬들은 쌀쌀한 새벽 공기를 맞으며 장시간 서 있어야 하는 육체적 노고는 감내할 수 있지만, 행인들이 호기심을 넘어선 경멸의 눈초리를 보내는 것과 일부 방송국 직원들이 케이팝 팬덤을 하대하는 경우는 힘들다고 했다. 프로그램을 위해서라면 아르바이트생 출연자(방청객)를 고용까지 하는 방송 제작 현실인데, 하물며 팬들은 음악방송 요건 중 하나인 객석을 '무보수'로 기꺼이 채워 줌은 물론, '소리풍경' 조성의 주축으로서 프로그램 제작에도 톡톡히 기여하니 환대받아 마땅한 '케이팝 실행자들'이건만, 방송국 관계자들은 팬덤을 단지 '의식 없는 빠수니 집단' 취급하고 하찮게 대한 것이었다. 팬들이 이 문제를 지적해도 제작자 측은 원활한 프로그램 진행을 위한 질서 유지 명목으로 묵과하는 상황이다. 더구나 팬덤은 자신들과 방송국이 마찰을 빚었을 때 출연자인 '우리 가수'에게 그 불똥이 튀어 혹시라도 음악방송에서 불이익을 당할까 우려하며 불만 표출을 억누르고 부당한 상황을 견뎌 낸다. 무엇보다 일단 촬영장에 입장하게 되면 '팬석'을 차지하고 앉아 오롯이 우리만을 위해 가수가 선보이는 '공연'과 '리허설'도 아울러 관람할 수 있으므로 대기 중에 겪는 불편쯤은 감당하기로 다짐한다. 그렇기에 친구 E는 음악방송 사전 녹화 관람을 팬덤의 최고봉으로 자평했고, B 역시 가장 선호하는 팬 활동이 통상 '공방'이라 칭해지는 '음악 프로그램 공개방송 녹화 참여'라고 꼽았다. 이 책의 초고를 마쳤을 때까지는 AB6IX가 출연하는 텔레비전 음악 프로그램의 생중계든, 사전 녹화든 방청한 적 없었다. 이러한 방청권은 보통 공식 팬클럽 회원들에게만 주어지는데, 앞서 밝혔다시피 난 그룹이 데뷔한 2019년엔 공식 팬클럽 ABNEW 1기 가입 시기를 놓쳐 AB6IX 공식 팬카페에서 진행되는 음악방송 방청 신청을 시도조차 할 수 없었기 때문이었다. 이듬해부터 공식 팬클럽 회원이 되었지만, 코로나19 바이러스 확산 방지 정책으로 인해 2020년부터 방송국에서 공개 방청을 금지함에 따라 방청은 요원하게만 느껴졌다. 2022년 4월 말 초고를 완성했을 즈음부터 각 방송사는 음악 프로그램의 방청객을 다시 받기 시작했다. 그러다 몇 주 뒤인 5월 18일 AB6IX가 다섯 번째 미니앨범《A to B》를 발표하면서 음악방송에 출연하게 되자 나 또한 방청의 기회를 잡을 수 있었다. 따라서 초고를 수정하는 기간에는 음악 프로그램의 사전 녹화 및 생방송을 방청할 경험이 생겼고, B, C, E와 다른 팬들에 공감하게 됐다. 그러나 책에서는 초고 집필 당시, 즉 2022년 4월까지의 상황만 반영하기로 한다. 그리고 이 장에서 사인회를 중점적으로 다루는 이유를 우선 밝히고자 한다. 그 기간 동안 음악방송 관련 팬덤에 참여하지 못한 아쉬움을 달래줄 만한 케이팝하기가 바로 사인회였다.

팬스케이프 #1: '팬싸'

입덕 부정기를 겪었던 탓에 AB6IX 데뷔 앨범《B:COMPLETE》은 버전별로 딱 한 장씩만 구입했다.[113] 구매할 당시 대휘 외 멤버들, 그리고 음반 구성품인 포카 모으기에는 아직 큰 관심이 없었다. 게다가 구입한 세 장에서 운 좋게도 대휘 포토 카드가 모두 나옴에 따라 더 이상의 앨범을 구매할 욕구가 생기지 않았었다. 그런데 정규 1집《6IXENSE》가 발매될 즈음엔 상황이 달라졌다. 대휘가 최애인 것은 변함없었지만 다른 멤버들에도 눈길이 가기 시작했고, 무엇보다 포카 수집에 재미를 붙이기 시

---

[113] 《B:COMPLETE》은 빨강색 커버의 S 버전, 흰색 커버의 I 버전, 검정색 커버의 X 버전, 이렇게 총 세 종류가 발매됐다.

작했다. 예약판매 기간에 구입한 몇 장의 앨범만으론 멤버별 여러 종류로 출시된 포토 카드를 모두 손에 넣기 어렵다는 것을 깨닫자, 음반 추가 구매가 당연시됐다. 그러다 팬 사인회 공지를 접했다. 신보 판촉을 위해 음반 판매점들과 제휴하여 기획된 팬 사인회가 이미 진행 중이었다. 사실 친구 B가 포카 때문에 찔끔찔끔 앨범을 사 모으는 내게 차라리 한꺼번에 구입하고 팬 사인회에 응모해 볼 것을 넌지시 권유한 터였다. 결국 내 팬덤 역사 최초로 사인회 응모를 위한 음반 구매에 발을 들였고, 그때까지 현장 연구에서 만난 다른 팬들에게 말로 들어 간접 경험만 해 본, '팬 사인회'(팬덤 내 은어로 줄여서 '팬싸', 이하 팬싸와 팬 사인회 혼용)라는 케이팝하기에 직접 뛰어들게 되었다.

2019년 10월 22일, 드디어 생전 첫 팬 사인회에 참여했다. 2장에서 잠시 언급한 것처럼 B는 사인회 응모로부터 많은 걸 가르쳐 줬다. 그중 하나가 행사 지참물이었다. 촬영이 허용된다면 캠코더로 사인회 전반을 '기록용'으로라도 녹화하는 것이 좋다고 했다. 친구 E 역시 예전에 참여했던 젝스키스 팬싸에서 자신이 최애 멤버 은지원 앞에 앉았을 때 덕메가 찍어 준 사진과 영상을 보여 주며, 최애와 내가 한 화면 안에 잘 나오기 위해 사인 받을 때 어떤 각도로 앉는 것이 좋은지 조언해 줬다. 친구들 도움말에 따라 고성능의 최신 캠코더를 대여하여 사인회 현장으로 향했다. 도착하면 당첨 팬들은 명단을 확인하고 극장 형태로 된 사인회장 객석의 좌석을 스스로 제비뽑기한다. 팬싸장에 입장하여 자신이 뽑은 번호의 좌석에 앉아 촬영 기기를 설치하고 번호 순대로 멤버들이 있는 무대에 올라 그들과 마주 앉아 응모 시 구입한 '음반 속지'에 사인을 받는다. 포토북 형태의 속지에서 멤버별로 사인 받을 페이지를 미리 정해 와야 하고, 그 페이지에 '포스트잇post-it'(접착 메모지)을 붙여 와야 한다. 포스트잇에는 사인받는 팬의 이름(본명, 별명 모두 가능)을 'To'와 함께 적어야 하며, 또 멤버에게 하고 싶은 질문을 간략히 적어 와야 한다. 처음 팬싸에 참여했던 날엔 기명 사인이라 포스트잇에 To와 내 이름을 기재해야 하는 걸 잘 몰라 질문만 달랑 적은 포스트잇을 붙여 갔었다. 이토록 어리숙했던 내게 멤버들은 당황한 기색을 전혀 보이지 않고 사인 전 일일이 이름을 물어 To 이하에 기명해 줬었다. 지금 와 돌이켜 보면 멤버들에게 참 고맙고 미안한 한편, 멤버당 1분에서 최대 2분까지만 할당되는 그 짧은 사인 시간을 통성명에 써 버린 나의 불찰이 못내 아쉽게 느껴진다.

처음이라 생소했지만 흥미로운 팬싸 신scene이 또 있었다. '팬싸템'(팬사인회 아이템의 준말)이라 불리는 선물 증정, 그리고 팬싸템을 착용한 채 팬들이 요구하는 몸짓, 표정으로 '사진 찍히는' 스타들이다. 팬 사인회 응모 공지에 따르면 팬들은 사인 받을 때 편지와 선물을 AB6IX 멤버들에게 직접 전달할 수 있었다. 이에 나는 최애 대휘에게만 전해 줄 손 편지 및 곧 다가올 겨울에 유용하게 착용하기를 바라며 스웨터, 울 목도리 선물을 준비해 갔다. 그런데 일부 팬들은 코스튬플레이에나 쓰일 법한 특이한 의상과 모자, 머리 장식 등을 포장하지 않은 채로 들고 와 멤버들에게 선물로 건넸다. 나중에 알았지만 이러한 물품들은 팬싸템으로 일컬어졌다. AB6IX 멤버들이 팬싸템을 받자마자 머리에 쓰거나 몸에 걸치면 여기저기서 "귀여워"라는 함성과 동시에 카메라 셔터 누르는 소리가 터져 나왔다. 또 어떤 팬은 "대휘야", "우진아", "동현아", "웅아" 이런 식으로 멤버들을 큰 소리로 호명해 주의를 끈 뒤 구체적인 동작과 표정을 요구했고, 멤버들이 그대로 따라 주면 역시 곳곳에서 찰칵찰칵 셔터 소리가 터졌다(그림 15). 팬들의 선물 중엔 인형과 같은 장난감도 있

었다. 대개 장난감 선물은 포장 없이 그대로 멤버들에게 전달됐다. 포장이 되었어도 팬은 사인 받는 자리에서 바로 포장을 풀고 장난감의 실물을 전달했다. 멤버들이 장난감을 보고 만지며 놀라거나 즐거워하는 표정을 짓는 순간 어김없이 카메라 셔터 소리가 뒤따랐다. 그제야 케이팝 아이돌 팬 사인회 후기로 올라오는 사진 구도의 비결을 알아챌 수 있었다. 또한 홈마들이 스타의 사진을 활용하여 제작, 판매하는 팬 굿즈의 주요 원천이 어디인지 비로소 알게 됐다. 멤버들이 자신을 '잘 찍어 주는' 유명 홈마에 대응하는 방식은 더욱 흥미로웠다. 멤버들은 그러한 팬이 자리한 위치를 파악해서 홈마가 구태여 호명하거나 요구하지 않음에도 '알아서' 그의 카메라를 향해 여러 포즈를 취하며 '피사체' 역할을 충실히 수행했다. 그 홈마가 잘 찍은 자신들의 사진이 많이 알려지고 유포되면 결국 아이돌 활동의 '프로모션'으로 작용한다는 것을 멤버들은 너무 잘 알고 있었다.

그로부터 2주 가량 지난 11월 1일에 나는 두 번째로 팬싸를 참여관찰했다. 그땐 대휘 외 다른 멤버들 선물도 지참했다. 특히 이튿날이 생일

인 우진을 위해서는 그가 가장 좋아하는 영화 등장인물이라고 공공연히 밝힌 '아이언맨Iron Man'이 〈어벤져스: 엔드게임Avengers: Endgame〉(2019)에서 사용한 건틀렛gauntlet 모형의 헝겊 재질 장난감을 생일 선물로 준비했다. 그날 팬 사인회에서는 일주일여 앞으로 다가온 단독 콘서트 준비뿐 아니라 (팬싸 포함) 각종 행사로 강행군 중인 멤버들의 지친 기색을 엿볼 수 있었다. 대휘는 목소리가 제대로 나오지 않을 정도로 몸 상태가 좋지 않았다. 사인과 포스트잇 답변받는 데에만 정신이 팔려 막상 대휘 앞에 앉았을 때 쾌차를 기원하는 말을 미처 건네지 못했단 걸 내 좌석으로 돌아와서야 깨달았고, 그 사실이 너무 후회스러웠다. 그래서 사진을 찍기 위해 큰 소리로 호명하는 다른 팬들 틈에서 대휘를 불렀다. 그리고 그가 날 처다보자 "Get well soon! 대휘 빨리 나아요!"라고 쾌유를 비는 고함을 쳤다. 문득 이 상황이 감정노동의 현장임을 인식했다. 앨리 러셀 혹실드 Arlie Russell Hochschild는 "사람들과 직접 얼굴을 보"면서 "다른 사람의 감정 상태를 만들어 내"는 직업군의 이들은 감정노동에 종사하는 것으로 제안한다[2009(2003), 190]. 사인을 받으려는 팬과 마주 앉았을 때, 혹은 자신을 호명하는 팬의 카메라를 향해 귀여운 동작과 표정을 지어 보이며 그들에게 기쁨의 감정을 가져다주는 아이돌 스타가 수행하는 일은 감정노동이 확실했다. 컨디션이 나쁨에도 불구하고 사인회에 참석해 감정노동으로써 팬들에게 서비스를 제공하고 있는 스타가 매우 프로페셔널하게 보였다. 그러나 다른 한편으로는 팬싸에 당첨되기 위해 적지 않은 돈을 썼다고 해서, 즉 '감정노동에 대한 대가를 지불했다는 이유로 팬인 나는 스타에게 아픈 상태를 무릅쓰고라도 즐거움만 선사해 달라고 요구할 권리가 과연 있는가' 하는 회의감이 들었다. 이 감정에 대해 아이돌 솔로 가수 김재환 팬이면서 대휘와 우진을 좋아해 AB6IX의 라이트 팬이기도 한, 당시 내 수업을 들었던 미국인 학생과 친구 C에게 털어놨었다. 저러한 상황과 감정이 불편하여 앞으로 더 이상 팬싸 응모를 하지 말까 보다고 말하니 학생은 팬 사인회에 참여하여 음반 판매고를 높이는 데 기여하는 것이 실질적으로 AB6IX를 위해 ABNEW로서 내가 할 수 있는 팬덤이라며 일깨워 줬다. 결국 학생의 조언대로 난 그날 이후 2019년 11월 14일, 15일 양일에 걸쳐 추가로 팬싸에 다녀왔다. 그리고 현재까지도 AB6IX가 새 음반 발표 후 판촉을 위해 개최하는 (대면 및 영상통화) 팬 사인회에 여력이 되는 한 꾸준히 참여하고 있다.

C는 두 번째 팬싸에 다녀온 내 얘기에 공감해 주면서도 '팬덤의 집약적 소비에 의존하는 케이팝 아이돌 산업' 특성상 불가피한 상황이었음을 지적했다(원용진, 김지만 2012; Choi 2020). 또 면전에서 스타와 직접 대화를 나눌 수 있을 뿐 아니라, 현장에서 스타가 제공하는 다양한 형식의 팬 서비스 때문에라도 사인회를 케이팝 팬덤의 최고로 친다고 덧붙였다. 2019년 10월 이래로 수차례 팬싸 참여 경험에 비추어 친구 C가 말한 팬덤의 정점이 무엇을 의미하는지 비로소 이해할 수 있게 됐다. 그동안 팬 사인회에 참여하면서 '제공받은 특혜'는 2019년 7월 13에 관람했던 팬 미팅에서 공연, 영상물 상영, 게임 수행, 자체 토크 쇼 등을 통해 AB6IX 멤버들이 보여 준 팬 서비스와 차원이 달랐다. 예를 들어 AB6IX는 2020년 12월 말에 웹 드라마 OST 가창자로 참여했었다. 이 곡은 음원과 뮤직비디오로만 공개되었고, AB6IX 앨범 수록곡이 아닌 관계로 텔레비전 음악 프로그램이나 콘서트 등 무대에서 공연되기 힘든 곡이었다. 다시 말해, 팬들이 그 웹 드라마 삽입곡을 AB6IX가 공연하는 걸 실제로 관람할 수 있을 가능성은 매우 희박했다. 그런데 두 번째 정규앨범 《MO' COMPLETE》 프로모션으로 2021년 12월 19일에 열린 팬싸에

그림 16. 음원과 뮤직비디오로만 공개되었던 웹 드라마 OST 〈잡아줄게(HOLD YOU)〉(2020)의[114] 라이브 무대를 2021년 12월 19일 팬 사인회에서 최초로 선보이고 있는 AB6IX 멤버들(출처: 저자)

서 AB6IX는 웹 드라마 OST로 발표했던 그 곡을, '팬 사인회에 참석한 단 30명의 관객 앞에서 처음이자 마지막으로 라이브 공연'했다(그림 16).[115]

 사인회 당첨 팬들이 누릴 수 또 다른 특권으로는 다른 팬들이 알아내기 힘든 스타에 관한 보다 세세한, 혹은 더 많은 '정보 획득'을 들 수 있다. 이러한 정보는 사인을 받는 동안 스타와 나누는 대화를 통해, 또 포스트잇 질문의 답변으로써 얻어 낼 수 있다. 실제로 케이팝 팬덤은 여러 경로를 통해 스타에 관한 정보를 습득해 왔다. 예를 들어 2010년대 초중반 이래로 케이팝 아이돌은 팬덤과 소통을 위해 트위터, 인스타그램, 브이라이브VLIVE와 같은 소셜 미디어 채널을 활용하고 있다. 소셜 미디어

---

[114] AB6IX는 웹 드라마 〈내리겠습니다 지구에서〉 OST 〈잡아줄게〉의 가창자로 참여했을 뿐 아니라 17화에는 멤버들이 카메오로 출연하기도 했다. 〈잡아줄게〉 뮤직비디오는 https://youtu.be/MbKPHs9mDsY와 https://youtu.be/EAJfQ5ctIt0에서 볼 수 있으며 AB6IX 의 카메오 출연 회차는 https://youtu.be/BmxK2RqVeZo에서 시청 가능하다.

[115] 아직까지 이 곡이 다른 어느 자리에서도 재공연된 적 없으니 "처음이자 마지막"이라는 표현을 써도 무방할 듯싶다.

상에서 연예 활동 및 활동 관련 비하인드behind the scene를 보여 줄 뿐 아니라, 사담을 공유하고 "숙소"를 "개방"하는 등 은근슬쩍 "사생활"을 "노출"한다(원용진, 김지만 2012, 328-329). 또한 소셜 미디어 생방송 기능을 활용하여 시청 중인 팬들과 실시간 의사소통을 시도한다. 팬들이 라이브 방송 채팅창에 입력하는 단문을 읽어 주거나 질문에 즉답해 주는 것이다. 이렇게 아이돌과 의사소통함으로써 팬덤은 소속사가 공개하거나 미디어 인터뷰 등을 통해 익히 알려진 아이돌 관련 기본 정보 이상의 자료를 얻어 낼 수 있다. 게다가 이러한 자료에는 간혹 사적인 콘텐츠도 있으니, 케이팝 아이돌의 소셜 미디어 활용은 그들을 "닿을 수 없이 멀리 떨어진 위치에 있고 신비에 쌓인distant-yet-mysterious" 문자 그대로의 '스타star', 즉 별이라기보다 주변에서 마주칠 법한 "친숙한 친구처럼friendly" 여길 수 있도록 그들의 위상 및 팬덤과의 관계를 변화시켰다(Choi, 75). 그러나 이러한 변화로 인해 팬들이 덕질의 대상인 아이돌과 친밀함intimacy을 느끼게 되었더라도 의사소통에 있어 소셜 미디어라는 '매체'의 관문을 뚫어야 하고, 관통의 확률은 그다지 높지 않다. 달리 말하면 아무리 소셜 미디어 라이브 방송 채팅창을 통해 스타에게 하고 싶은 말을 건네고 궁금한 점을 물을 수 있다 하더라도, 수많은 팬들이 한꺼번에 올려 순식간에 지나가 버리는 무수한 메시지 사이에서 내 게시물이 스타에게 채택되어 생방송 도중 읽힐 확률은 매우 낮다. 이에 일부 팬들은 아이돌의 눈길을 끌고 마침내 응답을 듣고자 채팅창에 같은 글을 반복해서 게시하는, 이른바 '도배질'을 해 댄다. 이러한 도배꾼들은 다른 팬들의 눈살을 찌푸리게 하고 심지어 지탄의 대상이 되기도 한다. 그렇지만 팬 사인회에서는 다른 팬에게 피해를 주지 않으면서 내 말을 스타에게 틀림없이 전할 수 있고, 질문에 대한 답변 또한 보장된다. 이는 불특정 화자의 말이 청자에게 일방적으로 전달되는 수준이 아니다. 말하는 이와 듣는 이가 특정되어 둘 사이 대화가 이루어지고, 주고받는 이야기에 대한 서로의 반응을 마주 보며 곧바로 확인할 수 있다. 더구나 대화 중, 그리고 포스트잇 답변에서 획득한 아이돌에 관한 정보가 지금까지 알려지지 않아 대부분 팬들이 모르고 있는 것이라면, 나는 그들보다 강력한 정보력을 지닌 팬이 되는 것이다. 더불어 정보를 나눈 아이돌과 나는 다른 팬들에 비해 보다 긴밀한 관계에 놓이게 된다. 물론 사인회 방침은 과도하게 사적인 문답을 할 수 없도록 제한하고 있지만,[116] 대화 중, 혹은 포스트잇을 통해 사생활을 침해하지 않는 한에서 서로 개인적인 사항을 주고받는다면 팬과 스타는 더욱 내밀한 관계를 구축할 수 있다. 이렇게 취득한 '지식' 중 지극히 사적인 내용을 제외하고 다른 팬들의 궁금증 해소에 도움이 될 만한 '사실'을 소셜 미디어에 공유하는 팬은 그가 갖춘 '정보력'과 정보의 근거가 되는 스타와의 '관계' 때문에 더 주목받고 팔로워도 늘게 된다. 팔로워 수가 절대적 지표라고는 할 수 없으나, 소셜 미디어 덕계에 팔로워가 많다는 것은 계정 주인이 동료 팬들 사이에서 인지도가 높고 그만큼 팬덤 내 위계가 높다는 것을 시사한다.

수많은 팔로워를 확보하여 높은 위계를 차지하면서 다른 팬들에게 영향력을 행사할 수 있는 팬이 사실 홈마였다. 홈마는 고가의 DSLR로 공

---

116 팬 사인회를 기획한 회사의 현장 진행 직원이 사인 받을 팬의 음반 속지와 포스트잇을 검사한다. 때로 초소형 카메라나 녹음기 같은 전자기기를 지녔는지 몸수색을 하기도 한다. 이는 당첨자의 좌석에서는 사인회 현장 촬영이 허용되지만, 스타가 있는 무대 위에서 스타와 마주 앉아 사인 받는 순간에는 초근접 촬영이나 녹음이 제한되기 때문이다. 수년 전 케이팝 여자 아이돌 그룹의 사인회에 참여한 남자 팬이 안경 형태로 된 초소형 카메라로 마주 앉은 가수를 몰래 촬영하려, 즉 속된 표현으로 '몰카를 찍으려다' 적발되어 논란이 된 바 있었다.

연은 물론, 출퇴근길, 입출국 현장, 팬 사인회 등 아이돌이 등장하는 거의 모든 순간을 촬영하여 촬영물을 편집하고, 편집된 최종 결과물을 무료로 공개, 공유하거나, 결과물을 활용하여 다양한 종류의 물품을 제작하여 판매한다. 홈마가 촬영한 사진 및 동영상, 제작, 판매하는 비공식 굿즈가 아이돌 홍보에 도움이 됨을 인지하고 있는 소속사는 일부 홈마에게 다른 팬들은 알 수 없는 가수의 출현 일정 및 장소 정보를 귀띔하기도 한다(Kim 2017). 또 일부 홈마는 5장에서 조금 더 이야기하겠지만 생일, 데뷔일과 같은 스타의 기념일에 선물을 보내고, 공공장소에서 기념일 광고를 집행하거나 스타의 이름으로 기부도 한다. 이러한 홈마의 역할과 위상 때문에 아이돌은 홈마에게 공개적으로 감사를 표하며 앞서 묘사한 것처럼 그의 카메라를 향해 적극적으로 반응하는 것이다. 이를 인지하는 다른 팬들은 홈마를 따르면서/팔로우하면서 그가 제공하는 콘텐츠를 흔쾌히 소비하고, 홈마에게 자신들보다 더 높은 위계와 더 많은 권력을 부여해 왔다. 그런데 홈마가 꼭대기를 차지했던 팬덤 내 계층 구조에 변동이 시작된다. 신윤희는 "홈마의 권력이 사라진 가장 큰 이유로 트위터 활성화와 카메라의 대중화"를 제안하는데(2019, 112), 나는 여기에 코로나19 바이러스 대유행, 즉 팬데믹과 그로 인해 팬덤의 하나로 자리 잡은 '영상통화' 팬 사인회를 추가하고자 한다.

팬스케이프 #2: '영통'

팬데믹Pandemic은 케이팝하기 방식에 변화를 가져왔다.[117] 바이러스 확산 방지를 위해 쇼케이스, 콘서트, 음악방송 등 공연과 팬 사인회, 팬 미팅 같은 행사들이 비대면 온라인으로 진행됐다. 그리하여 팬 사인회에는 영상통화가 도입되었다. 2020년 3월에 당시로는 신인이었던 아이돌 그룹 MCND가 케이팝계에서 처음으로 영상통화 팬 사인회(줄여서 '영통팬싸', '영통'으로 속칭, 이하 영통팬싸, 영통 혼용)를 시도했을 때, 많은 케이팝 팬들이 신기해 하면서도 일부는 저렇게 해서라도 프로모션을 해야 하나 며 비아냥댔고 또 다른 일부는 그 상황에 안타까움을 표했다. 그로부터 얼마 지나지 않은 2020년 4월 초 군 입대를 앞둔 (대형 기획사 소속 유명 그룹) '엑소' 멤버 수호가 영상통화 팬 사인회를 진행했다. 수호와 영상통화한 '전 세계' 팬들의 후기가 이목을 끌면서 영상통화 팬 사인회의 '유효성'이 입증됐고, 현재까지 거의 모든 케이팝 가수들이 이 방법으로 팬덤과 만나고 있다.

영통팬싸의 가장 큰 장점은 서울에서, 특히 평일 저녁 시간에 진행되는 사인회에 응모조차 힘들었던 지방 및 해외 거주 팬들이 장소에 구애받지 않고 참여할 수 있다는 데에 있다. 또 대면 팬 사인회에서라면 (그룹의 경우) 사인 테이블 바로 옆자리에 있는 타 멤버와 마주 앉은 팬 사이 오가는 대화 소리에 방해받는 경우가 빈번히 생기는데, 영통에서는 그런 거리낌 없이 화면 속 스타와 오롯이 대화에만 집중할 수 있으며, 내 목소리는 통화하는 스타에게만 들린다.[118] 그리고 사인회 장소에서 객석에 설치한 기기로 사인회 현장 촬영이 가능하지만 스타 앞에 앉아서는 촬영 및 녹음이 불가한 대면 팬싸와 달리,[119] 영통팬싸는 스타와 마주

---

117 팬데믹 시기 케이팝하기의 구체적인 사례는 10장에서 조금 더 이야기할 것이다.

118 스타와 팬의 일대일 대화지만 영통팬싸 진행 요원 또한 현장에서 이 대화를 함께 듣는다. 주어진 시간에 따라 통화를 종료시키기 위함이다.

119 나와 스타가 마주 앉은 순간의 영상을 남기기 위해 내 좌석에 설치한 카메라의 각도를

한 순간을 화면 녹화와 스크린 캡처로 남길 수 있다.[120] 반면 대면 팬 사인회에서 각종 팬싸템을 스타에게 선물로 증정한 후 바로 착용시키고 마치 콘셉트 화보 찍듯 스타를 촬영하기란 불가능해졌다. 물론 영상통화 팬 사인회 주최 측에서도 팬싸템으로 사용되는 액세서리를 아이돌 머리에 씌우고 대면 팬싸 때와 같은 분위기를 연출한다(그림 17). 영통팬싸 당첨 팬들

그림 17. 2020년 11월 29일 영상통화 팬 사인회에서 천사 날개 머리띠를 착용한 AB6IX 멤버 대휘(출처: 저자)

역시 화면에 상반신만 잡히는 점을 고려하여 통화 중 스타에게 다양한 얼굴 표정과 손동작을 요구하며 그 장면을 녹화, 캡처하고 있다. 그러나 이러한 장치와 방식은 가수 1인 대 팬 1인 당 짧게는 1분에서 길게는 3분이 주어지는 영상통화 분량에 비추어 효율적이지 못하다. 저 시간 동안 서로 인사하고 대화 나누고 스타는 사인 또한 해야 하는데, 넉넉지 못한 길이를 쪼개 표정 연기, 손동작 시연까지 요청, 수행하다 보면 시간 종료를 알리는 알람소리에 쫓겨 끝인사마저 제대로 못하고 통화를

고정시키고 자동으로 촬영되도록 세팅하거나, 앞서 친구 E의 예로 언급한 것처럼 사인회에 함께 참석한 동료 팬에게 부탁하여 촬영하는 방식을 택한다.

120 물론 영상통화 팬 사인회를 주관하는 업체에 따라 화면 녹화 및 스크린 캡처를 엄격하게 금하는 경우도 있다. 예를 들어 2021년 12월 말에 열린 AB6IX 일본 팬클럽 회원 전용 영통에서는 화면 녹화와 스크린 캡처 방지를 위해 고안된 영상통화 프로그램(어플리케이션)을 설치, 사용했어야 했고, 얼마 전 진행됐던 2PM 멤버 준호의 영통팬싸에서 화면 녹화를 시도한다고 오해 받은 팬이 주최 측으로부터 강제로 통화를 종료당하기도 했다.

종료하는 상황이 발생한다. 더더군다나 스타든 팬이든 영상통화에 사용하는 기기가 주로 휴대전화 아니면 태블릿 PC라 카메라 화질이 DSLR이나 고사양 캠코더를 따라갈 수 없다. 그러므로 시간 안배를 잘 해 영통 팬싸 중 아이돌이 귀여운 표정과 동작을 보여 주는 장면을 제대로 녹화하고 캡처한들 대면 팬 사인회에서 아이돌의 '실물'을 촬영한 '고화질' 사진 및 영상에 훨씬 못 미치는 결과물일 수밖에 없는 것이다.

위에서 지적한 영상통화 팬 사인회가 가진 한계 때문에 영통에서 홈마의 고성능 기기와 촬영술은 무용지물이 된다. 다시 말해, 영통-팬싸는 홈마가 우위에 있다거나 홈마에게 이점이 있는 케이팝하기는 아니란 의미다. 따라서 어떤 홈마들은 영통에 구태여 참여하지 않는다. 그런데 코로나19 바이러스 대유행이 예상보다 장기화되면서 영상통화 팬 사인회가 케이팝 신에서 보편화됐다. 대면 팬 사인회뿐 아니라 홈마가 자신의 능력을 발휘할 수 있는 공연 등의 행사 또한 관객 없이 진행되고 있다. 소속사로부터 일시와 위치를 귀띔 받을 정도로 홈마가 전유했던 아이돌 출퇴근길 촬영조차 팬데믹으로 인해 메리트가 크지 않다. 홈마가 실물을 직접 보고 촬영한 사진과 영상 속 스타는 온통 마스크만 쓰고 있어 아무리 고화질이라 해도 이러한 이미지의 활용도가 높을 수는 없기 때문이다. 이렇게 달라진 형편으로 인해 입지가 좁아진 홈마들 중 일부는 팬덤 내에서 자취를 감추기도 했다. 그리고 그 공석을 홈마가 아닌 팬들이 채워 가기 시작했다. 특히 영통-팬싸에 당첨돼 앞서 언급한 다양한 표정을 지어 주는 아이돌의 화면 녹화 영상이나 캡처 사진을 영통 후기로 공유하는 팬들, 재담으로 통화 상대인 아이돌이 놀라거나 즐겁게 반응하는 모습을 후기로 공유하는 팬들, 팬덤은 미처 알지 못한 중요 정보에 관해 대화 중 질문하여 대답 들은 후 후기로 공유하는 팬들, 그리고 짧으나마 신청곡의 즉석 무반주 라이브 공연을 이끌어 낸 팬이 팬덤 내에서 주목을 받으며 팔로워가 늘어났다. 이러한 후기들은 홈마 촬영물과 비교했을 때 화질 자체는 떨어지지만 내용 편집에 있어서는 탁월하다. 반드시 업계 종사자가 아니더라도 누구든 쉽게 구해 사용할 수 있는 미디어 편집 프로그램 혹은 어플리케이션을 거친 덕분이다. 또 영상통화 팬 사인회 참여가 일회성이 아니라 꾸준하고 되풀이되는 팬덤이라는 것이 공유하는 후기에서 드러난다면 그 팬은 다른 팬들에게 관심과 인정을 받는다. 이처럼 홈마보다 영향력이 약했고 덜 유명했던 팬들이 영통팬싸를 통해 부상하고 있는 한편, 일부 홈마는 쇠퇴하다 못해 퇴장까지 해 버리는 상황에서 홈마인 덕메 N이 실천하는 팬덤은 인상적이다. 그는 다른 홈마들과 달리 영통에도 열심이다. 아무래도 홈마이다 보니 영통팬싸 후기보다는 오프라인 현장에서 직접 찍은 사진과 영상을 자신의 홈, 즉 소셜 미디어 계정에 주로 공유하고 있지만, 그가 최애 멤버와 함께 영상통화라는 케이팝을 수행하면서 건설한 팬스케이프에는 눈여겨 볼 국면들이 있다.

앞에서 친구 C의 말을 빌어 케이팝 아이돌 산업은 팬들의 집약적 소비에 의존한다고 언급했다. 학계에서는 이 팬덤을 촉발시키고 유지시키기 위해 아이돌은 팬들에게 감정노동을 제공하고, 또 그 감정노동이 기폭제가 되어 아이돌과 팬들 사이에 형성된 "친밀도"는 집약적 소비의 팬덤으로 다시 이어진다고 제안한다(원용진, 김지만, 328). 달리 말해 상품화된 친밀성을 판매, 소비하는 팬덤이 케이팝 아이돌 산업의 주축이라고 제안한다(Choi 2020). 팬 사인회에 다닌 경험에 미루어 저 제안들에 어느 정도 동의한다. 그러나 전 세계적 유행병 확산 방지의 일환으로 부득이 시행된 영상통화에 수차례 참여관찰하고(표 1) 그 팬덤의 의미를 고찰하는 과정에서, '아이돌과 그 팬 사이의 친밀감과 친밀도는 누구 한쪽의 노력이 아닌 상호 노력으로 구축, 유지되는 것'임을, '아이돌의 감정노동은 한쪽이 일방적으로 제공하고 상대는 받기만 하는 서비스로만 단정 지을 수 없음'을, '아이돌 및 그 팬이 감정을 교환하는 상황은 단지 노동이 아니라 놀이이자 축제의 현장이 될 수 있음'을 체득하게 되었다. 이러한 이해의 근거로 나의 영통팬싸 참여 동기, 나를 비롯하여 동료 ABNEW들과 우리의 스타 AB6IX가 영통에서 수행하는 활동에 대해 이야기해 볼까 한다.

표 1. 저자 참여 영상통화 팬 사인회

(2020년 7월~2022년 4월, 음영 표시된 날짜는 대휘와 단독 1:1 영상통화)

날짜	판매 및 주최	프로모션 앨범(상품) 및 기획 테마[121]
2020년 7월 5일	인터파크 온라인	《VIVID》
7월 10일	디엠씨뮤직 온라인	《VIVID》
7월 12일	뮤직아트	《VIVID》
7월 18일	메이크스타	《VIVID》
7월 24일	메이크스타	《VIVID》
7월 31일	메이크스타	《VIVID》
11월 9일	마이뮤직테이스트	《SALUTE》
11월 13일	뮤직코리아	《SALUTE》
11월 15일	핫트랙스 온라인	《SALUTE》
11월 21일	메이크스타	《SALUTE》
11월 22일	지마켓 글로벌	《SALUTE》
11월 24일	케이앤팝스	《SALUTE》

[121] 유니버스에서 기획, 주최한 영상통화는 앨범이나 상품의 프로모션이 아니라 '특정 테마'를 정해 그에 따른 역할을 영상통화 중 스타가 수행하는 방식으로 진행된다.

11월 27일	인터파크 온라인	《SALUTE》
11월 29일	예스24 온라인	《SALUTE》
12월 2일	예스24 온라인	《AB6IX 1st PHOTOBOOK IN JEJU 19522》
2021년 1월 22일	예스24 온라인	《SALUTE: A NEW HOPE》
1월 23일	메이크스타	《SALUTE: A NEW HOPE》
1월 30일	메이크스타	《SALUTE: A NEW HOPE》
1월 31일	오티케이뮤직	《SALUTE: A NEW HOPE》
2월 7일(오후 2시)	에버라인	《SALUTE: A NEW HOPE》
2월 7일(오후 5시)	메이크스타	《SALUTE: A NEW HOPE》
4월 30일	엠케이미디어 코엑스	《MO' COMPLETE: HAVE A Dream》
5월 1일	메이크스타	《MO' COMPLETE: HAVE A Dream》
5월 14일	원더월	《MO' COMPLETE: HAVE A Dream》
5월 22일	지마켓 글로벌	《MO' COMPLETE: HAVE A Dream》
6월 5일	메이크스타	《MO' COMPLETE: HAVE A Dream》
6월 26일	유니버스	〈꽃보다 ABBI〉
10월 3일	사운드웨이브 온라인	《MO' COMPLETE》
10월 4일	마이뮤직테이스트	《MO' COMPLETE》
10월 8일	에버라인	《MO' COMPLETE》
10월 9일	케이타운포유	《MO' COMPLETE》
10월 15일	지마켓 글로벌	《MO' COMPLETE》
10월 16일	비트로드 온라인	《MO' COMPLETE》
10월 23일	위드드라마	《MO' COMPLETE》
11월 5일	신나라레코드 온라인	《MO' COMPLETE》
11월 6일	에버라인	《MO' COMPLETE》
12월 19일	에버라인	《MO' COMPLETE》
2022년 1월 22일	메이크스타	《COMPLETE with YOU》
1월 23일	사운드웨이브 온라인	《COMPLETE with YOU》
1월 28일	사운드웨이브 온라인	《COMPLETE with YOU》
1월 30일	메이크스타	《COMPLETE with YOU》
4월 16일	유니버스	〈ABBI ADVENTURE〉

앞 장에서 이야기했다시피 2019년 10월에 첫 정규앨범을 발표했던 AB6IX는 11월 첫 단독 콘서트에서 신곡으로 멤버 각자의 솔로곡을 발표했다. 이 곡들은 이듬해 2월부터 3월까지 디지털 싱글로 발매됐는데 멤버 솔로곡에 디지털 싱글이라 특별한 활동이나 프로모션 없이 지나갔다. 따라서 정규음반을 기준으로 하면 8개월 만인 2020년 6월에 AB6IX는 두 번째 미니앨범 《VIVID》로 컴백하게 됐다. 그러나 연초부터 창궐한 코로나19 바이러스 때문에 새 음반의 판촉으로 영상통화 팬 사인회를 시작했다. 전해 11월 이후로는 무대 영상으로밖에 볼 수 없었던 멤버들의 얼굴을 '화면으로나마' 직접 보고 싶은 마음이 가장 컸지만, 새 앨범 발표와 컴백을 역시 '화면을 통해서라도' 직접 축하해 주고 싶어 영통팬싸에 응모했다. 그리고 기획된 사인회 중에는 다른 케이팝 그룹이 진행했던 것처럼 멤버들 중 한 사람과만 영상통화를 할 수 있는 회차도 있어서, 나는 주저 없이 최애 대휘를 선택해 프로모션 기간 동안 총 세 번에 걸쳐 대휘와 단독 1:1 영통으로 만났다(표 1). 생애 최초 영상통화로 사인회에 참여하기 바로 직전에는 친구 B의 도움을 받아 영통에 사용되는 모바일 메신저로 '예행연습'을 했다.[122] B는 몬베베인 자신의 친구가 들려 준 영통팬싸 경험담을 바탕으로 할 말을 메모지에 써서 눈에 띄는 곳에 붙여 놓고 통화하라고 조언해 주기도 했다. B를 상대로 나름 리허설도 하고 잘 보이도록 굵고 진한 펜으로 하고픈 얘기를 적은 수첩을 노트북 옆에 세워 놓고 영상통화에 임했음에도 막상 통화 창에 내 가수의 얼굴이 뜨자 너무 떨려서 준비했던 말을 잘할 수 없었다. 더구나 나만 일방적으로 떠들고 끝나는 게 아니라 화면 속 스타와 '대화'를 나누는 것

---

122 나도 나중에 B가 NCT 드림 지성과 영통팬싸 할 때 연습과 진행을 도와 줬다.

이었다. 내 이야기를 듣고 상대방이 자신의 의견을 보태면 나는 또 그에 반응하여 말을 이어가는 대화였다. 그러므로 1분에서 3분까지 주어지는 짧은 시간 동안 하려 했던 말을 다 하지 못하는 것이 당연했다. 준비한 얘깃거리에 관한 대화를 계속 이어가고 싶어서 나는 영통-팬싸에 또 다시 응모했다. 이것이 영상통화 팬 사인회에 참여하는 나의 두 번째 동기다.

세 번째 미니앨범 《SALUTE》는 AB6IX가 4인 체제로 개편된 후 온전히 네 명만 등장하는 첫 앨범이었다. 전 멤버 영민의 음주운전이 적발되어 컴백 바로 직전 그룹을 탈퇴하면서,[123] 웅, 동현, 우진, 대휘 네 명이 재녹음한 《VIVID》가 예정일보다 뒤늦게 발매됐었다. 그러나 앨범의 모든 구성품을 4인 체제로 다시 제작하는 것이 불가능한 시점이었기 때문에 CD 및 음원에서는 4인 목소리만 들리는 반면, 초판까지 앨범 일부 구성품에서 영민의 사진이 함께 인쇄된 5인의 AB6IX가 등장했었다. 8장에서 상술할 테지만 영민의 탈퇴로 인해 탈덕한 ABNEW가 상당했는데, 탈덕한 팬들 중에는 일부 구성품에서나마 영민의 모습을 마지막으로 볼수 있는 《VIVID》 앨범까지만 구매한 이들이 있었던 반면, 다수는 앨범 주문 자체를 취소해 버렸다. 즉, 물의를 일으킨 멤버의 탈퇴에 따른 그룹 재편성으로 AB6IX는 타격을 입었고 ABNEW 또한 동요했다. 멤버들이 이를 모를 리 없었다. 실제로 대휘는 팬데믹으로 인해 2020년 9월 12일 온라인으로 진행됐던 콘서트 《SO VIVID》에 삽입된 영상에서 '(데뷔 후) 1년 동안 팬덤을 떠나기로 선택할 만한 많은 일들이 있었음에도 불구하고 떠나지 않은 ABNEW들에게 고마움과 미안함'을 표했다. 이런

123　영민의 음주운전과 그룹 탈퇴에 관하여는 8장에서 보다 자세히 이야기하겠다.

곡절을 겪은 다음 나온 음반이 《SALUTE》였다. 이 앨범의 프로모션으로 기획된 영상통화 팬 사인회에 수차례 참여한 동기는 위에서 밝힌 두 번째 이유와, "어떤 일이 있던지[*원문 그대로 표기, 표준 표기는 있는지]"[124] ABNEW로서 AB6IX와 "함께 쭉 오래오래"하겠다는 다짐을 실행하고 여기(팬덤)에 변함없이 있음을 알려 주기 위해서였다.

음반의 판촉을 위해 영통팬싸가 기획되는 것은 케이팝 신에서 엄연한 관습이 되었고, 아이돌(생산자)과 팬덤(소비자) 모두 이를 잘 인지하고 있다. 이 판촉을 위해 행사 현장에서 판매자(아이돌)는 구매자(팬덤)가 구입한 복수의 상품 중 하나에 자필로 구매자의 이름을 적고 판매자 자신의 사인을 남긴다. 이 판촉 상품은 행사 종료 후 소비자에게 전달된다. 그런데 판촉 행사 현장에서 교환되는 것은 단지 그것뿐만이 아니다. 화면으로 마주하고 있는 양측, 아이돌과 팬덤은 우선 서로에 대한 감사와 애정, 존경의 감정을 교류한다. 또 길지 않은 분량이지만 영상통화하는 시간 동안 무례가 되지 않고 사생활을 침해하지 않는 선에서 서로의 일신상을 문답한다. 그렇게 대화를 통해 서로에 관심을 갖고 서로를 알아 가면서 친밀감 및 친밀도를 키워 나갈 수 있다. 예컨대 대휘는 영통팬싸에서 만나면 오늘은 뭐했냐 이런 식으로 일상을 묻는데, 이런 질문에 대답하며 대화를 이어가다 보니 자연스레 내 직업, 사는 곳, 가족과 같은 신상까지 영통에서 대휘에게 이야기하게 됐다.[125] 나에겐 영통이 단발성 이벤트가 아니라 지속적으로 수행하는 마치 '의례'와 같은 팬덤이어서

---

124 《SO VIVID》 콘서트 삽입 영상의 나머지 부분에서 대휘는 ABNEW가 "어떤 일이 있던[든]지 그냥 함께 쭉 오래오래 했으면 좋겠"다고 말한다.
125 관련된 일화는 책의 나가기 부분에서 잠깐 언급하도록 할 것이다.

가능했던 것 같으나, 특히 대휘는 나라는 사람은 물론 예전 영통팬싸 중 나눈 얘기의 내용도 기억해 내 다음 회차 영상통화 팬 사인회에 참여하면 대화를 계속 이어갈 수 있었다.[126] 덕메 N 또한 영통팬싸에서 최애와 주로 소박한 대화를 나누지만 그가 그 순간을 즐길 수 있도록 영통을 게임처럼 이끌기도 한다. N 외에도 여러 ABNEW들이 AB6IX 멤버들을 즐겁게 해 주기 위해 영통하는 동안 팬이 스타에게 '쇼'를 보여 주는 팬덤을 실천하곤 한다. 지금까지 서술한 영상통화 팬 사인회 양상에서 구축되는 관계는 생산자 대對 소비자, 판매자 대 구매자, 스타 대 팬덤, 아니면 "유사 부모 자식pseudo-parent-child" 관계, "유사 연인pseudo-lovers" 관계로 단정되지 않는다(Choi 75). 그렇다고 "음악 외적 활동"에서 상품화된 친밀성을 기제로 하는 감정노동 및 "음악 공연"이 "팬 서비스fan service"로써 작용하여 교환되는 "초사회적" 혹은 "준사회적 관계parasocial relationship"에 포괄시켜 설명하기에도 무리가 있어 보인다. 물론 나나 동료 ABNEW들과는 다른 마음가짐, 다른 행위로써 영통팬싸에 임하는 팬들도 있을 것이다. 그들 중 일부는 영상통화 팬 사인회를 통해 AB6IX 멤버들과 유사 연애를 실현시킬 수 있고, 또 다른 일부는 부모 노릇을 할 수 있으며, 어떤 팬들은 영리한 고객smart consumer 역할에 충실할 수도 있다. 나와 덕메들의 영통팬싸 참여 목적, 그리고 우리와 AB6IX가 영통에서 행하는 활동 양상이 일반적이지 않을 수 있다. 그러나 우리가 영상통화 팬 사인회라는 케이팝을 하면서 공감대, 공동체 의식을 발전시키고, 평범한 일상

---

126 덕메 I는 대면 팬 사인회에 참여했을 때 대휘가 질문하여 답한 건강 문제를 이후 참여한 영통팬싸에서 대휘가 여전히 기억하고 언급해 줘 감격했다. 나는 2021년 11월에 참여한 대면 팬싸에서 포스트잇에 이름을 미처 못 적은 상태로 멤버 동현에게 사인을 받으러 나간 적이 있었는데, 그가 내 이름을 정확히 기억하고 사인 위에 기명해 줘서 감동받았다.

이나 특별한 순간을 공유하며, 나아가 서로를 통해 자신을 되돌아보게 끔 하는 '동지companion' 같은 관계가 형성될 수 있음을 제안한다.[127]

팬스케이프 #3: 코로나 시대의 '대면'

장기간 지속되고 있는 펜데믹 때문에 영상통화 팬 사인회가 보편화되었지만 한국 대중음악 기획사들은 수시로 변경되는 거리두기 정책에 맞춰 대면 팬 사인회의 방법 또한 새롭게 모색해 왔다.[128] 그러나 코로나19 바이러스 창궐 이전처럼 100명 혹은 그 이상씩 당첨시키지 않았다. AB6IX의 경우 30명에서 60명까지 참가자 수에 제한을 두고 참여 팬들은 좌석간 거리두기 방침에 따라 객석에서 서로 떨어져 착석했다. 사인 테이블에는 마스크 착용 팬과 마스크 미착용 스타 사이에 아크릴 재질의 투명 가림막이 설치되었다. 또 스타와 마주 앉아 사인 받을 때에는 팬들은 마스크 착용뿐 아니라 라텍스 혹은 비닐 장갑을 끼고 있어야 했

---

127 역시 《SO VIVID》 콘서트 삽입 영상에서 대휘가 "(ABNEW는 대중의 AB6IX에 대한) 이미지를 함께 이겨 내는 존재"라고 말한 것, 2022년 1월 17일에 발매한 《COMPLETE with YOU》에 수록된 대휘의 솔로곡 〈너의 눈에 내가 보여서(IN YOUR EYES)〉의 창작 배경을 "사랑하는" 팬들에게 "위로"를 주려고 "음악을 하는데" 팬의 "눈을 바라보고 있으니" 오히려 자신이 위로를 받는다고 설명한 것(*2022년 1월 31일 오전 11시 방송 네이버 NOW 〈너에게 음악〉에서 언급), 그리고 최근 공개된 굿네이버스TV 출연 후속 인터뷰 영상에서 팬덤을 "거울 보는 것"처럼 느껴지는 '또 다른 나'라고 표현한 것에서 '동지' 관계를 추론할 수 있다. 굿네이버스TV와 가진 인터뷰 영상은 https://youtu.be/7JpThAzIEK4에서 시청 가능하다.

128 가수 양준일과 김호중은 각각 2020년 5월과 2020년 6월에 드라이브 스루(drive-through)의 방식으로 '변형된' 대면 팬 사인회를 열었다.

다. 그렇지만 어쨌든 스타의 '실물'을 접하고 '촬영'도 가능한 팬싸였다. 따라서 영상통화 팬 사인회 보편화와 함께 팬덤을 떠난 듯 보였던 일부 홈마들이 사인회장으로 되돌아왔다.

　그런데 이미 홈마의 영향력이 감퇴한 팬덤 내 계층구조 변화 때문인지, 영상통화 팬 사인회 참여로 아이돌과 돈독한 관계 및 입지를 다진 홈마 아닌 팬들이 대면 팬 사인회에도 대거 참여해서인지, 아니면 바이러스 확산 방지를 위해 모임에서 함성을 지르는 것이 제한된 탓인지, 간혹 열린 팬싸에 참여했을 때 사진을 찍기 위해 큰 목소리로 멤버들을 호명하고 특정 포즈를 요구하는 팬들이 많이 줄어들었다는 걸 발견했다. 손을 통한 바이러스 감염 방지 방침으로 팬들은 장갑 착용에 선물도 직접 전달할 수 없는 규정이 생겨 사인 받는 자리에서 팬싸템을 스타에게 건네고 바로 착용을 요청하기도 어려운 형편이었을 테다. 무엇보다 사인 테이블에 놓인 가림막은 사진에 큰 걸림돌이다. 촬영은 문제가 아니지만 후에 보정이 일이다. 어떤 기술로도 사진에서 아크릴 가림막을 지워 낼 수 없다. 그리하여 사인을 모두 마친 아이돌이 가림막 없는 무대 전면으로 이동한 다음에야 제대로 된 사진을 찍을 수 있다. 그러나 그렇게 주어지는 시간이 길지 않다. 팬 사인회 종료 후 아이돌이 퇴근하기 직전의 단 몇 분이다. 사인회 참여 팬들은 그 짧은 시간 동안 열심히 셔터를 누른다. 이 사정을 아는 아이돌은 그 순간을 촬영하는 팬들을 위해 성실히 모델 역할을 한다. 아마도 네 번째 미니앨범 《MO' COMPLETE: HAVE A Dream》 프로모션 기간이었던 2021년 5월부터였을 것이다. AB6IX는 사인을 끝내고 무대 전면에 나와 마지막으로 단체 사진 촬영을 위해 멤버 넷이 모여 포즈를 취하기 시작했다. 이 순간이 되었을 때 비로소 특정 자세를 요구하는 외침이 참가 팬들 사이에서 터져 나왔다.

그림 18. 2022년 1월 23일 사인회 참석 팬들의 단체 사진 촬영을 위해 한 팬이 주문한 포즈를 지시한 방향으로 취하고 있는 AB6IX 멤버들(출처: 저자)

목청이 큰 몇이 중구난방 지르며 이 포즈 저 포즈 요청하는 모양새를 질서 있게 정리해야 자신들도 편하게 자세를 취할 수 있다는 걸 깨닫게 된 AB6IX는 2022년 1월부터 팬싸 참여 팬들 중 단체 사진 세션session을 지휘할 한 명을 좌석 번호 제비뽑기로 지정하기 시작했다. 멤버들에게 지목된 팬은 기자 간담회의 포토타임에서처럼 구체적인 몸짓과 보여 줄 방향을 지시했다(그림 18). 이는 매우 효과적이어서 팬싸 현장의 AB6IX, ABNEW 모두 만족스러워했다. 이를 행사의 효율적 진행을 위한 과정으로 단순화시켜 볼 수도 있지만, 나는 이 과정(팬스케이프)에서 팬덤 내 혹은 팬덤과 아이돌 사이 권력의 재편성이 일어나는 것이 아닐까 해석한다.

다음 장으로 넘어가기 전 케이팝 아이돌과 팬덤이 활용하고 있는 온라인 플랫폼을 통한 아이돌과 팬덤 간 채팅의 케이팝하기를 수행하는 가운데 조성되는 팬스케이프와 그 속에서 형성된 아이돌, 팬덤 관계에 대해 잠시 살펴보도록 하겠다.

온라인 게임 회사로 유명한 엔씨NC소프트는 '케이팝 엔터테인먼트 플랫폼'을 표방하며 2021년 1월 말에 모바일 앱 유니버스UNIVERSE를 출시했다. AB6IX를 비롯하여 수십 명의 케이팝 가수들이 유니버스를 활용하여 팬덤을 위해 (유니버스가 기획한) 음악, 동영상, 사진 등 다양한 미디어 콘텐츠를 선보이고 있다.[129] 유니버스는 이러한 콘텐츠뿐 아니라 스타와 팬들 모두 사용 가능한 게시판과, 스타와 팬이 채팅할 수 있는 메신저 서비스, '프라이빗 메시지private message'(줄임말로 통칭 '프메', 이하 프메)를 제공한다. 그러나 콘텐츠 열람 및 시청, 프메 등의 서비스를 이용하기 위해서는 '유니버스 멤버십'이라 불리는 금액별로 이용 범위가 다른 월정액 구독권을 구매해야 한다. 나는 매월 18,500원을 지불하며 유니

---

129 2022년 4월 현재 유니버스를 이용하고 있는 케이팝 가수들은 다음과 같다(가수 영문명 ABC 순). AB6IX, 아스트로(ASTRO), 에이티즈(ATEEZ), 브레이브걸스(Brave Girls), 씨아이엑스(CIX), 크래비티(CRAVITY), 드리핀(DRIPPIN), 이펙스(EPEX), 고스트나인(GHOST9), (여자)아이들((G)I-DLE), 하성운, 허영지, 아이브(IVE), 조유리, 강다니엘, 케플러(Kep1er), 권은비, 라잇썸(LIGHTSUM), 몬스타엑스, 오마이걸(OH MY GIRL), 박지훈, 더보이즈(THE BOYZ), 비비즈(VIVIZ), 위아이(WEi), 위키미키(Weki Meki), 우주소녀(WJSN), 원호, 예나, 예린, 영재(*아이돌 그룹 갓세븐(GOT7) 멤버). 이들 외에도 MBC 라디오 프로그램 아이돌 라디오(IDOL RADIO), JTBC 음악 예능 프로그램 싱어게인2, 음료 브랜드 펩시가 유니버스를 활용한다.

버스 멤버십 '4인권'을 사용 중인데, 4인권이라 하면 유니버스를 활용하는 케이팝 가수들 중 총 4명을 선택하여[130] 프메로 채팅을 할 수 있다.[131] 다인원 케이팝 그룹 팬들 중 주머니 사정이 넉넉하지 않은 이들은 최애 멤버와만 프메를 할 수 있도록 저렴한 소인권 멤버십을 구독한다. 다른 멤버들의 프메는 해당 멤버가 최애인 동료 팬들에게서 공유받으며, 역으로 자신처럼 최애 멤버만 구독하는 동료 팬들에게 자신 최애의 프메를 공유해 주기도 한다.

프메는 팬의 경우 스타와 1:1로 채팅하는 것처럼 보이도록 설정된다. 그에 반해 스타의 프메는 단체 대화방에서 메시지를 보내고 받는 것으로 보인다. 그러나 스타가 수신하는 메시지의 발신자 신원은 프메상에서 표시되지 않는다. 반면 팬은 자신이 설정한 애칭으로 프메에서 호명된다. 이러한 설정으로 인해 팬이 스타에게 채팅 메시지를 발송할 때, 스타가 팬으로부터 채팅 메시지를 수신할 때 프메는 '익명 채팅'으로 작동한다. 스타는 누가 보냈는지 알 수 없는 수많은 채팅 메시지들 중 눈에 띄거나 맘에 드는 몇 개에 답하는 식으로 대화를 진행할 수 있다. 이러한 까닭에 팬은 자신이 발신한 메시지에 대답하는 듯 스타가 프메를 보내 오면 스타와 이른바 '티키타카tiqui-taca'에 성공했다며 기뻐한다. 한편 현대 사회에서 익명 채팅은 "소통"의 한 "양상"으로 분류되고 잘만 활

---

130 나는 당연히 AB6IX 멤버 넷, 전웅, 김동현, 박우진, 이대휘를 선택했다.

131 2022년 4월 당시에는 '프라이빗 콜(private call)'이라 하여 케이팝 가수들이 녹음한 실제 음성을 합성하여 단어와 문장 등이 재생되는 인공지능(AI) '음성 메시지'를 스타에게 받을 수 있는 서비스 또한 제공되었다. 그러나 프라이빗 콜 서비스는 2022년 6월에 종료됐다. 아울러 멤버십을 구매하면 유니버스 앱 내에서 사용 가능한 화폐인 러브(LOVE)와 클랩(KLAP) 일정 수량과 유니버스가 기획하는 행사 참여 응모에 사용할 수 있는 일정 수량의 응모권이 보너스로 주어진다.

용한다면 채팅 참여자들끼리 "사교"할 수 있는 기회가 되고, 그들 사이 "친밀한 소통"도 가능하게 해 준다(양진선 2016, 104-105). 프메를 비롯하여 현재 케이팝 아이돌과 팬덤이 이용하고 있는 여타 메신저 서비스('버블DearU bubble', '포켓돌스Pocketdols')는 이러한 익명 채팅의 장점을 염두에 뒀을 터이다. 그리고 스타가 '다양한 소통 창구를 통해 팬덤에게 감사를 표함'으로써 케이팝 아이돌, 팬덤의 관계는 더욱 돈독해지고, 그 관계는 '팬덤이 아이돌에게 더 크게 헌신하도록' 유도하여 결국 아이돌의 성공으로 이어지는 과정을 이미 충분히 인식하고 있는 케이팝 산업으로선 메신저라는 소통 창구의 도입을 마다할 하등의 이유가 없었다(Sun 2021). 그러나 메신저 서비스를 통한 익명 채팅의 폐해는 그 기능을 활용해 성공을 꿈꾸는 아이돌에게 고스란히 돌아갔다.

2021년 10월 말 우진이 팬들에게 보낸 프메에는 악성 메시지로 인한 고통스러운 심정이 그대로 드러나 있었다. 누군가로부터 지속적으로 악의적인 내용의 프메를 받아 온 우진은 사람마다 장단점이 있는 걸 익명 뒤에 숨어 힐난하지 말고 유료 서비스까지 이용해 폄훼하지 말라며 "아이돌도 하나의 인격체"라고 호소했다. 사실 그 전에도 동현이 악감정을 표출하는 프메는 알아서 거른다고 말한 적이 있었다. 우진 이후엔 웅이 팬들과 프메 중 악성 프메 발신자를 언급하고 괴로움을 표했다. 이에 나를 비롯한 많은 ABNEW들이 AB6IX 보호를 위해 유니버스 고객센터에 릴레이 투서했고, 마침내 유니버스 측에서는 가수들에게 비방의 메시지를 보내는 이들을 "불량이용자"로 분류해 제재하는 운영 정책을 공지하게 되었다.[132]

132 유니버스는 이용 가수가 프메로 받은 악성 메시지에 대해 신고할 수 있는 기능을 추가했

생산자, 소비자 사이 친밀한 감정과 관계까지 상품화하여 판매하는 케이팝 아이돌 산업이라고 한다. 돈을 주고 구입한 감정이고 관계라 제 멋대로 혹은 되는 대로 악용하는 소비자가 있을지도 모른다. 그러나 돈 때문에 꾸며진 감정과 관계라 할지라도 그것을 공급한 생산자를 해악으로부터 보호하는 소비자가 엄연히 존재한다. 바로 케이팝 팬덤이다.

다. 신고된 메시지를 발송한 이용자는 경고를 받게 되고 경고가 누적되면 구독을 강제 취소당할 수도 있다.

제5장

의례와 축제로서의 팬덤

이전 장들에서 살펴봤다시피 케이팝하기의 방식은 매우 다양하지만 어느 정도 정형화되어 있다. 그러나 이러한 케이팝하기(컴백 전후 및 콘서트에서 음악하기, 팬 사인회 참여)가 매해, 혹은 매월 반드시 정해진 날짜에 수행되는 것은 아니다. 그런데 형식뿐 아니라 일정 또한 고정되어 있어 정기적, 반복적으로 실행되는 케이팝하기가 있다. 바로 케이팝 가수의 생일, 데뷔일과 같은 '기념일' 이벤트이다. 이번 장에서는 팬들이 주관하여 진행하는 케이팝 기념일 이벤트를 의례와 축제 개념에 의거하여 이야기해 보도록 하겠다.[133] 이어 팬덤 내에서 기념일 이벤트의 개최자들 중 홈마의 역할에 주목하여 이벤트 전후, 당일에 이루어지는 케이팝 팬덤의 경제 활동과 그 의의를 간단히 살펴볼 것이다.

---

133 이 책의 본격적인 집필 전 팬덤 주관 케이팝 스타의 생일 이벤트에 대해 기자와 인터뷰를 했었고, 신문 기사로 나왔었다. 이 장의 내용 일부는 출처 특정 없이 기사로 작성되어, 본문에서 기사 인용은 인터뷰 중 저자가 제공한 정보도 포함되어 있음을 미리 밝혀 둔다. 기사의 URL은 다음과 같다. https://koreajoongangdaily.joins.com/2021/02/02/entertainment/kpop/Kpop-Birthday-Tour-cafe/20210202155100719.html

의례, 축제, 그리고
케이팝 팬덤의 기념일 이벤트

흔히들 '의례儀禮, ritual'를 종교 행사로 한정하지만, 그 개념은 광범위하다. 즉 반드시 종교와 관련되지 않더라도 그 형식 혹은 구조가 "여러 특성"을 가지고 "서로 '계획되고 고정된fixed' 관계"에 있다면 의례로 정의될 수 있다(Rappaport 1992, 249). 고정된 관계라는 것은 의례에 수반되는 행위들이 특정한 "순서와 체계에 따라an order of" 이루어짐을 의미할 뿐 아니라, 의례 장소 및 일시가 정해져 있음을 시사한다(Rappaport, 252). 이러한 시공간의 고정성으로 인해 의례는 '축제祝祭, festival'와 맞닿는다. 축제는 "달력상 일정한 간격을 두고" 정해진 날에 "벌어지기" 때문이다(Stoeltje 1992, 261). 게다가 많은 축제들이 "종교적" 목적으로 개최되며, 특수하지만 일정한 형식을 취하는 행위들이 포함된다는 축제의 특징 또한 의례와 이어진다(Stoeltje, 261). 그리고 가장 중요한 의례와 축제의 교차점은 참여자들이 '단체로' 모인다는 데에 있다. 그리하여 축제에서 참여자들은 "집단의 정체성group identity"을 표현할 수 있으며, 의례 참여자들은 "연속적으로 일정한 양식의 행동the sequence of formal acts"으로써 집단 정체성을 구축한다(Stoeltje, 261; Rappaport, 250). 그러나 참여자가 처한 상황에 따라 행동 양식은 약간 변화될 수 있고, 참여자의 역할에 따라 행위에 특별한 기술이나 재능이 필요하기도 하다.

이러한 의례 및 축제의 개념과 특징으로 미루어 팬덤이 실천하는 케이팝하기는 의례, 축제의 성격을 모두 띠고 있다. 다시 말해, 이전 장들에서 이야기한 음악하기 혹은 팬스케이프에서 참여자들이 '팬'인 정체성을 증명, 표현하기 위해 양식화된 행동들을 순서대로, 반복 수행하면서 '팬덤'은 '의례와 축제'가 되는 것이다. 특히 날짜가 고정된 케이팝 스타의 생일, 데뷔일에 팬들이 모여 '축하'라는 같은 목적이지만, 주최자와 방문자로서 다소 다른 역할을 수행하는 이벤트는 의례와 축제의 특성이 집약된 형태의 팬덤이다.

케이팝 팬덤의 기념일 이벤트는 대개 다음과 같은 형식으로 구성, 진행된다. 괄호 안은 역할 수행자이다.

1. 기념일 전후로 지하철역, 버스 정류장[134] 혹은 대형 건물 광고판, 영화관 벽면 등에 팬이 제작, 편집한 스타의 사진 게첩 및 영상 송출

2. 서울 및 지방 주요 대도시, 도쿄, 오사카, 베이징, 상하이, 타이페이, 방콕 등 한류 거점 도시 혹은 스타의 고향에 소재한 카페café 대여하여 기념일 이벤트 개최[135]

3. 이벤트 카페에서 팬 촬영 사진 혹은 소속사가 공식 채널에 공개한 사진을 인쇄한 컵 홀더cup sleeve 제작, 배부(주최자) 및 수령(방문자)

4. 컵 홀더와 함께 특전 용품(사진, 포토 카드, 엽서, 스티커, 열쇠고리 등) 제작, 배부(주최자) 및 수령(방문자)

5. 팬 촬영 사진 혹은 소속사 공개 사진으로 액자, 현수막 제작하여 카페에 전시 및 대형 현수막과 그 외 소품들로 카페 내, 외부 장식(주최자)

---

134 운행하는 지하철 내부, 버스 내부 및 외부에 광고를 게재할 수도 있다.

135 University of Southern California에서 언론학(Journalism) 석사 과정 중인 Lucia Ruan에 따르면 최근 미국에서도 케이팝 스타의 기념일에 맞춰 팬덤의 컵 홀더 이벤트 개최가 점차 유행처럼 확산되고 있다. Ruan은 컵 홀더 이벤트를 조사하는 자신의 기말 프로젝트에 대한 조언을 듣기 위해 저자와 화상 인터뷰를 가졌다.

6. 이벤트 기간 동안 기념일 광고 집행 장소 및 카페 순회하며 광고, 카페 전시물, 장식물 감상과 더불어 사진, 영상 촬영, 소셜 미디어 (덕계)에 인증과 후기 공유

7. 이벤트 종료 후 카페 전시물 나눔 혹은 판매(주최자) 및 구입과 수령 (방문자)

8. 기념일 전후로 팬덤이 준비한 축하 선물 기획사 통해 스타에게 전달

위의 진행 방식을 보다 상술하자면, 기념일 수개월 전부터 팬들은 유동 인구가 많거나 케이팝 기획사 주변인 지하철역과 버스 정류장에 기념일을 축하할 뿐 아니라, 케이팝 스타를 홍보할 수 있는 광고 집행을 기획한다. 서울에서는 서울역, 명동역, 신촌역, 홍대입구역, 합정역, 가산디지털단지역, 여의도역, 사당역, 고속터미널역, 강남역, 역삼역, 논현역, 강남구청역, 삼성역, 건대입구역, 왕십리역 등이 선호되는 지하철역이다(그림 19). 하이브 사옥이 위치한 용산구 한강로 인근 버스 정류장, YG엔터테인먼트가 있는 마포구 합정동 주변 버스 정류장, 그 외 기획사들이 밀집한 강남구의 여러 버스 정류장에서도 기념일 광고를 쉽게 볼 수 있다. 팬들은 서울이 아닌 케이팝 스타가 출생, 성장한 지역의 지하철역과 버스터미널에 생일 광고를 내기도 한다. 지하철역, 버스터미널, 정류장 외에도 서울 삼성동 코엑스 등과 같은 대형 건물 광고판, 멀티플렉스 영화관에서 상영관 입구 및 외벽 또한 기념일 광고 게첩, 송출을 위해 활용되는 공간이다. 특히 팬덤이 상영관을 '대여', 활용할 때에는 상영관 명칭이 일시적으로 기념일 주인공인 케이팝 스타의 이름으로 바뀐다. 예를 들어 AB6IX 대휘의 생일을 축하하기 위해 팬들이 CGV 서울 영등포의 상영관 하나를 대여하여 광고를 진행한다면 해당 상영관은

그림 19. 팬들이 제작한 엑소(EXO) 멤버 DO(1993년 1월 12일 생)와 AB6IX 대휘(2001년 1월 29일 생)의 생일 축하 광고 사진이 나란히 걸린 서울 지하철 삼성역 구내(출처: 저자)

대여 기간 동안 '이대휘관'으로 변경되어 예매 사이트와 영화 티켓에 표시된다.

광고는 개인 팬이 단독으로, 몇몇 팬들이 모여, 혹은 팬덤 전체의 참여로 집행되며, 모두 광고 대행사를 통해 진행한다. 팬덤 전체가 참여하는 경우 2장에서 언급한 엔터테인먼트 관련 앱 업체들이 주도하여 앱 내에서 광고 집행을 위한 팬 투표를 실시한다. 투표에서 얼마 이상 득표하거나 상위를 차지하면 앱과 연계한 광고 대행사가 위에서 예로 든 서울 시내 지하철역 내 광고판에 기념일 전후 일정 기간 동안 기념일 광고를 게첩, 송출해 준다. 앞서 언급했듯 지하철 역 외에도 대형 건물 광고판을 통해서도 기념일 광고 영상을 송출할 수 있는데, 한국을 넘어 미국 뉴욕시 맨해튼Manhattan의 타임스퀘어Times Square에 있는 전광판에서 케이팝 스타의 생일 축하 영상이 나올 수 있도록 광고를 집행하는 앱도 있다. 최근에는 앞서 4장에서 소개한 유니버스가 플랫폼을 사용하고 있

그림 20. 싱가포르 오차드 거리의 로빈슨스 백화점 건물 전광판에 송출된 방탄소년단 멤버 정국의 영상 일부(출처: 저자)

는 케이팝 아이돌의 기념일에 온라인(유니버스 앱, 카카오톡), 오프라인(강남역, 신도림역, 삼성동 코엑스 등) 광고를 집행하고 있다. 이 광고 역시 앱 사용자 팬들이 유니버스 내에서 통용되는 재화 클랩KLAP을 모아 '서포트'를 달성해야 가능하다.[136] 케이팝 해외 팬들 중 일부는 개인 단독 혹은 몇 명이 합동으로 현지 지하철역이나 건물 전광판 등에 기념일을 광고한다. 일본의 도쿄, 오사카, 중국 베이징, 상하이, 태국 수도 방콕, 대만의 타이페이는 케이팝 스타의 기념일 광고가 종종 집행되는 도시들이다. 참고로 2019년 1월 19일에 싱가포르 국립 경기장에서 열린 방탄소년단 콘서트 참여관찰 사흘 전 현장연구차 오차드Orchard 거리를 찾았었다. 그곳에 있는 백화점 로빈슨스 Robinsons The Heeren 외부 전광판에서 송출되고 있는 방탄소년단 멤버 정국의 영상을 보기 위해서였다(그림 20). 이는 싱가포르 공연을 축하하기 위해 중국 아미들이 편집, 제작한 영상으로, 해외 팬덤에 의해 해외에서 집행된 케이팝 스타 기념일 광고의 사례이다.

광고와 더불어 카페에서 진행되는 행사는 팬덤 주관 케이팝 스타 기

---

136 케이팝 신에서의 서포트라는 단어 사용의 용례에 대해서는 조금 뒤에 자세히 다루도록 하겠다.

념일 이벤트의 핵심을 이룬다. 이러한 행사는 '컵 홀더 이벤트'라 불린다. 행사 장소인 카페에서 음료를 주문하면 음료 잔을 감싸는 종이 재질의 커버, 즉 '컵 홀더'를 나눠 주기 때문이다. 특별히 스타의 생일 축하행사가 열리는 카페를 '생일 카페'라 일컬으며, '생카'로 줄여서 부르기도 한다. 생일 카페라는 용어는 해외 케이팝 팬들 사이에서도 이미 유명해서 영어 직역인 'birthday cafe'로 표현할 정도이다. 나는 ABNEW가 된 이래로 2019년 10월부터 현재까지 1월 29일(대휘 생일), 5월 22일(AB6IX 데뷔일), 9월 17일(동현 생일), 10월 15일(웅 생일), 11월 2일(우진 생일)을 전후로 한 기간에 컵 홀더 이벤트에 참여하고 있다. 이제 기념일 카페 방문자보다는 주관자로서 실천했던 팬덤을 바탕으로 행사에 대해 보다 자세히 이야기해 보도록 하겠다.

"#해피예삐_두돌"

위에서 밝힌 형식을 일부 따르기는 했지만 나는 다른 팬들과 다소 다른 방식의 이벤트를 기획, 진행했었다. 2020년 9월 17-20일에 동현의 생일, 10월 10일과 15-16일에 웅의 생일, 10월 29-30일에 우진의 생일 축하 이벤트를 지인의 소개로 알게 된 서울 마포구 경의선 책거리 인근 북 카페book café에서 주최했는데, 여느 생일 카페들과는 달리 컵 홀더를 제작하지는 않았다. 컵 홀더 대신 《VIVID》 앨범의 구성품(포토 카드, 엽서)을 생일 멤버로만 구성한 일명 '풀셋 앨범'을 일마다 한정 수량 선착순으로 증정했다.[137] 또한 스타의 사진, 풍선, 가랜드garland 등으로 장식하는 보통의 생일 카페들에 비하면 단출하게 북 카페 책장 한 칸에 생일을 맞은 당사자의 사진을 넣은 작은 액자나 소수의 미니 배너만 놓아 장식했다.

그러나 2021년 1월 29일부터 31일까지 주최했던 대휘 생일 카페와 2021년 5월 21-23일에 진행한 데뷔 2주년 카페에서는 컵 홀더 제작에, 북 카페가 아닌 일반 카페에서 내부도 앨범 및 앨범 포스터와 미니 배너, 내가 촬영, 녹화한 대면 팬싸, 영통팬싸 동영상에서 캡처한 사진으로 만든 액자, 그리고 풍선, 가랜드, 은박커튼, 조화, 모형 케이크 같은 소품으로 한껏 꾸민 이벤트를 열었다(그림 21, 22, 23). 2021년 대휘 생일에 제작한 컵 홀더는 정말 단순했다. 보통 이벤트 카페에서 배부되는 컵 홀더는 주관하는 팬이 자신이 직접 찍은 사진을 활용해 손수 디자인하거나, 주최자의 의뢰를 받은 이가 팬 촬영 사진 혹은 소속사가 공개한 프로모션 사진을 넣어 디자인하고 제작하는 데 반해, 나는 대면 팬 사인회에서 대휘가 써 준 친필 단어만 달랑 인쇄한 컵 홀더를 만들었다. 데뷔 2주년 카페에서는 덕메 K가 디자인을 도맡아, 한류 관련 일본 잡지 부록 엽서에 실린 AB6IX 사진을 활용한 컵 홀더를 제작했다. 이때 제작한 포토 카드에는 데뷔 2주년 이벤트 카페 방문 팬들에게 전하는 멤버들의 친필 메시지를 사전에 받아 멤버 별 포토 카드 및 단체 포토 카드 뒷면에 인쇄하기도 했다(그림 24). 포토 카드 및 컵 홀더, 사진 액자, 미니 배너 제작, 장식 소품 구입에 들어가는 비용은 모두 사비로 충당했다. 다만 대휘 생일과 데뷔 2주년 카페 내부 꾸미기와 특전 포장 등 '노동'은

---

137 물론 다른 카페들처럼 '포토 카드'는 기본 특전으로 포함시켰다. 소속사가 공식 팬카페에 올린 사진들로 만든 포토 카드였다. 당시에는 이러한 사진의 외부 유출에 딱히 제약이 없었다.

그림 21. AB6IX《SALUTE: A NEW HOPE》앨범과 풍선, 은박커튼, 미니 배너, 조화로 장식한 2021년 대휘 생일 카페 내부(출처: 저자)

그림 22. 《SALUTE: A NEW HOPE》앨범 및 앨범 구성품, 가랜드, 미니 사진 액자, 조화로 장식한 2021년 대휘 생일 카페 내부(출처: 저자)

그림 23. 2021년 AB6IX 데뷔 2주년을 위해 맞춤 주문한 모형 케이크로 장식한 카페 내부 한쪽 면(출처: 저자)

그림 24. 2021년 데뷔 2주년 이벤트 포토 카드 앞면에 사용한 멤버 별, 단체 사진과 뒷면에 인쇄한 멤버 친필 메시지. 사진들은 저자가 대면 팬 사인회에 참석하여 촬영한 동영상에서 캡처한 것이고 멤버들의 메시지 역시 대면 팬싸에서 받았다(출처: 저자).

덕메들이 함께해 줬다. 2021년 대휘 생일 때는 F, G, 그리고 G의 절친한 덕메 M이, 데뷔 2주년 때는 J, K, L이 이벤트 전날 카페에 와서 도왔다.[138] "Understanding K-pop"을 수강하는 학생 한 명 역시 데뷔 2주년 이벤트의 준비와 진행을 도와줬다. 웅과 우진의 생일 때에도 학생들 몇이 카페에 방문해 나와 함께 포토 카드를 포장했다. 언어 공부를 위해 2022년 1월에 잠시 한국으로 다시 올 거라는 예전 학생 또한, 그 시기 내가 대휘 생일 카페를 주최한다면 이벤트 도우미로 참여하고 싶다며 연락해 왔다.[139] 덕메들과 학생들이 기꺼이 내게 도움을 줬던 이유는 친구와 사제師弟라는 우리들 사이의 관계도 작용했겠지만, 기념일 이벤트에서 단지 방문자에 머물지 않고 보다 다양한 역할로서 케이팝 팬덤을 실천해 보고 싶은 그들의 바람에서였을 것이다.[140] 정기적으로 열리는 의례와 축제에서 고정된 행위를 반복하다 보면 참여의 긍정적인 목적과는 별개로 지루함을 느끼거나 매너리즘에 빠져 심지어 흥미를 잃을 수도 있다. 그러나 다소 다른 방식의 행동을, 그것도 주관자의 입장과 위치에서 수행한다면 그 참여자는 의례, 축제에 더욱 더 적극적, 능동적으로 임할 수 있는 동기와 책임감을 부여받지 않을까.

이벤트 종료 후 대부분 주최자들은 카페 전시물인 사진 액자와 카페를 장식했던 현수막, 배너, 미니 배너 등을 다른 팬들에게 '무료로' 나누곤 한다. 사진 액자의 경우 추가로 제작하여 판매하는 경우도 종종 볼 수 있다. 이벤트 전시 액자 및 관련 물품 판매, 구입에 관해서는 조금 뒤

---

138 L은 2022년 대휘 생일 이벤트에서도 카페 장식에 도움을 줬다.
139 코로나 바이러스 상황이 악화되어 이 학생은 아쉽게도 한국에 다시 오지 못했다.
140 실제로 M은 덕질 중 꼭 해 보고 싶었던 일이 생일 카페 주최자 역할의 일부 담당이라고 밝혔다.

에 다시 설명하기로 한다. 하여간 이러한 나눔을 위해서 주최자는 이벤트의 '타이틀'이라 할 수 있는 특정 '해시태그' 문구 포함 카페 방문 후기를 트위터에 공유한 방문자들 가운데 추첨하여 우편으로 보내 주거나, 이벤트 종료 일시에 카페를 다시 찾은 팬들 중 추첨하여 현장에서 바로 나누어 준다. 나의 경우 전자의 방식을 선호한다. 이 절의 제목인 "#해피예삐_두돌"은 AB6IX 데뷔 2주년 카페 이벤트의 해시태그 문구였다.[141]

선물과 인증

기념일 전후로 팬덤에서는 스타에게 축하 선물을 전달한다. 아이돌 팬들의 '선물 증정'은 1990년대 중반 기획사가 주도하는 '공식 팬클럽'이 본격화되면서 개인 행위라기보다 팬클럽 회원들의 '집단 활동' 중 하나로 자리 잡았다(Kim, 188). 또한 공식 팬클럽을 조직, 운영하는 회사가 선물 증정과 관련된 팬덤에 개입하게 되었다. 다시 말해, 팬들이 팬클럽을 통해 무엇을 선물할지 결정하고 십시일반 모금해 선물을 구입하면 기획사가 가수에게 전달하는 것이다.

팬 한 명이 개인적으로 하든, 몇몇 팬이 모여 합동으로 하든, 팬클럽 전체가 하든, 팬들이 케이팝 스타에게 선물하는 것을, "종속국이 종주국에 때를 맞추어 예물을 바치던 일. 혹은 그 예물"을(국립국어원 표준국어대

---

141 나는 #해피예삐_두돌 문구를 혼자 생각해서 만들었는데, 일부 주최자들은 기념일 당사자인 케이팝 스타가 팬 사인회나 영상통화 중 직접 지어 준 해시태그 문구를 사용하기도 한다.

사전, n.d.) 뜻하는 단어인 '조공朝貢'으로 표현했었다. 그러나 몇 년 사이 팬덤에서 조공이라는 용어를 거의 쓰지 않고 있다. 맨 처음 팬들은 '시기에 맞춰 준다'는 행위와 '선물'에 초점을 맞춰 조공이라 표현했을 테지만, 시간이 지나자 그들은 단어가 가리키는 '주종 관계'에 함축된 부정적 의미를 인식하고 재고하게 되었다. 게다가 앞 장에서 살펴봤듯이 케이팝 스타와 팬덤 간 관계는 점차 수평의 방향으로 변화하고 있는 상황이다. 그리하여 현재 케이팝 신에서는 선물 증정 시 '서포트support'라는 영단어가 조공을 대체하고 있다. 생일과 데뷔 기념일뿐 아니라 배우를 겸업하는 아이돌 가수의 촬영일, 라디오 DJ 혹은 텔레비전 프로그램 MC로 데뷔하는 아이돌의 첫 방송일 등에도 팬들은 서포트를 진행한다. 이러한 경우 커피, 주스, 분식, 도시락처럼 먹거리로 서포트하여 해당 아이돌 스타는 물론 현장에서 함께 일하는 동료, 스태프 모두에게 제공한다. 그러므로 서포트는 조공에 비해 보다 넓은 맥락에 적용될 수 있다. 그런데 최근 SM엔터테인먼트, YG엔터테인먼트, 하이브 산하 레이블이 된 플레디스PLEDIS 엔터테인먼트와 같은 대형 기획사를 중심으로, 앞 장에서 언급한 팬 사인회 중 선물 증정을 포함하는 어떠한 형태의 서포트도 일절 받지 않겠다는 방침을 공지하였다. 이에 팬들은 스타의 기념일에 선물 대신 스타와 팬덤의 이름으로 자선, 구호, 보호 단체에 기부함으로써 서포트 방식을 확장시키기도 한다. 물론 이러한 방침과 상관없이 예전부터 케이팝 팬들은 서포트 외에 기부라는 팬덤 수행을 해 왔다.[142] 3장에서 케이팝 콘서트 음악하기의 일환으로 설명했던 기부 화환

---

[142] 케이팝 아이돌 팬덤 이전에 서태지의 팬클럽에서 모금하여 서태지 이름으로 브라질 아마존 구역에 식수하고 현지인에게 관리를 위탁하여 밀림 보호 활동을 펼쳤었다(Kim

또한 그 예이다. 자신의 팬들을 좇아 스스로 생일에 기부를 실천하는 스타도 등장하면서, 케이팝 기념일 이벤트를 구성하는 기부 행위 참여자의 범위는 팬덤을 넘어 스타로까지 확대되고 있다.[143]

기념일 이벤트가 팬덤의 의례이자 축제이니만큼 서포트 진행 역시 일정한 형식에 의거한다. 앞서 언급한 것처럼 팬들이 단체로 서포트를 하는 경우 우선 모금을 하고 모인 금액에 따라 어떤 물품들을 선물할지 내부 회의, 투표 등을 통해 정한 후, 소수의 대표자, 즉 총대가 구입에 나선다. 구입한 선물들은 포장 전문가에게 맡겨 마무리 한다.[144] 기획사에 선물을 전달하기 전 구체적인 사진이 포함된 선물 목록을 이미지 파일 형태로 만들어 팬클럽 혹은 팬 커뮤니티에 공유함과 더불어, 전달을 입증하기 위해 기획사 건물 앞에서 최종적으로 포장된 선물 상자들을 사진 찍어 올린다. 개인 팬이나 적은 인원이 합동으로 서포트를 진행할 때도 마찬가지의 형식으로 이루어진다(그림 25). 단 팬클럽, 팬 커뮤니티가 아닌 팬 각자의 소셜 미디어 계정에 사진을 게시하는 차이가 있다. 선물 목록 사진과 전달 직전 포장된 선물을 기획사 앞에서 찍은 사진을 공유하는 이유는, 나중에 스타가 서포트로 받은 물품을 착용, 사용하는 장면이 자체 콘텐츠 포함 미디어에 노출되었을 때보다 많은 팬들이 '서포트 인

2017). 이처럼 환경 운동에 기여하는 기부 활동은 현재까지 여러 케이팝 아이돌 팬들에 의해 지속되고 있다.

143 능동적으로 행동하는(activism) 팬덤에 영감, 영향을 받아 정치, 사회 활동에 동참하는 케이팝 스타에 관한 저자의 의견이 포함된 해외 매체 기사를 https://theworld.org/stories/2021-04-01/can-k-pop-stars-wield-their-celebrity-influence-climate-action 에서 볼 수 있다.

144 선물에 명품 브랜드 제품이 포함되어 있다면 구입 시 명품 매장에서 포장해 준 대로 전달하기도 한다.

증'을 알아챌 수 있기 때문이다. 팬이 스타에게 증정한 선물을 '인증받는다'는 것은 어떤 의미가 있는지 이 책의 나가기 부분에서 조금 더 자세히 이야기하도록 하겠다.

앞서 살펴본 바대로 케이팝 팬덤의 기념일 이벤트는 참여자들이 일련의 양식화된 행동을 순서대로 반복하여 수행한다는 점에서 축제, 의례가 된다. 또한 팬들이 기념일 및 스타를 알리는 광고 사진, 영상을 볼 수 있는 곳과 이벤트가 개최되는 카페를 순회하는 '투어'는 마치 신자들

그림 25. 2021년 대휘 생일 나흘 전 덕메 I와 각자 마련한 서포트 물품들을 함께 기획사에 전달하기 전 회사 건물 외부에서 찍은 선물들(출처: 저자)

이 종교적 장소를 "순례pilgrimage"하는 것과 유사하다(Yoon 2021). 이러한 면에서 기념일 이벤트는 종교 의례와도 맞닿아 있다. 숭배의 대상인 신, 그리고 케이팝 스타가 의례에 현신現身하지 않는다는 점 또한 비슷할 것이다. 그러나 예수나 부처가 신자들이 주관하는 성탄절, 석탄일 의례에 직접 등장하지 않는 것과는 달리, 스타들(가수, 배우)은 팬덤의 이벤트에 참석하려고 노력한다. 자신의 사진과 영상이 실린 광고판 앞에 가서 '인증샷'을 찍어 소셜 미디어에 공유하면서 광고를 집행해 준 팬들에게 고마움을 표하고, 생일 카페에 예고 없이 방문하여 역시 인증샷을 남기기도 한다. 실제로 케이팝 아이돌 그룹 'CIX'의 멤버 중 한 명은 기획사 근처에서 팬이 개최한 생일 카페에 매니저를 대동하고 깜짝 등장한 적이 있었다. 최근 들어 영통팬싸 중 이벤트 주최자 팬을 통해 참여자들에게

감사 인사를 전하는 아이돌을 심심찮게 볼 수 있다. 주최자는 인사 영상을 녹화, 편집하여 기념일에 맞춰 트위터나 팬카페에 공유하거나, 모바일 기기 카메라로 스캔하면 동영상이 재생되는 특수 포토 카드를 제작해 카페 방문자들에게 배부한다.[145] 스타 대신 가족들이 생일 카페를 순회하며 현장에 있는 팬들과 인사하고 감사의 표시로 즉석에서 팬들의 음료 값을 계산해 주는 경우도 있다. 아쉽게도 직접 뵙지 못했지만 대휘의 어머니는 내가 2021년에 서울 마포구 상수역 부근에서 진행했던 대휘 생일 카페에 방문했었다.

기념일 이벤트와 팬덤 내 경제 활동

이제 케이팝 기념일 '카페' 개시 전, 진행 중간, 마감 후 팬덤 내에서 일어나는 '경제 활동'을 간단히 살펴보도록 하겠다.

사실 기념일 이벤트는 팬들이라면 누구든 주관할 수 있다. 그런데 카페 이벤트의 골자라 할 수 있는 컵 홀더, 포토 카드 및 그 외 굿즈(열쇠고리, 핸드폰 그립톡 등) 제작, 전시와 관련된 작업을 수월하게 진행할 수 있는 팬들은 많지 않다. 즉 이 과정에 필수품인 '사진'을 활용할 수 있는 역량을 가진 팬이라야, 보다 더 원활하게 이벤트를 주최할 수 있다. 따라서 팬덤 내에서 이벤트 주최자는 '찍덕'이나 '홈마'가 대부분이다.[146] 이들

---

145 나 역시 2021년 11월에 있었던 대휘와 영상통화 팬 사인회 중 2022년 대휘 생일 카페 방문자들에게 보여 줄 영상 메시지를 부탁하였고 대휘는 환영 및 감사의 인사를 전했다. 이 영상으로 연결되는 QR코드가 인쇄된 미니 배너를 제작하여 이벤트 기간 동안 카페 계산대 근처에 놓아뒀었다.

은 고화질의 사진을 직접 찍어 사진 사용 및 편집에 있어 저작권의 제약을 받지 않는다. 더구나 홈마는 앞서 3장에서 언급했다시피 자신이 촬영한 사진을 이용해 콘서트 음악하기에 동원되는 물품들 중 하나인 '슬로건'도 종종 제작하므로 이벤트 굿즈 만들기에 충분한 능력이 된다. 이러한 이유로 홈마가 카페 이벤트 주최자의 주축을 이룬다. 기념일 이벤트를 진행하는 홈마와 찍덕 중 일부는 이벤트 시작 전, 종료 후, 그리고 이벤트 중에 카페에 전시하는 사진 액자와 (컵 홀더, 포토 카드 제외) 굿즈를 '판매'하기도 한다. 주최자가 직접 했거나 다른 이에게 의뢰하여 디자인한 굿즈는 이벤트 전에 예약, 즉 선입금을 받아 제작과 판매에 들어간다. 예약 구매한 팬들은 이벤트 기간 동안 카페에 방문하여 굿즈를 수령한다. 사전에 구매를 못한 팬들도 현장 판매되는 동일한 굿즈를 바로 구입할 수 있다. 또한 주최자는 카페에서 주문 시 기본으로 배부되는 특전 포토 카드와 다른 종류의 그리고 포토 카드보다 얇고 가벼운 재질의 용지에 스타의 사진을 인쇄하여 행운권처럼 만들어 1장에 1,000원 남짓으로 판매하면서 높은 순위의 행운권을 뽑은 구매자에게 이벤트 굿즈와 카페에 전시한 액자를 경품으로 증정한다.[147]

보통 의례와 축제 시작 전 참여자들은 그 목적과 형식에 합당한 채비를 한다.[148] 마찬가지로 앞서 서술했다시피 케이팝 기념일 이벤트에 참

---

146 물론 나는 찍덕 혹은 홈마로 분류되는 팬은 아니다. 그러나 앞 장에서 언급했다시피 스스로 팬덤의 기록을 위해 팬 사인회에 참여할 때마다 고성능 디지털 캠코더를 대여하여 현장을 촬영하고 있다. 이렇게 촬영한 고화질 영상에서 캡처한 이미지들을 기념일 이벤트에서 활용하곤 한다.

147 이와 같은 경품 행사, 일명 럭키 드로우가 모든 이벤트 카페에서 진행되지는 않는다.

148 매주 거행되는 기독교의 미사나 예배, 불교의 예불, 성탄절, 부활절, 석탄일 예식, 그리고 브라질 리우(Rio de Janeiro) 카니발(carnival) 등을 준비하는 참여자들을 상상해 보자.

여하는 팬들 또한 수개월 전부터 여러 준비 과정을 거친다. 특히 카페 이벤트 주최자 팬이 컵 홀더와 포토 카드, 이벤트 굿즈에 인쇄할 사진 및 카페 전시 액자에 쓸 사진 선정과 편집에 들이는 시간과 수고는 막대하다. 기념일 이벤트는 팬들의 의례이자 축제인 한편, 기념일의 주인공인 케이팝 스타에게 축하를 전하고, 팬덤 밖 사람들에게 스타를 홍보할 수 있는 기회가 되기 때문에, 주최자들은 사진 관련 작업에 아낌없이 시간과 노고를 들인다. 이러한 노력을 거쳐 나온 굿즈와 사진 액자는 팬덤 내에서 소장 욕구를 불러일으키고 구매 행위로 이끈다. 게다가 기획사에서 대량으로 찍어 파는 공식 MD보다 소량이지만 저렴한 가격에, 사진 포함 디자인 측면에서 훨씬 보기 좋은 물품들을 구입할 수 있는 경우가 대부분이라 많은 팬들이 팬 자체 제작 상품, 즉 '비공식 굿즈' 구입 또한 선호한다.[149] 다시 말해, 팬덤 안에서 수요가 있기 때문에 기념일 이벤트에서 액자 포함 물품이 제작, 판매되는 것이다. 판매를 통해 이익을 거둔 이벤트 주최자는 기념일 직후 수익금으로 스타에게 서포트하거나 기념일 광고를 집행하고, 스타의 이름으로 기부한다. 모든 카페 이벤트

---

149 비공식 굿즈는 '비공굿'이라는 줄임말로도 쓰인다. 팬 제작 굿즈, 특히 홈마가 촬영한 사진을 활용한 물품들을 선호하는 이유로 팬들은 스타의 자연스럽고, 팬들이 좋아하는 가장 아름다운 표정을 포착하는 홈마의 능력을 꼽는다(김정원 2018). 이러한 사진은 기획사에서 일시적으로 고용한 전문 작가가 제한된 시간 내에 찍어 내는 사진과 차별화된다. 촬영 기술 및 장비는 전문가가 월등하겠지만, 덕질하면서 스타를 수없이 봐 온 홈마는 팬들이 가장 보고 싶어하는 스타의 모습과 스타가 가장 빛나는 순간을 카메라 렌즈로 포착할 줄 안다. 또 그러한 결과물을 얻어 내기 위해 촬영을 위해 참석한 케이팝 행사에서 한 번에 최소 수백 장에서 최대 수천 장의 사진을 찍는다. 이처럼 팬덤의 시선에서 스타를 촬영하는 기술, 혹은 촬영한 사진에 투영된 팬들의 시선을 "수니 필터"라고 한다(Kim, 59). 이 표현은 빠순이(빠수니)의 '수니'와 사진 용어 '필터(filter)'가 합쳐진 팬덤의 은어이다.

주최자가 서포트를 진행하는 것은 아니다. 홈마인 주최자는 더 나은 촬영을 위해 판매 수익금을 사용해 장비를 교체하기도 하고, 스타를 보다 가까이에서 찍을 수 있는 팬 사인회, 생생한 무대를 촬영할 수 있는 공연 등에 참가비용으로 쓴다. 즉 홈마는 팬덤에서 자신의 주 '역할'인 사진, 영상 '촬영'에 재투자한다. 그리고 이렇게 업그레이드된 조건에서 찍은 사진들은 후일의 기념일 이벤트 카페에서 또 사용된다. 그러므로 케이팝 기념일 이벤트를 중심으로 수행되는 경제 활동은 단순히 생산, 판매자의 이윤 추구 대 구매자의 소비욕 충족이라는 일반적인 도식으로만 설명될 수 없다. 우선 이 경제 활동에 관여하는 생산, 판매자 그리고 소비, 구매자 모두 '팬덤'의 일원으로서 '정체성'을 공유한다. 또한 각기 다른 행위를 실천하지만 그 활동들을 통해 닿고자 하는 목표는 같다. 달리 말하자면 스타의 기념일 이벤트에서 실행되는 생산과 판매, 소비와 구매는 집단 정체성으로서의 팬덤을 서로 확인하는 방식일 뿐 아니라 '의례와 축제로서의 케이팝 팬덤'을 성공적으로 수행하기 위한 수단인 것이다.

우리들의 축제祝祭, 그들의 축재蓄財

한편, 케이팝 기념일 이벤트에 수반되는 경제 활동의 팬덤을 이용하여 수익을 내려는 팬덤 '밖' 이들도 존재한다. 이와 관련된 일화 또한 소개하고자 한다.

2020년 10월 16일 웅의 생일 카페를 마친 직후였다. 서울 시내 모 카페의 트위터 계정으로부터 디엠이 왔다. 메시지의 내용은 아이돌 가수와 배우 등의 기념일 이벤트 장소로 대관료 없이 카페 공간을 제공하고 있으니 관심 있으면 답신 부탁한다는 것이었다. AB6IX 데뷔 직후 2019년 9월부터 2020년 1월까지 멤버 전체의 생일과 2020년 5월 데뷔 1주년 이벤트를 진행했던 이력이 있는 덕메 I에 따르면 지역에서 소규모로 카페를 운영하는 대부분 사장들은 업체의 소셜 미디어 계정을 운영하면서 기념일 이벤트 주최 팬들에게 먼저 연락을 취하곤 한다. I 역시 카페 사장들로부터 트위터 디엠을 꽤 여러 번 받았다. 이러한 상황에는 경제적인 이유가 있다. 팬덤 주관 케이팝 스타의 생일 카페 문화에 관한 기사에서 인터뷰한 카페 사장은 생일 이벤트 기간 동안 매출이 평소보다 높을뿐더러 이벤트가 가게 홍보에도 도움이 된다고 말한다(Yoon 2021). 일단 어느 한 팬덤의 생일 카페를 성공적으로 유치하게 되면 그곳은 다른 팬덤에도 알려져 해당 스타의 기념일 이벤트 장소로 속속 대여되면서 결국 이벤트 카페로 유명해져 1년 내내 팬들의 발길이 이어지게 된다. 사실 글로벌 기업이나 유명 대기업의 전국 단위 유명 프랜차이즈 카페가 아니고서는 자영업 카페 광고는 쉽지 않으며 광고 효과도 그다지 크지는 않다. 그런데 케이팝 팬덤에서 정기적으로 열리는 의례이자 축제 덕분에 소상공인의 작은 카페가 행사 명소로 입소문을 타고, 행사 기간 동안엔 일정 수 이상의 손님을 확보하는 만큼 수익도 거둘 수 있다. 게다가 최근 들어 이처럼 기념일을 축하하는 팬 활동이 케이팝 가수 팬덤에만 국한되지 않고 다른 분야 연예인, 심지어 만화나 애니메이션 같은 미디어 작품 속 주인공, 즉 가상의 캐릭터 팬덤에게까지 점점 확대되고 있다. 그렇기에 카페 경영자는 행사 주관자인 팬들에게 먼저 접근하면서까지 기념일 이벤트 유치에 나서게 된 것이다.

코로나19 바이러스 확산에 따라 다중이용 시설의 영업시간 및 모임

인원에 제한이 생겼지만 케이팝 팬들은 카페에서 테이크아웃, 혹은 우편을 통해 컵 홀더와 특전을 수령하고, 온라인 전시회를 여는 등 방역 수칙을 어기지 않는 선에서 여전히 기념일 이벤트를 수행하고 있다. 이에 다중이용 시설의 대표격으로 영업에 큰 타격을 입은 영화관 또한 팬덤에 먼저 손을 내밀기 시작했다. 코로나19 대유행 이전 팬들은 높은 비용의 지불은 물론, 영화관 측에서 제시하는 까다로운 요구 조건을 모두 수용하는 복잡한 절차와 다른 팬덤과의 치열한 예약 경쟁을 거쳐 상영관 외벽에 스타의 생일 광고 사진을 게첩할 수 있었다. 그러나 바이러스 대유행 시기 상황이 역전되어 영화관 측에서는 몇 명 이상의 팬들이 '예매'만 해 준다면 스타의 이름으로 상영관을 운영해 주겠다는 공지를 내는 한편, 할인된 가격으로 디지털 포스터 형태의 스타 사진을 영화관에 게첩해 주겠다며 이벤트 주최로 유명한 각 팬덤의 팬들에게 트위터 디엠을 보내기도 한다. 영업에 어려움을 겪는 건 매한가지인 카페에서 팬덤에 보내는 러브콜은 전보다 더욱 적극적이다. 이제 대관료 무료는 기본이다. 추가로 컵 홀더 제작비 전액 지원을 제안한 카페도 있었다. 서울이 아닌 지방에 위치한 카페, 심지어 해외 도시의 카페에서도 주관자 대신 카페 장식에, 이벤트 물품 배송료를 모두 부담할 것이라는 파격적인 제안과 함께 팬들에게 연락해 오고 있다. 작년 10월 이래로 최근까지 국내 대기업 산하 멀티플렉스 영화관을 비롯하여 서울, 지방, 그리고 해외의 카페 경영자들로부터 위와 같은 디엠들을 받았다. 경제학적인 측면에서 팬덤을 본격적으로 연구하지는 않으나, 이러한 경험들로 인해 케이팝 팬덤의 경제적 파급력이 미치는 범위를 새삼 헤아려 보게 된다.

생일 카페에서 발생하는 수익에만 치중해 정작 그 경제 활동의 주체인 팬덤을 차별하고 존중하지 않는 영업 방식으로써 케이팝 팬들뿐 아니라 트위터 사용자들 사이에 논란이 됐던 영업장(카페) 사건이 얼마 전 발생했다. 이른바 빅big4(SM엔터테인먼트, YG엔터테인먼트, JYP엔터테인먼트, 하이브) 기획사 소속은 아니지만 국내보다 해외에서 특히 엄청난 인기를 구가하는 유명 케이팝 아이돌 그룹의 한국 팬이 그룹 멤버 생일 이벤트를 준비하며 서울시 마포구에 소재한 한 카페에 장소 이용을 문의했다. 개업부터 '생일 카페'를 표방한 곳이었다. 카페 사장은 문의한 팬에게 생일 당사자가 누구인지 묻고 그룹명을 듣자마자 해당 날짜엔 다른 아이돌 가수 생일 '예약을 받을 예정'이라며 거절했다. 카페 트위터 계정에도 대형 기획사 소속 아이돌 그룹 멤버들을 특정하여 그들의 생일 이벤트만 예약 받는 중이라고 공지했다. 대형 기획사 가수의 생일 이벤트라 할지라도 사장은 주최자 팬에게 이것저것 규정을 제시하고 따를 것을 요구했다. 그중엔 이벤트 일일 방문자가 일정 수에 미치지 못하면 예약금 환불 불가에 마치 '벌금'처럼 추가 대관료를 더 물어야 한다는 조항을 비롯하여, 지방 팬이 직접 오지 않고 서울에 있는 동료를 통해 이벤트 준비하는 것은 카페 영업에 '민폐'라고 지방 팬의 개최를 사전에 차단하는 조항, 가장 심각하게는 커미션으로 제작한 컵 홀더만 이벤트에 사용해야 한다는 조항이 있었다. 커미션이 아닌 개인 도안 컵 홀더를 쓰려면 카페 사장에게 도안을 '검열'받아야 했다. 이러한 '사실'들이 드러나자 생일 카페 문의를 단칼에 거절당한 팬덤은 물론 다른 가수 팬들, 일반 트위터 유저들까지 가세해 거절 메시지 및 이벤트 규정 캡처 이미지를 인용 리트윗하며 이구동성으로 카페 사장의 언행을 비판했고, 한때 업체 상호가 실시간 트렌드에 오를 정도로 온라인상에서 공분은 대단했다. 모르긴 해도 이러한 공개적인 방식 말고도 카페 계정으로 책망하는 디엠을 보낸 이들도 상당했을 터이다. 이에 카페 사장은 해명과 사과의 트윗을 두어 번 게시했다. 그러나 팬들 및 트위터 사용자들은 여전히 냉담하다. 해당 카페에서 진행 예정이었던 빅4 기획사 소속 아이돌 가수의 생일 이벤트 또한 예약이 줄줄이 취소되고 있다. 그곳은 고객을 '호구' 취급하고 서비스는커녕 오히려 '갑질'이나 해 대는 '악덕 업체' 꼬리표가 붙고야 말았다. 3장에서 스타 관련 상품을 구매하는 팬들이 제작, 판매, 유통자로부터 무시당하는 상황에 대해 이야기했었다. 그 경우 팬덤의 소비가 스타에게 직간접적으로 도움이 되기도 하여 팬들은 부당한 처우를 감내할 수 있었다. 하지만 팬덤의 기념일 이벤트는 그와 성격이 좀 다르다. '우리만의 의례이자 축제'이다. 이를 돈벌이 수단으로만 치부하는 업자들에 의해 의례와 축제에 쏟는 우리의 정성, 의례와 축제에서 마땅히 누려야할 우리의 행복이 훼손된다면 '불매운동'으로 귀결될 것이다.

제6장

'마망 놀이'

2015년 8월부터 2016년 9월까지 한국에서 박사논문 현장 연구를 수행할 때 케이팝 한국 여성 팬들의 가장 흥미로운 하위문화subculture 중 하나가 '마망' 놀이였다. 마망은 어머니라기보다 엄마에 가까운 불어 'maman'의 발음과 뜻을 그대로 가져와 사용되고 있는 용어이다. 그렇다면 마망 놀이는 '엄마' 놀이를 의미하는데, 이 놀이에서 '팬'이 엄마(마망) 노릇을 하고 케이팝 아이돌 '스타의 모습을 본 딴 인형'이 아기가 된다. 이 장에서는 하위문화적인 케이팝 팬덤의 마망 놀이, 즉 인형 놀이의 양상을 살펴보고, 이러한 실천이 어떻게 해석될 수 있는지 짚어 보도록 한다.

현재까지 학계에서 많이 논의되지는 않았으나 인형은 대중문화 팬덤의 다양한 현상과 실천을 읽어 낼 수 있는 주제들 중 하나이다. 그리하여 우리는 스타워즈Star Wards 관련 굿즈 중 등장인물의 피규어figure나 장난감 시장이 크게 형성되어 있는 실정을 이미 목도했으며, 일본 만화와 애니메이션 팬들이 캐릭터 피규어 수집 및 제작에 열광하는 상황을 미디어에서 종종 접하곤 했다. 이처럼 성인들이 수행하는 "인형 혹은 장난감 팬덤toy fandom"은 단지 "취미hobbies"나 "수집collecting"의 수준을 넘어 "창의적creative", "사회적social" 실천에 이른다(Heljakka 2017, 91). 카트리나 헬야카Katriina Heljakka는 성인 장난감 팬들을 "수집가toy collectors", "장난감을 주제, 소재로 활용해 창작하는 예술가"toying" artists", "장난감 디자이너toy designers", "장난감으로 일상의 놀이를 즐기는 사람everyday players"으로 분류한다(2013). 케이팝 팬들은 헬야카가 분류한 수집, 창작 및 생산, 놀이의 모든 행위들을 아우르며 마망 놀이에 임한다.

한국의 케이팝 팬들이 언제부터 스타의 모습을 본 뜬 인형을 자발적으로 만들어 소비하기 시작했는 지 정확히 알려지지는 않았다. 다만 인형을 제작하는 팬들의 도안은 '모에'화化된 케이팝 스타의 캐릭터가 바탕이 된 '2차 창작물'인 점에 미루어, 모에라는 용어가 처음 등장한 일본 대중문화의 영향을 받은 것으로 추정할 수 있다. 모에는 본디 '싹트다'를 의미하는 일본어 '모에루萌(も)える'에서 비롯되어, 대중문화의 캐릭터, 혹은 캐릭터가 기인하는 특정 기호에 열광하는 감정이나 상태를 나타내는 하위문화 은어이다(홍성윤 2017; Kim 2017). 그리하여 만화, 애니메이션, 게임 '오타쿠'들이 캐릭터에 대한 자신들의 강한 애정을 표현하고자 모에라는 용어를 전유하기 시작했다(Kim, 217). 그리고 오타쿠 문화의 영향에서 성장한 2000년대 일본 젊은이들이 "사랑스럽고 귀엽고 예쁜 느낌"을 주는 대중문화 캐릭터의 외형 및 기호를 모에로써 표현했다(윤경철 2005). 이에 산업이 '모에 코드'를 적용시킨 귀엽고 앙증맞은 만화와 게임 캐릭터 생산에 주력하고, 드라마, 영화 주인공으로 사랑스럽고 귀여운 이미지의 배우를 내세우면서, 모에는 일본 대중문화에서 주요 마케팅 전략이 되었다. 따라서 일본 대중문화의 한국 팬들도 모에 개념을 자연스레 인지하게 되었고, 다른 분야 팬덤이 모에를 참조하면서 모

에 영향을 받은 팬 창작물이 탄생하게 된 것이다. 특히 한국 대중문화의 맥락에서는 동안童顔이거나 실제 어린 나이라 귀엽게 보이는 연예인들을 향한 팬들의 애정, 또는 그 귀여움을 특징으로 재탄생한 스타의 캐릭터 및 캐릭터를 활용하여 생산된 인형 같은 상품에 대한 팬들의 기호 모두 용어 모에로 묘사한다(Kim, 217-218). 케이팝 산업 역시 팬덤의 모에 선호를 반영하여 아이돌 가수들의 모에 캐릭터를 프로모션에 이용해 왔다(Kim, 218). SM엔터테인먼트가 2015년 샤이니 정규 4집 리패키지 앨범 《Married To The Music》의 동명 타이틀곡 뮤직비디오에서 시도한 호러 콘셉트에 착안하여 샤이니 멤버들을 늑대인간, 프랑켄슈타인, 흡혈귀, 좀비, 악마 등 캐릭터로 모에화시켰던 것이 대표적인 예라 할 수 있다(그림 26).[150]

---

[150] JYP엔터테인먼트는 소속 아이돌 밴드인 데이식스(DAY6), 아이돌 그룹 스트레이 키즈(Stray Kids)와 전(前) 소속 아이돌 그룹 갓세븐 멤버들을 모에화된 캐릭터로 만들어 인형을 비롯한 공식 굿즈로 출시해 왔다. 모바일 메신저 업체 라인(LINE)이 아이돌 그룹 방탄소년단, 잇지(ITZY)와 협업하여 그룹 멤버들이 손수 그린 만화풍의 캐릭터 BT21(방탄소년단), 윗지(WDZY)(잇지)를 활용한 상품을 제작, 판매한 것 또한 케이팝 산업에서 모에가

　앞 문단에서 언급했다시피 케이팝 팬들은 스타를 모에화한 캐릭터로 그려 낸 2차 창작을 수행해 왔다. 팬덤 내에서 이러한 창작물을 흔히 '팬 아트fan art'라 일컫는다.[151] 자신이 탄생시킨 모에 캐릭터를 기반으로 한 일러스트레이션 작품들을 소셜 미디어에 공유만 하는 팬들이 있는가 하면, 또 다른 팬들은 이를 활용하여 캐릭터가 인쇄된 스티커, 엽서, 달력, 메모지, 열쇠고리 등을 만들어 다른 팬들에게 무료 나눔 혹은 판매를 한다(그림 27). 모에 캐릭터로 창작 활동을 하는 일부 팬은 커미션을 받고 인형을 생산, 판매하는 팬들에게 도안을 제공하거나, 아예 직접 인형 제작에 뛰어 들기도 한다(그림 28). 이렇게 케이팝 스타의 모에화된 캐릭터를 이용하여 생산된 인형을 팬덤 내에서는 '솜뭉치'(준말 '솜')라 부른다. 헝겊 재질의 인형 속이 솜으로 채워지기 때문이다.

　한편, 케이팝 아이돌을 본뜬 인형만 솜뭉치로 불리는 것은 아니다. 솜

　　적용된 사례들이다.

151　물론 팬 아트에는 모에 캐릭터 일러스트레이션뿐 아니라 수채화, 수묵화, 유화, 데생 혹은 스케치, 캘리그래피(caligraphy) 등 다양한 스타일과 기법의 팬 창작물들이 모두 포함된다.

그림 28. AB6IX 웅의 모에 캐릭터 팬 아트 작가인 ABNEW가 손수 제작까지 맡았던 웅 인형을 자신이 개최한 웅의 생일 카페에 전시해 놓았다. 그에게서 구입한 저자의 인형을 양 옆에 세워 찍은 기념사진 (출처: 저자)

뭉치라는 용어는 대상이 누가 되었던 2차 창작된 모에 캐릭터가 도안으로 만들어진 봉제 인형 전부에 적용된다. 다시 말해, 케이팝 아이돌 팬덤 밖에도 솜뭉치와 함께 마망 놀이를 즐기는 이들이 존재한다. 그들은 대부분 영화, 드라마와 같은 '대중문화 미디어 장르'와 작품 속 '등장인물', 나아가 그 역할을 하는 '배우'의 '한국 팬'이다. 즉, 이 팬들은 팬덤 실천의 일환으로써 자발적, 자체적으로 인형을 제작하고 소비한다. 이에 따라 마블 유니버스Marvel Universe의 캡틴 아메리카Captain America와 캡틴 마블Captain Marvel, 아이언맨, 블랙 위도우Black Widonw, 스파이더맨Spider Man, 닥터 스트레인지Doctor Strange 솜뭉치 마망들의 계정을 트위터에서 어렵지 않게 찾아볼 수 있다. 한국 영화배우 류준열의 솜뭉치 마망들도 있으며, 임영웅, 영탁, 이찬원처럼 젊은 트로트 가수의 팬들 또한 솜뭉치를 만들어 마망 놀이를 한다. 최근에는 '무속성 인형'이라고 하여 연예인을 모델로 한 솜뭉치가 아닌 '순수 창작' 모에 캐릭터 솜뭉치가 등장하여 마망 놀이에 동원되고 있다.

박사논문 현장 연구 시절엔 외부자의 시선으로 그저 관찰만 했던 마망 놀이를 2019년 11월 이래로 직접 하는 중이다. 이제부터 AB6IX 멤버들뿐 아니라 다른 케이팝 가수(아이유, 레드벨벳 멤버 아이린, 박지훈) 포함 총 25개의[152] 인형을 보유하기까지 경험들을 토대로 마망 놀이라는 케이팝 팬덤의 하위문화에 대해 보다 구체적으로 이야기해 보도록 하겠다.

그 근원이 케이팝 아이돌이든 한국의 트로트 가수나 배우든 마블 유니버스의 슈퍼 히어로super hero든, 인형을 만드는 팬들은 그들의 트위터 계정의 이름과 같은 고유 별명을 솜뭉치에 부여하는데, 이 별명이 마망 놀이에서 아기 이름이자 마치 상품의 '브랜드'처럼 작용한다는 점은 흥미롭다. 그리하여 일부 인형 제작 팬은 머리색과 표정 등에 작은 변화를 준 도안으로 새 솜뭉치 모델을 출시할 때마다 브랜드 명에서 파생된 새로운 이름을 인형에 붙이기도 한다. 예를 들어 나에게 있는 AB6IX 멤버별 솜뭉치의 브랜드 및 모델명은 다음과 같다(표 2).

고유한 이름과 함께 솜뭉치의 도안이 정해지면 인형을 생산하는 팬은 솜뭉치와 동일한 명칭의 계정, 혹은 이미 브랜드가 된 계정에 도안을 공개하고 다른 팬들을 대상으로 수요 조사를 한다. 수요 조사의 이유는 인형 제작을 위한 최소 생산 수량이 대략 200개가 되어야 하기 때문이다. 공개되는 도안에는 솜뭉치의 발가벗은 본체뿐 아니라 의상이 포함될 수도 있다. 의상은 모델이 되는 케이팝 가수가 화보 및 일상에서 착용한 복장이거나 무대 의상, 출연했던 TV 프로그램 착장, 아니면 가수의 별명인 동물 의상 등이다.[153] 수요자 파악 직후 주문과 동시에 입금이 시작된다. 이 단계를 마치자마자 제작자 팬은 도안을 바탕으로 인형의 생산

---

152 팬덤 자체 제작 인형 24개와 AB6IX 소속사 브랜뉴뮤직에서 데뷔 1주년을 맞아 공식 굿즈로 제작, 판매한 인형 1개.

153 본체와 의상을 함께 제작하면 인형에게 입힐 옷까지 한번에 구입하게 되는 이점이 있는 반면, 생산 기간이 길어질 수도 있다는 단점이 있다.

표 2. 저자 보유 AB6IX 솜뭉치

멤버	인형 모델 이름(인형 크기)[154]	인형 브랜드명
전웅	새싹웅(20cm)	임리다와 새싹웅
	순둡웅(15cm)	순둡웅
	꼼웅이(15cm)	꼼웅이[155]
	꼼웅이 2(15cm)	꼼웅이
	미니식스 웅(10cm)	휘밍이[156]
김동현	미니식스 동현(10cm)	휘밍이
	꼬마동(15cm)	꼬마동
박우진	우리찌니(15cm)	우리찌니
	박말랑군(15cm)	박말랑군
	박도톨군(15cm)	박말랑군
	깐도톨군(15cm)	박말랑군
	콩말랑군(10cm)	박말랑군
	핑콩말랑군(10cm)	박말랑군
	미니식스 우진(10cm)	휘밍이
이대휘	휘찡이(15cm)	휘찡빵과 깜장콩휘
	휘빵이(15cm)	휘찡빵과 깜장콩휘
	파인휘밍이(20cm)	휘밍이
	체리휘밍이(15cm)	휘밍이
	미니식스 대휘(10cm)	휘밍이

154 가장 흔한 크기의 솜뭉치는 20cm이고, 그 다음으로 많이 만들어지는 크기는 15cm이다. 한때 드물게 40cm 인형이 제작된 적 있었고, 최근에는 10cm 인형 제작도 점점 늘어나고 있다.

155 앞서 그림 28 설명에서 언급한 ABNEW가 도안하고 스스로 제작한 인형이 바로 '꼼웅이'이다.

156 앞서 그림 27의 팬 아트 작가 ABNEW가 '휘밍이' 시리즈 도안에 참여했다.

샘플을 만들어 주문자들과 수정할 곳이 있는지 논의한다. 수정 사항 수렴 후 이전 입금 시기를 놓친 팬들을 위해 단기간 추가 주문을 받는다. 추가 주문은 최소 생산 수량을 채우기 위해 진행되기도 한다.[157] 추가 주문까지 마감되고 제작이 확정되면 수정 과정을 거친 최종 샘플이 국내나 중국 소재 봉제 공장에 보내져 솜뭉치의 생산에 들어간다. 생산이 완료된 최소 200개의 인형들은 제작자 팬에게 보내지고 그는 손수 일일이 포장하여 주문한 다른 마망들에게 배송한다. 이 모든 과정은 최소 3개월에서 최장 1년 이상도 소요된다. 여담이지만 2019년 2학기에 내 수업을 들었던 미국인 학생과 케이팝 팬덤의 인형 생산과 소비에 대해 이야기를 나눈 적이 있었다. 나는 그 학생에게 팬이 스타의 솜뭉치를 손에 넣기까지 너무 오래 기다려야 하는 것에 대해 푸념을 늘어놓았었다. 학생은 내 불평을 듣고 '그래도 사람 아기human baby가 세상에 나오기까지 걸리는 기간보다는 짧지 않느냐'며 반문했는데, 그 말에도 일리가 있었다.

위의 경로를 거쳐 인형을 갖게 된 팬들은 본격적으로 마망 놀이에 돌입한다. 이 놀이의 시작이자 놀이에서 가장 큰 부분을 차지하는 활동이 바로 솜뭉치 옷과 액세서리를 구입하여 입히고 꾸미는 일일 것이다. 나역시 생애 최초로 구입한 솜뭉치 '휘쩡이', '휘빵이'가 나체로 배송되자마자 옷과 그에 어울리는 신발, 모자부터 샀다. 또한 마망들은 계절이 바뀔 때마다, 특정 명절과 기념일에 맞춰 의상과 소품을 구입하여 솜뭉치를 치장해 준다. 가령 크리스마스와 핼러윈 데이Halloween Day엔 그에 어

---

157 추가 주문을 받고도 최소 생산 수량을 못 채우면 제작이 무산되는 경우가 벌어진다. 이 때 제작자 팬 사비를 들여 주문량을 맞춰 생산에 차질이 없도록 조치를 취하기도 한다. 이렇게 생긴 솜뭉치 재고는 추후 판매한다.

울리는 코스튬을, 한국 전통명절에는 한복과 아얌, 복주머니 등을 사서 꾸며 주는 식이다(그림 29). 팬덤 내에서 인형이 제작되는 것처럼 인형 의상과 소품 또한 팬들이 만들어 판매한다. 이렇게 솜뭉치 옷을 생산, 판매하는 곳을 '옷장'이라 하는데, 옷장 운영자의 대부분은 마망 놀이를 하면서 자급자족으로 인형에게 옷을 만들어 입히던 팬들이다. 디자인은 물론 뜨개질, 재봉 등에 능한 이들은 소호SOHO 형태로 트위터나 블로그를 통해 손수 만든 의상과 신발, 모자, 가방, 헤어 액세서리 등의 소품을 '소량'으로 판매하고 있다. 솜씨가 뛰어나고 품질이 우수한 옷장의 경우 마망들 사이에서 인기가 꽤 높다. 이러한 유명 옷장에서 구입하는 방식은 '폼림픽', '입금픽'이라는 용어로 표현된다. 옷장 운영자가 제작, 판매할 수 있는 수량만큼만 '선착순' 주문을 받고, 구입을 원하는 마망들은 '올림픽' 메달 경쟁을 하듯 정해진 시각에 딱 맞춰 재빠르게 주문 '폼form'을 작성해서 제출하거나 '입금'을 완료해야 하기 때문이다. 폼림픽과 입금픽은 구매에 성공하기 위해 이토록 치열하게 경쟁하는 소비자 팬들의 형편을 묘사하는 신조어이자 팬덤 내 은어이다. 앞 장에서 살펴본 '홈마'를 중심으로 실행되는 경제 활동과 마찬가지로 인형 및 인형 의

그림 30. 솜뭉치 의상과 각종 액세서리를 판매하는 '소품공장'의 오프라인 매장 외부 및 내부. 서울 마포구 서교동에 위치하고 있다(출처: 저자).

상, 소품의 판매, 구매 활동은 대개 블랙마켓의 형태로 이루어진다. 그러나 홈마들과 달리 옷장들 중엔 아예 정식 사업자로 등록해서 온라인 쇼핑몰과 오프라인 매장을 운영하는 이도 있어, 서울 홍익대학교 인근에는 인형 옷과 액세서리를 전문으로 하는 오프라인 매장 두어 군데가 영업 중이다(그림 30).[158] 어떤 마망들은 단지 의상과 소품으로만 인형을 꾸미는 데에 그치지 않는다. 인형이 더 귀엽게 보이도록 인형 볼에 사람이 사용하는 블러셔를 발라 주는 마망들은 꽤 많다. 또한 인형 본체의 세탁, 솜 충전, 수선, 인형 내부에서 관절(뼈)처럼 역할 하는 와이어 삽입 등을 시도한다. 이런 일들을 '목욕', '경락', '치료', '수술'로 칭하며 일정 수고비를 받고 대신해 주는 소수의 마망도 팬덤 내에서 찾아볼 수 있다. 이와 같이 케이팝 팬덤 내에는 마망 놀이에 즐거움을 배가시켜 주는

---

158 이 중엔 원래 일본 만화와 애니메이션, 게임 캐릭터 피규어의 의상 및 소품만 판매했다가 케이팝 팬덤 마망들의 수요에 맞춰 솜뭉치 용품도 함께 취급하게 된 상점이 있다.

'직종'이 생겼고, 생산자와 소비자, 판매자와 구매자가 교류하는 가운데 '새로운 시장'도 생성되었다.[159] 따라서 마망 놀이를 케이팝 팬덤의 하위 문화라고 한다면, 마망 놀이에서 주축이 되는 생산과 소비, 판매와 구매 활동은 팬덤의 하위문화적 경제 활동으로 제안하고자 한다. 한담을 보태자면 나와 B는 각자의 솜뭉치를 데리고 왕왕 만난다. 우리는 옷장 정보를 교환하거나 '배송료' 절약을 위해 한 사람이 몰아서 주문할 때도 있다. 폼림픽과 입금픽을 간신히 통과해 무사히 받은 인형 옷과 액세서리로 서로의 솜뭉치들을 스타일링하며, 케이팝 팬덤의 마망 놀이에 수반되는 이 현상들(옷장이라는 새로운 직업 창출 및 마망들 사이의 거래에서 블랙마켓 형성)이야말로 이전 정권에서 주창했던 '창조경제'를 제대로 개념화하고 있는 게 아닌가 농담하곤 한다.

AB6IX 솜뭉치를 하나 둘씩 모으는 가운데 난 20cm 크기의 아이유 인형인 '만사장'과 레드벨벳 멤버 아이린 인형 '보라린' 15cm짜리도 주문했다. 만사장과 보라린을 주문하기 전에는 AB6IX 멤버 성별에 따라 '남성복'만 구입해 입혔었다. 물론 온라인 옷장의 샘플 사진 및 오프라인 매장의 진열대를 보면 남자 아이돌 솜뭉치가 피팅 모델이 되어 '여성 드레스'를 입고, '여성적인' 헤어 액세서리, 모자 등을 착용하고 있는 경우가 매우 흔하다. 다른 마망들 또한 자신의 남성 솜뭉치에게 '여성복'을 입히고 찍은 사진을 트위터에 올리며 놀이를 즐긴다. 이들의 실천은 인형 놀이를 통해 사회에 공고한 성별화性別化에 도전할 수 있음을 시사한다. 다시 말해, 마망들은 다른 성별에 특유한 의상을 솜뭉치에 입히는 '복장 교

---

159 결은 다소 다르지만 반려동물을 기르는 인구가 늘어나 관련 산업이 성장한 것과 유사한 현상으로 이해할 수 있을 것이다.

차cross-dressing'를 통해 '성별 교차gender-crossing' 및 '중성적gender neutral', 나아가 '무성적genderless' 이미지를 창출해 냄으로써 성별 고정 관념에 반反하는 '성별 수행gender performativity'을 실험해 볼 수 있는 것이다. 나는 만사장과 보라린이 생산 완료되어 도착하기를 기다리면서 그때까지 구입한 적 없었던 스커트와 여성 드레스, 꽃과 레이스로 장식된 머리띠, 리본 등을 사들이기 시작했다. 사실 일반적으로 '여성적'이라고 간주되는 의상과 소품으로 만사장과 아이린을 꾸며 주려는 생각은 애초에 없었다. AB6IX 솜뭉치용으로 이미 구비해 놓은 옷들이 있으니 '나 자신'이 평소 치마를 입지 않고 바지에 운동화만 착용하는 것과 동일한 맥락에서, 두 여자 아이돌 인형에게도 '유니섹스 룩'으로 연출해 주면 좋겠다고 생각했었다. 그러나 마음이 바뀐 것은 다른 마망들처럼 남자 아이돌 솜뭉치에게 여성 의복과 장신구를 착용시키며, 인형 놀이라는 하위문화를 통해 어떻게 케이팝 팬덤이 성별 수행의 장으로 기능하는지 내가 직접 알아내고 싶어서였다. 그 이래로 솜뭉치 스타일링으로써 자유롭게 성별 교차를 실행하고 있다(그림 31). 아직 많은 사회들에서 '정상적이지 않은' 행위로, '퀴어queer'라며 무시당하고 차별받는 이들의 그 행위를 말이다.

그림 31. 아이유 인형 만사장 (왼쪽)과 동일하게 블라우스와 꽃무늬 원피스, 리본 달린 머리띠를 착용한 우진의 솜뭉치 '박말랑군'(출처: 저자)

　이 장의 시작에서 마망이라는 용어의 유래를 언급하였다. 엄마를 뜻하는 마망은 팬이 스타의 인형을 갖고 행하는 놀이 형식뿐 아니라 놀이 내 서로의 역할 및 관계를 나타낸다. 이에 따라 놀이에서 쓰이는 어휘 또한 특정된다. 팬들의 인형 주문, 구입은 '입양'이라고 일컬어진다. 앞서 상술한 솜뭉치 치장은 어린 자식이 입을 옷을 마련해 입히는 '부모의 역할'과 다름없다. 또 마망 놀이를 한 번이라도 경험해 본 팬들은 알 것이다. 그들이 입양한 솜뭉치는 단지 장식용이 아님을. 대부분 마망들은 이전 장들에서 논한 각종 케이팝 행사에 인형을 지참한다. 딱히 케이팝과 관련이 없는 운동 경기와 영화 관람, 여행, 외식 등의 상황에도 솜뭉치를 소지하는 팬들 역시 다수이다(그림 32). 이는 부모가 자식만 집에 남겨 둘 수 없어 데리고 다니거나 자식에게 다양한 경험을 시켜주기 위해 동반하는 것에 비할 수 있다. 실제로 과거 박사논문 연구 참여자였던 엑소 팬 중 한 명은 찬열 인형과 함께 가족 여행을 간 적이 있었다. 여행지 산 정상에서 전망대에 설치된 망원경으로 경치를 감상하던 그는 문득 자신의 '아기'에게도 그 광경을 보여 주고 싶다는 마음이 들었다. 망원경 접안렌즈에 인형 얼굴을 갖다 대며 '우리 아기도 경치 한번 볼까'

혼잣말하니, 지켜보던 자기 어머니가 '인형이 네 아이면 나는 인형의 할머니인 것이냐'고 우스갯말로 대꾸하더란다. 가족들은 처음엔 그 팬이 아이돌 인형을 갖고 노는 모습을 기이하게 여겼지만 그의 케이팝 팬덤을 용납하는 것과 같이 마망 놀이 또한 인정해 주고, 특히 어머니는 고등학생 딸이 입시 준비로 바빠지자 가끔 솜뭉치 정리와 세탁, 즉 '목욕'도 시켜 준다. 마치 '손주의 양육을 돕는 조부모'가 연상되는 일화였다.

앞서 인형 혹은 장난감 팬덤에 "장난감을 주제, 소재로 활용해 창작하는 예술가", "장난감으로 일상의 놀이를 즐기는 사람"이 포함된다는 헬야카의 분류를 소개했었다. 케이팝 팬덤에서 인형 놀이를 수행하는 마망들이 한껏 꾸민 솜뭉치 사진과, 솜뭉치가 배경이자 일부인 평상시를 촬영해 소셜 미디어에 공유하는 행위는 헬야카가 '예술 활동'과 '유희'로 구별한 장난감 팬덤의 방식들을 포괄한다. 다시 말해, 마망들의 소셜 미디어 게시물은 인형과 함께 유락遊樂하는 일상의 기록이 되기도 하고, 인형이 모델인 작품이 된다. 뿐만 아니라 케이팝 팬덤의 마망들은 이러한 사진 및 영상에 '텍스트'를 삽입하여 일종의 '스토리텔링storytelling'을 시도하면서 '이야기꾼'의 자질까지 보여 주고 있다.

마지막으로 마망 놀이라는 팬덤의 하위문화, 혹은 팬스케이프를 또 다른 시각에서 간단히 살펴보도록 하겠다. 어떤 팬덤 내에서 솜뭉치와 의상, 소품 제작 및 마망 놀이가 활발하다는 것은 대상이 되는 스타의 높은 인기를 방증한다. 그런데 이런 팬덤을 다시 재고하면 스타가 인기에 상응하는 활동을 펼치지 못할 때 팬들의 인형 놀이가 보다 왕성한 현상을 발견할 수 있다. 달리 말해 공백기가 긴 인기 케이팝 가수들의 팬덤에서 마망 놀이에 참여하는 팬들이 두드러진다. 정확한 통계로 확인된 바 없지만 엑소 팬덤 자체에서 만든 솜뭉치 종류와 수량이 압도적이다. 그만큼 엑소 인형 수요가 높다는 의미이다. 대부분 유명 옷장들 또한 엑소 솜뭉치에게 입힐 의상을 자급자족하다 개업하여 엑소엘(EXO-L, 엑소 공식 팬클럽) 마망들의 성원에 힘입어 고객을 늘려 갔다. 이는 비단 엑소가 전 세계적으로 엄청난 인기의 케이팝 아이돌이라 팬 수가 절대적으로 우세해서인 것 때문만은 아니다. 엑소 소속사 SM엔터테인먼트가 많은 가수들을 기획, 관리하고 있다 보니 순차적으로 활동을 진행시키면 컴백 일정이 연기되는 가수가 생기고, 다인원 그룹의 경우 각 멤버 상황에 따라 부득이 컴백에 차질을 빚기까지 한다. 이러한 이유로 해당 가수의 팬들이 '음악 활동'에 대한 팬덤을 제대로 행할 수 없는 지경에 이르면, 가수 대신 가수를 본뜬 인형으로 실천 가능한 팬덤, 즉 마망 놀이에 보다 집중하는 경향을 보이는 것이다. 실지 엑소는 탈퇴, 해외 현지 활동, 군입대 등으로 인해 멤버 수 및 구성에 변화가 있었으며 휴지기를 가진 멤버들이 있어 이른바 '완전체' 팬덤 수행이 어려운 상황에 놓였었다. NCT 드림 팬인 친구 B도 데뷔 후 활동이 뜸했던 그룹의 컴백을 고대하는 사이 솜뭉치들에 심취하게 된 것 같다고 자평했다. B의 견해를 듣고 나니 AB6IX 전 멤버 영민의 팬들이 하던 마망 놀이가 달리 보였다. '우리 집 어린이'들 중 '새싹옹'을 '세상에 내보낸 이'는 영민이 최애인 ABNEW였다. 그는 영민이 그룹 탈퇴 후 군 입대해 팬들이 기다려야 하는 상태가 되자 새로운 모델의 영민의 솜뭉치를 꾸준히 생산해 내며 다른 팬들의 그리움을 '마망 놀이'로써 달래 주었다. 또 일부 팬들은 새롭게 만든 그의 모에 캐릭터 도안으로 개인이 인형을 맞춤 제작하여 영민의 성姓인 '임' 자가 붙은 고유한 이름을 지어 주고 마망 놀이에 열중하고 있다. 영민이 제대하여 연예계에 복귀한다면 그 팬들의 마망 놀이는 어떤 양상을 보이게 될지 문득 궁금해진다.

제7장

'손민수': 모방, 인용, 탐색, 재현의 팬덤

'따라쟁이'라는 용어를 사용했었다. 겉모습부터 행동, 말투, 표정 등 남의 것이라면 뭐든지 무조건 따라 하는 사람을 '놀림조'로 지칭하는 관용어로써 말이다. 언제부턴가 따라쟁이의 대체어가 등장했다. '손민수'란다. 손민수는 네이버에 연재되었던 웹툰이자 웹툰을 드라마화한 《치즈인더트랩Cheese in the trap》에 등장하는 인물 이름으로 주인공 홍설의 따라쟁이라고 한다. 그런데 손민수라는 표현은 광범위하게 활용되고 있었다. 따라쟁이가 모방하는 사람에만 한정되는 용어인 반면, 손민수는 모방자는 물론 모방의 행위까지 포괄했다. 그리고 손민수라는 용어를 썼을 때는 따라쟁이보다 놀린다는 느낌이 덜했다.[160] 케이팝을 포함하여 한국 대중문화 팬들이 '스타를 모델로 삼아 따라 하는 팬덤'을 수행할 때 스스로 당당하게 손민수로 묘사하는 언어의 전유가 작동했기 때문이었다.

160 물론 원본 텍스트(웹툰, 드라마)에서 홍설 따라쟁이 손민수 역시 부정적인 이미지로 그려진다.

사실 난 10대 시절부터 손민수 개념에 익숙했다. 1992년 봄에 등장한 서태지와 아이들은 신세대의 막강한 팬덤에 힘입어 데뷔 직후 금세 한국 대중음악 신을 석권했다(김정원 2022). 그에 따라 서태지와 아이들이 새롭게 선보여 추구한 '랩'이라는 아프리카계 미국인 대중음악 장르 혹은 음악 스타일이 1990년대 중반부터 한국 대중음악의 주류 형식으로 자리 잡게 되었다. 그러나 서태지와 아이들의 공적은 참신한 글로벌 팝 형식의 가요계 도입 및 성공적인 한국화에 국한되지 않는다. 그들은 랩, 브레이크 댄스break dance가 포함되는 아프리카계 미국인의 '문화'를 의상, 액세서리, 뮤직비디오 배경 등으로 재현시키고 하나의 패키지로써 한국의 관객들에게 경험케 했다. 이에 서태지와 아이들의 주 소비층, 즉 팬이었던 신세대는 음반 구입과 청취, 콘서트 참석, 그룹 출연 텔레비전 프로그램 시청의 음악하기에만 그치지 않았다. 서태지와 아이들이 미국 문화 일부를 재현하기 위해 공연 무대, 뮤직비디오에서 착용한 아프리카계 미국인 스타일의 옷, 모자, 신발과 반드시 동일 제품이 아니더라도 유사한 제품들을 구입해 사용하며 팬덤을 수행했다. 혹자들은 이러한 팬덤을 '유행을 따른다'라고 표현했지만 신세대에게는 단순히 유행을 따르는 행위가 아니었다. 자신들의 '우상(아이돌) 서태지와 아이들을 따르는', 일종의 손민수였다. 이러한 손민수는 신세대가 서태지와 아이들 '팬덤으로 정체화'하는 과정이자 '스스로 구세대와 구별짓기' 위한 방법이었다. 최애(윤종신) 가수가 부르는 발라드 장르를 가장 즐겨 들었으나 빠른 템포, 강한 비트 음악을 선호했던 동생의 영향으로 랩 댄스 음악도 자주 들었던 나 역시 신세대로서 서태지처럼 헐렁한 옷을 입고, 벙거지 모자(버킷햇)를 썼으며 발목까지 올라오는 농구화를 신곤 했었다. 또, 서태지가 착용하는 안경과 동일하게 달걀형의 금도금 금속테 안경을 썼었다. 이것이 내가 처음으로 '손민수한' 기억이다.

21세기는 케이팝 아이돌 포함 "유명인celebrity" 관련 콘텐츠가 뉴스 매체의 "핵심fundamental"을 이룬다(Turner 2010, 11). 가판대 신문, 잡지에서부터 인터넷 뉴스, 심야 텔레비전 프로그램에 이르기까지 유명인들에 관한 다양한 소식을 전한다(Turner, 11). 그래야 독자, 시청자, 네티즌의 주목을 받을 수 있다(Turner 2010). 그리고 그들이 콘텐츠 이미지 속의 유명인이 착용, 사용하고 있는 물품에도 주목하여 그것을 소비하도록 유도할 수 있다. 만약 매체에 등장하는 유명인이 특정 상품을 직접 생산한다면, 혹은 생산에 직간접적으로 참여한다면 반드시 그 상품의 판촉을 목적으로 하는 콘텐츠가 아니라 하더라도 관련 소비는 보다 즉각적으로 따라올 수 있을 것이다. 그런데 기획된 취재가 바탕이 되는 뉴스 매체 콘텐츠뿐 아니라, 임의적인 유명인 관련 소셜 미디어 콘텐츠(유명인이 손수 게시한 콘텐츠, 유명인 팬덤이 공유하는 콘텐츠 모두 해당) 또한 유명인 팔로워들의 관심과 소비욕을 불러일으킬 수 있다. 예를 들어 방탄소년단 멤버 정국이 2019년 1월 공카 채팅 중 언급한 섬유 유연제는 채팅창 이미지가 소셜 미디어에서 화제가 됨에 따라 정국이 사용하는 동일한 제품을 구매하려는 아미들이 몰려 (온라인, 오프라인) 매장에서 해당 상품이 일시적으로 품절되는 상황이 벌어졌다(이미나 2019). 이렇게 현대 자본주의 사회의 미디어가 대중 스타에게 부여하는 역할과 가치는 스타를 쫓아 구매하는, 즉 스타를 손민수하는 팬덤의 소비와 밀접하게 연결된다.

케이팝 신에서 손민수는 분명히 소비의 팬덤에 포괄된다. 그렇다고 오직 소비 활동으로만 귀결되지 않는다. 손민수는 앞서 3장에서 다룬 '구매, 소비 활동을 통한 음악하기'와도 다른 맥락에 놓인다. 팬들이 음악하기의 일환으로 구매와 소비를 행하는 것은 가수의 프로모션에 기여하기 위해서지만, 손민수의 핵심은 모방에 있다. 그러나 그 모방은 단순하게 스타를 따라 하는 행위가 아니다. 서태지와 아이들의 신세대 추종자들이 그러했던 것처럼 자기 정체화와 연관된다. 이제 케이팝 팬덤의 손민수를 어떻게 이해할 수 있을지 ABNEW로서 AB6IX 멤버들을 손민수하고 있는 경험에 비추어 이야기해 보도록 하겠다.

손민수가 특정되지 않은 스타를 모방하는 행위를 일반적으로 일컫는다면, 스타의 이름에서 한 글자를 따와 손 대신 민수 앞에 붙인 용어를 사용함으로써 모방의 대상이 되는 스타를 특정할 뿐 아니라 모방의 주체인 팬덤까지 드러낼 수 있다. AB6IX의 예를 들어 보자면, 웅을 모방하는 경우 '웅민수'라 묘사하고, 동현은 '동민수', 우진의 경우 두 글자 이름을 하나로 합친 '옻'이라는 새로운 단어를 써서 '옻민수', 대휘는 이름의 뒷글자 '휘'를 따와 '휘민수'라 표현한다. 그룹 전체를 모방하는 상황에는 AB6IX의 애칭 '예삐'를 한 글자로 줄여 '엡'으로 쓰고 민수 앞에 붙여 '엡민수'라 말한다. 다른 팬들이 수월하게 엡민수 및 웅민수, 동민수, 옻민수, 휘민수를 할 수 있도록 팬덤 내에는 멤버들이 미디어 콘텐츠에서 착용한 의류, 액세서리, 지참한 물품, 혹은 브이라이브나 프메에서 언급한 제품의 구체적인 사항을 검색하여 게시하는 소셜 미디어 계정을 운영하는 ABNEW가 있다. 이러한 정보 공유 팬은 다른 케이팝 아이돌 가수 팬덤에서도 쉽게 찾을 수 있으며, 특정 스타만 다루는 것에 머물지 않고 아이돌 전체에 아울러 손민수템(손민수할 아이템의 준말) 정보를 올리는 범팬덤 계정도 있다.

나의 최애는 대휘인지라 주로 휘민수를 한다.[161] '휘민수템'은 의류에 집중되어 있다. 대휘가 영상통화 팬 사인회에서 입었던 여러 의상들 중

내 취향에 맞는 파스텔톤 스트라이프가 넓게 직조된 니트,[162] 기모 안감의 후드 티셔츠(그림 17),[163] 그리고 커다란 체리 한쌍이 수놓아진 기모 스트라이프 안감 맨투맨 티셔츠가[164] 보유 휘민수템이다. 난 이 옷들을 평소에 정말로 자주 즐겨 입는다. 의류 외에 호주에서 제조, 판매되는 제품으로 유칼립투스가 함유된 인후통, 기침 완화용 캔디로도 휘민수를 하고 있다. 이 사탕은 대휘가 브이라이브에서 언급했었다. 보컬 지도 선생님에게 받아 써 보니 효과가 좋다고 한다. 가수인 대휘만큼은 아니겠으나 나 또한 강의 때문에 목을 많이 쓰는 직업이라 유용할 것으로 기대하며 호주 소재 회사의 웹 사이트에서 직접 구매했고, 목이 붓고 따끔거릴 때 저 사탕을 휘민수하면 실제로 상당한 도움이 됐다. 따라서 캔디 휘민수는 목의 통증 및 기침 완화에 '대휘와' 동일한 제품을 사용함으로써 그와 '유사한 방식으로 생활'할 수 있게 해 준다[터너 2018(2004)].[165]

앞서 대휘의 옷이 취향을 저격하여 휘민수하고 있음을 밝혔다. 저 의상들은 공통적으로 유니섹스 룩으로 분류되는 스타일이다. 판매 상점

---

161 물론 옷민수로 우진이 인터넷 TV 예능 프로그램에 (스타일리스트가 코디하여) 입고 나온 스웨터, AB6IX의 공식 소셜 미디어 계정에 우진이 게시한 사진에 소품으로 등장해 우진의 소장품이 분명한 패딩 목도리를 구입하여 겨울에 종종 착용하고 있다.

162 https://twitter.com/AB6IX/status/1289885998529179648?s=20&t=20qJG8ihwC0B_9ptMKB QQw에서 대휘가 착용하고 있다.

163 대휘는 이 의상을 색상 별로 모두 보유하고 있는데 나는 그중 흰색과 연보라색 두 벌을 구입했다.

164 https://twitter.com/AB6IX_STAFF/status/1449297153344479237?s=20&t=gHzJiJOXCDtM Yg0pZJMJ6w에서 대휘가 착용한 의상이다.

165 그레엄 터너(Graeme Turner)에 따르면 과거 영화 "팬들은 할리우드 스타를 상징하는 상품 … 소비를 통해 할리우드 스타와 비슷한 방식으로 살아갈 수 있었다"고 한다[터너 2018(2004), 267-268].

의 웹 페이지에서 상품 상세 정보를 보면 남성, 여성 모두 착용 에시 이미지 모델로 등장하고 있다. 또 유니섹스 룩이다 보니 치수는 성별에 구애받지 않도록 나뉘고, 성별 구분 없이 아예 원사이즈로만 제작되기도 한다. 신장이 작지는 않은데 체격 자체가 크지 않고 다소 마른 체형인 내가 저런 옷들을 입으면 심하게 오버사이즈는 아니면서도 몸 선을 모두 가릴 수 있게 된다. 즉, 2차 성징을 거친 여성으로서 보일 수밖에 없는 신체의 굴곡이 거의 드러나지 않는다. 내가 의상으로 휘민수를 하는 이유는 바로 여기에 있다. 휘민수템을 착용하면서 따라 하고 싶은 것은 단지 대휘의 패션 스타일만이 아니다. 나와는 '다른 성별'인 대휘의 '형상을 모방'하고, 휘민수로 그의 '남성 이미지를 내 이미지에 인용'하고자 하는 것이다. 나는 휘민수를 수행하는 동안 '태어난 성性, sex의 신체 특성을 지워, 여성女性, female sex인 내게 사회와 문화가 기대하는 젠더를 일시적으로나마 거부'하고 싶었다.[166] 또 유니섹스 룩으로 '과도한 남성성 masculinity이 희석된 남성의 생김새'와 역시 유니섹스 의상을 착용하여 '지나친 여성성femininity을 내던진 여성의 생김새'를 한꺼번에 표현하는 방식으로 '젠더에 순응하지 않고자gender nonconforming' 했다.[167] 이러한 방식이라면 이성애자 남성이 은연중 나를 잠재적인 성적 대상sexual object으로 바라보는 시선에서도 벗어날 수 있을 것 같았다. 그러므로 내가 행하는 휘민수는 젠더, 섹슈얼리티의 정체화identification이자 '정체성의 재현 identity representation'과 연결된다.

---

166 게다가 난 같은 동기로 몇 년째 쇼트커트를 유지하고 있다.
167 이와 유사하게 방식으로 남성성이 구축, 재현되는 것을 잭 핼버스텀(Jack Halberstam)은 "여성의 남성성(female masculinity)"으로 개념화했다[2019(1988)]. 이 책에서 핼버스텀의 개념을 참조하여 자세히 다루지는 않을 것이다.

친구 C는 조금 특별한 방식으로 손민수한다. C는 최애 덕질의 이유로 '아이돌'인 그 '남성'을 '동경'해서라고 말한 적 있다. 보다 구체적으로 최애가 '남성 아이돌로 재현되는 이미지'를 선망한다는 것이다. C는 자신과 유사한 맥락이라며, 하드록과 메탈 음악 장르의 여성 팬들 중에는 남성 로커를 성적 대상으로 욕망한다기보다 '남성 로커의 이미지' 자체를 동경하는 팬이 있다는 예시를 들려주기도 했다. 아무튼 C는 나처럼 최애가 착용한 의상이나 액세서리, 사용하는 물품을 구입해 소비하지 않는다. 대신 가수와 배우를 겸하는 최애가 출연한 영화에서 보여 줬던 '활동'을 따라 했다. 그리하여 최애가 극중 탭댄스를 추는 것에 C도 강습을 받기 시작했다. 즉 C는 무용수로서 영화 속 최애의 '역할'과 춤출 때의 그 '모습'을 손민수하려 했다. 케이팝 아이돌 팬들이 실천하는 손민수가 대개 보통 사람으로서 아이돌 및 그의 라이프 스타일을 모방하는 것이라면, C가 행하는 손민수는 최애 자체보다는 미디어 텍스트 안에서 아이돌인 최애가 재현시키는 이미지에 초점이 맞추어져 있다.

《치즈인더트랩》의 손민수는 소심한 성격과 낮은 자존감, 그리고 남보다 부족한 사회성으로 인해 학과 동기인 홍설을 무작정 따라 하게 됐다. 현실에서 종종 겪을 법한 상황이자 인물이다. 그런데 케이팝 팬덤의 손민수들은 딴판이다. 일단 '줏대'가 있어 스타를 '따라 하기로 선택'한 것이다. 케이팝 팬덤의 원형격인 1990년대 중반 신세대들부터 구세대와 다른 정체성을 표출하고 자신들만의 하위문화 구축을 위해 대중문화 상품의 소비를 택했다. 그리고 자신들의 우상, 아이돌인[168] 가수 서태

---

[168] 서태지와 아이들은 데뷔 당시 가수로서 활동 목표와 상관없이 "팬덤의 양상과 활동에 의해 우상을 의미하는 문자 그대로의 아이돌로 규정"됐다(김정원 2022, 103).

지와 아이들이 도입해 재현한 외국풍의 복장을 따라 함으로써 해외 대중문화를 자발적으로 체화했다. 21세기 케이팝 팬들 역시 일상을 살아가면서 아이돌 스타 손민수로 아이돌과 비슷한 삶의 방식을 취사선택할 뿐이다. 무엇보다 팬들은 손민수를 구성하는 구매, 소비, 모방의 '팬덤'을 실천하면서 "매체로 매개되는 현대 사회this modern, mediated world"에서 "자신이 누구인지who we are", "스스로를 어떻게 이해할지how we understand ourselves", "남들과의 관계는 어떻게 이해할 것인지how we understand … our relationships to others"에 대한 자문자답에 도달할 수 있을 것이다(Duffett, 7; Cavicchi, 6). 그리고 나는 손민수뿐 아니라, 다른 형식의 팬덤을 수행하면서도 이러한 자문자답을 쉴 새 없이 시도하는 중이다. 이에 관하여는 9장에서 다시 이야기해 보고자 한다.

제8장

성찰하고 반성하는 팬덤

　1장에서 팬덤은 "자아 성찰을 유도하여 서로 공유된 가치와 윤리에 대한 논의를 이끌어" 낼 뿐 아니라, "삶을 가치 있게 만들" 수 있다고 제안했다(Duffett, 18). 케이팝 팬들은 어떻게 성찰하며, 어떠한 케이팝하기로써 가치 있는 삶을 만들어 가고 있을까? 이 장에서는 일부 팬들의 바람직하지 못한 행태와 부조리한 케이팝 스타에 대응하는 팬덤을 살펴보면서 성찰과 반성에 이르는 케이팝하기의 가능성을 짚어 보도록 하겠다. 더불어 성찰, 반성의 팬덤으로 해석될 수 있는 나와 동료 ABNEW들이 참여해 조성한 팬스케이프를 소개하고자 한다.

'사생' OUT, NO '불순이'

　책의 들어가기 부분에서 언급했다시피 2015년 초 박사논문 자격시험을 준비하며 읽었던 《JYJ공화국》은 후에 내가 JYJ 팬덤에 가담하도록 한 계기들 중 하나였다. 과거 카시오페아CASSIOPEIA(동방신기 팬덤 및 공식 팬클럽 명칭)일 때 방관했던 스토커(팬덤 은어로 '사생', 이하 사생)들을[169] JYJ 팬 덤으로 개편하면서 자체적으로 금기시하게 된 경로가 《JYJ공화국》 첫 부분에서 묘사되는데, 나는 이에 깊은 인상을 받았으며 이것이 성찰, 반 성하는 팬덤의 모습이지 않을까 생각했다. 박사논문 자격시험 통과 후 현장 연구를 진행하면서 책의 저자 이승아 선생님, (과거 JYJ 덕메였던) A와 만나 어떻게 JYJ 팬들이 사생 타파 및 근절에 노력을 기울이게 됐는 지 이야기를 들으며 내 생각이 맞았구나 느낄 수 있었다.

2015년 11월 7일 처음으로 준수의 솔로 콘서트를 관람한 날 나는 반 성, 성찰한 팬덤의 위력을 새삼 실감하게 됐다. 토요일 오후 경기도에 서 서울로 향하는 도로, 또 서울 시내 도로는 정말 끔찍하게 막혔다. 공 연 시간은 다가오는데 도무지 차가 전진하지 않으니 너무 조마조마했 다. 콘서트 시작을 10분도 채 남기지 않고 공연장인 잠실 실내체육관에 도착했다. 그러나 여기도 주차할 공간이 보이지 않아 나는 초조함이 극 에 달했다. 객석 출입구와는 반대 측이지만 공연장 후방에 있는 주차장 에 간신히 차를 대고 입장하기 위해 전속력으로 달리면서도 내 차 옆에 주차된 스포츠카가 희한하단 생각은 떨칠 수가 없었다. 콘서트를 무사 히 관람한 후 객석을 빠져나와 주차한 곳으로 향하면서 특이한 점을 발 견했다. 주차장이 가까워질수록 '공연 후 음악하기'를 즐기려는 팬들로 꽉 찬 공연장 객석 출입구 부근과는 대조적으로 점점 더 한산해지고 있 었다. 객석 출입구 부근 어느 지점 이후부터는 인적이 아예 뚝 끊겼다는 표현이 더 적합할 것 같다. 불현듯 알아챘다. 거기가 사생으로부터 준수

---

[169] '사생활을 뒤쫓는 팬'이란 말의 '사생팬'을 줄여 '사생'이라 한다. 팬덤에서는 스토커를 팬 으로 치지 않아 팬을 뺀 줄임말 '사생'이 더 널리 쓰인다.

를 보호하기 위해 팬들이 묵시적으로 금줄을 쳐 놓은 구역이었음을. 내가 주차한 곳은 출연자 출입구 앞이었고, 내 차와 나란히 있던 스포츠카가 바로 준수의 차였음을.

유사한 사례가 아미들에게도 있었다. 그들은 공항에서 기승을 부리는 일명 '붙순이'(스타 옆에 딱 '붙'은 빠'순'이, 즉 스타에 근접, 밀착해 촬영하는 팬을 지칭하는 팬덤 내 은어) 행태를 반성하며 2018년 5월 빌보드 시상식 참여를 위해 미국 LA 공항에 입국한 방탄소년단을 보호하는 활동을 자발적으로 벌였다(이지행 2019). 방탄소년단을 보기/맞이하기 위해 공항에 모인 아미들이 "자신의 몸에 (방탄을 상징하는) 보라색 리본을 묶고 일렬로 질서 정연하게" 늘어서서 혹여 달려들 붙순이로부터 "멤버들을 보호해주는 일종의 보호막 역할을 스스로 자청한 것"이었다(이지행, 159).

'병크'를 대하는 우리의 자세

'병크'라는 말이 있다. '병신病身'과 '크리'라는 단어의 앞글자만 딴 합성어이다. 병신은 신체에 기형이 있는 사람을 지칭하거나 다소 모자란 행동을 사람을 비하하는 욕설이다. 크리는 '크리티컬 히트critical hit'의 준말인데, 비디오 혹은 롤플레잉role-playing 게임에서 상대방을 공격하는 치명타, 결정타를 의미한다. 용어의 유래에서 알 수 있듯 병크는 게임 유저user들 사이에서 주로 사용되었던 은어로, 마치 '바보짓'을 한 것처럼 크리를 잘못 날린 상태를 지적하는 말이다.

'돌판'(케이팝 아이돌 판)에서 병크는 케이팝 아이돌 스타의 스캔들이 터지거나 아이돌이 사회적으로 물의를 일으켰을 때, 또 범죄에 연루된 경우에 사용되며(연승 2021. 247) '터지다'라는 동사가 뒤에 붙어 대개 '병크 터지다'라고 묘사된다. 사실 아이돌이 아닌 내 스타가 '병크를 터뜨린' 적이 있긴 했다. 수년 전 윤종신이 라디오 방송 진행 중 여성을 생선회에 비유한 성희롱 발언을 해 팬으로서 크게 실망했던 기억이 있다. 아이돌 팬덤에서는 더 많은 병크를 겪었다. JYJ 전 멤버 유천은 성범죄자였고[170] 후에 마약 사범으로서 역대급 병크를 터뜨리며 결국 그룹과 소속사에서 방출됐다. 신화의 이민우도 무혐의로 수사가 종결됐다고는 하나 성추행으로 피소되었었다. 이 또한 병크이다. ABNEW가 되고 나서는 영민의 음주운전이 적발되어 면허취소 처분사실이 밝혀지면서 병크를 목도했다.

케이팝 아이돌의 병크는 사건, 사고를 일으킨 '개인의 문제'이기도 하지만 '한국 엔터테인먼트 산업 및 한국 사회의 문제'들이 동시에 작용한 탓이다. 아이돌은 일단 데뷔하고 나면 가수의 역할뿐 아니라 모델, 연기자, 예능인, DJ 등으로 활동한다. 다시 말해, 음반을 발표하고 음악 활동을 하는 것 외에도 CF, 드라마, 영화, 뮤지컬, 예능과 라디오 프로그램 등에 출연하며 빡빡하게 활동한다. 이 같은 전방위적 활동은 현대 자본주의 사회에서 '생존을 위해' 권장되는 노동자의 덕목 중 하나이다(권경우 2011, 311). 그리고 90년대 이래로 대한민국의 엔터테인먼트 산업은 이러한 근로 방식을 아이돌 스타들이 '자발적으로' 수행하도록 장려하여 (혹은 부추겨) 크게 도약했다. 다방면에서 쉼 없이 활동한 성과로 아이돌

---

[170] 경찰에서 무혐의 처분을 받았지만 그가 상대에게 한 행동은 엄연히 성폭행이다. 아무리 유흥업에 종사하는 여성이라도 그의 '성적 자기 결정권'은 존중되어야 한다. 유천은 이를 침해한 성관계를 자행했으므로 성폭행으로 봐야 마땅할 것이다.

은 자신의 "경제, 문화적 자본cultural/economic capital"을 획득하고 축적할 수 있는 반면(Choi, 160), '신체적', "정서적"으로 "어려움"을 감내하기도 한다 (이종임 2018, 212).[171] 또한 또래(10대 중반 청소년부터 20대 초중반의 청년) 집단과는 다른 생활을 영위하고 딴판인 상황에 놓인다.[172] 시각에 따라서는 아이돌이 또래보다 사회생활을 일찍 시작하는 것으로 볼 수 있지만 (이종임, 214), 정작 사회생활에서 만나는 사람들(소속사, 방송국 및 미디어 업체 직원, 행사 관계자, 팬 등 케이팝 실행자들)은 제한적인 까닭에 아이돌의 사회화 과정에 문제가 생길 수 있다는 점을 간과하면 안 된다. 이 사람들 중 일부는 아이돌이 '미디어에 근사하게 재현될 수 있도록' 기획, 자원 제공, 관리와 돌봄을 행하여 그로부터 이득을 취할 뿐이다. 팬들의 경우 미디어에서 재현되는 아이돌 소비로 즐거움을 얻는 동시에 아이돌을 향한 애정과 지지를 표하는 방식으로 아이돌과 관계를 맺는 이들이다. 이러한 조건하에서 아이돌은 자칫 사회규범을 오해, 오판하거나 이로 인해 음주운전, 도박, 마약 등과 같이 사회규범까지 범할 수 있다. 특히 남성 아이돌이 저지르는 성 관련 사건, 사고는 한국 사회의 여성혐오와 관련된다. 여성을 남성과 동등한 '인격체로 보지 않고 대상화'하며 심지어 쾌락을 위해 여성의 '성을 구매할 수 있다'는 여성혐오적 경향으로부터 영향을 받은 것이다.

---

171 젝스키스를 '완(完)덕'하고(스스로가 탈덕 대신 이 표현을 사용) 현재 방탄소년단 팬덤의 일원이 된 친구 E는 기획사가 무리한 스케줄을 강행해 그룹 멤버 슈가의 어깨 부상이 악화되고 처치(수술) 또한 지체되었다며 회사의 아이돌 처우를 혹독하게 비판했다.

172 친구 B는 최애인 NCT 드림의 지성이 만 14세에 아이돌로 데뷔한 후 활동을 위해 중학교를 중퇴하여 보통의 또래들과 달리 학창 시절이 없는 것을 안타까워한다. B에 따르면, 그룹 멤버들이 학창 생활 이야기를 할 때 대화에 제대로 끼지 못하는 지성이 가끔 안쓰러워 보인다고 했다.

최근 들어 학창 시절 학교폭력 가해자였던 전력이 폭로되면서 아이돌의 병크가 터지고 있다.[173] 여러 기획사들이 연습생의 발탁과 아이돌 육성 과정에서 인성人性을 중시한다고는 한다. 회사가 어떻게 인성을 가늠하는지 모르겠으나, 학교폭력은 인성만 가지고 설명되지 않는다. 청소년기에 겪을 수 있는 행동, 품행, 정서, 또래 관계에서의 복합적인 문제들, 그리고 심리 증상이 복합적으로 연관되어 학교폭력이 발생한다(유인선, 정지선 2021, 75). 학교폭력의 유형과 방식 또한 다양하다. 신체폭력에는 신체를 직접적으로 손상시키는 공격뿐 아니라 돈, 물건을 빼앗는 행위도 포함되며, "언어폭력, 집단 따돌림, 사이버 괴롭힘, 스토킹" 같이 간접적, 정서적 폭력은 학교폭력에서 더 높은 비중을 차지하고 매해 증가세에 있다(유인선, 정지선, 65-66). 게다가 이 두 유형의 폭력은 불가분하게 일어난다. 교육부에서는 해마다 학교폭력 실태를 조사하여 발표하고, 이를 바탕으로 실무자와 학자들이 대처 방안을 다각도로 논의하는 가운데 한국 사회에서 학교폭력은 청소년의 심각한 문제로 대두되고 있다. 그런데 청소년이 '아이돌'이라는 공연자이자 '팬덤'이라는 관객으로서 주요한 역할을 담당하는 케이팝계에서는 학교폭력을 청소년 및 사회문제로 이해하기보다 '인성'과만 관련시켜 단편적으로 인지하고, 아이돌의 과거 학교폭력 가해가 제기되었을 때 적절하게 대응하지 않아 더 큰 논란을 불러 일으켰다. 기획사, 아이돌, 팬덤의 학교폭력에 대한 인식이 바뀌지 않는다면 그로 인한 병크는 앞으로도 계속 터질 것이다.

---

173 이에 소속사들은 아이돌의 학창 시절 생활기록부, 소셜 미디어, 소셜 미디어의 대댓글까지 포함한 모든 댓글, 동창들의 소셜 미디어까지 확인한다고 하며, 성격 등을 파악하기 위해 전속 계약 전 아이돌과 충분한 대화를 나눈다고 한다(정한별 2021).

아이돌의 병크는 우선 팬들에게 실망을 안겨 준다. 병크의 정도에 따라 탈덕하는 팬들도 생긴다. 팬덤의 일원이면서 연구자의 입장에서 봤을 때 아이돌 병크로 인해 팬덤이 경험하는 동요와 분열은 보다 중대한 문젯거리이다.[174] 영민이 음주운전 적발과 면허취소 처분으로 활동을 중단한다는 소속사의 공지가 올라오자마자, ABNEW들은 놀람, 상심, 낙담, 분노를 한꺼번에 겪었다. 게다가 영민의 병크는 AB6IX의 두 번째 미니앨범《VIVID》의 발매 예정 바로 나흘 전에 터졌다.[175] 그에 따라 새 앨범 발매 일정이 3주 미뤄졌기 때문에 팬들의 낙심과 노여움은 더 클 수밖에 없었다. 그러나 같은 감정을 느꼈다 하더라도, 해외와 국내 팬덤은 서로 다른 의견으로 첨예하게 대립했다.[176] 일부 해외 ABNEW는 영민의 활동 중단 철회와 복귀를 청하며 AB6IX는 5명이라는 슬로건, 'OT5'('one true five'의 축약형)으로 공식 팬카페의 게시판을 도배하기 시작했고, 영민에게 보내는 응원의 메시지를 올렸다. 반면 대부분의 한국 ABNEW들은 점잖은 원망에서부터 욕설을 섞은 원색적 비난까지, 강도는 달라도 영민의 병크를 꼬집으며 그룹에서 탈퇴할 것을 요구했다. 영민이 그룹에 잔

174 그런데 2021년 NCT의 멤버이자, 웨이션브이(WayV, 威神V), 슈퍼엠(SuperM) 멤버인 루카스가 터뜨린 복수의 병크에 대해서는 한국, 해외 팬들 할 것 없이 한목소리로 그를 비판하고 그의 탈퇴를 촉구하는 대동단결한 팬덤의 모습을 보였다.

175 영민의 음주운전 적발되고 면허취소 처분을 받은 날짜는 5월 31일이었고, 소속사는 6월 4일에 그의 활동 중단을 공지했다.

176 반드시 병크라고는 할 수 없으나 케이팝 아이돌의 연애 등과 같은 쟁점에 관련하여 국내, 해외 팬덤 간 시각 차이에 관해서는 중앙데일리(Korea JoongAng Daily) 윤소연(Yoon So-Yeon) 기자가 쓴 영문 기사를 참조하면 좋을 것이다. 영민의 음주운전과 활동 중단, 그룹 탈퇴를 예시로 한국과 외국 팬덤의 대척 현상에 대한 저자의 해석 또한 이 기사에서 볼 수 있다 (https://koreajoongangdaily.joins.com/2020/08/02/entertainment/kpop/Kpop-fandom-conflict/20200802150701883.html).

재한다면 AB6IX에 '음주돌'이란 꼬리표가 끝까지 따라 붙어, 음주운전과 관계없는 다른 멤버들의 '이미지'마저 '실추'된다는 근거의 주장이었다. 영민은 활동 중지 공지 직후 자필로 자신의 '과실'에 대한 사과문을 올렸다. 이에 해외 팬덤은 누구나 실수를 저지르니 영민에게 한 번의 기회를 더 줘야 한다고 한국 팬덤에 반론을 제기했다. 그러나 나는 음주운전이란 실수로 봐주기엔 너무 큰 사안이라고 생각했다. 면허취소를 당할 만큼 만취한 상태에서 교통사고라도 일어났다면 영민뿐 아니라 다른 사람들까지 부상을 입거나 사망할 수도 있었기 때문이었다. 역시나 나와 같은 생각을 하는 팬들이 매우 많았다. 국내, 해외 ABNEW의 대치와, 팬덤 내 분열은 공카, 소셜 미디어(트위터, 페이스북)에 걸쳐 더욱 심화됐다. 2020년 6월 8일, 결국 영민은 '그룹에 더 이상 폐를 끼칠 수 없다'며 자의로 그룹에서 탈퇴했다. 이후 많은 ABNEW들이 탈덕했다. 특히 영민의 최애였던 한국 팬들은 앞서 4장에서 잠시 언급한 것처럼 그의 사진이 인쇄된 구성품이 일부 담긴 《VIVID》 초판 앨범까지만[177] 구매하고 AB6IX 팬덤에서 완전히 발을 뺐다. 이러한 팬들 중 다수는 시끌벅적하지 않게 영민의 개인 팬덤을 여전히 수행하고 있다. 영민을 계속 응원하면서도 '4인조 AB6IX'의 팬덤으로서 적극적으로 활동에 참여하고 있는 외국 ABNEW들의 존재는 흥미롭다. 이 모든 영민의 지지자들이 지나친 순덕은 아니었다는 사실 또한 인상 깊었다. 즉, 그들은 영민의 음주운전에 대

---

[177] 영민의 탈퇴 시점에 이미 제작이 완료되던 《VIVID》 앨범은 나머지 웅, 동현, 우진, 대휘의 4인 버전으로 재녹음하여 다시 제작했다. 앨범과 함께 증정되는 포스터, 앨범에 포함되는 포토북, 포토 카드, 포스트 카드에서 영민은 빠졌으나, 초판에서 당장 교체가 어려운 앨범의 하드커버(아웃 박스), 스티커, 포토 스탠드, 멤버들의 사진이 함께 실린 컬러칩은 영민의 모습이 담긴 채로 판매되었다.

해 무작정 쉴드치고(감싸고) 범법 행위를 저지른 그를 무조건 옹호하지 않았다. 그 팬들은 영민의 잘못을 인정하고 나무랐다. 그럼에도 더 이상 AB6IX의 멤버는 아니지만 아이돌 가수로, 혹은 다른 분야에서 영민이 활로를 찾아 재기하기를 기원하며 팬덤에 충실한 그들을 존중한다.

'병크만 피하면 괜찮겠지'라고 한번쯤 생각했던 아이돌이 있다면 그런 생각은 이제부터 아예 하지 말아야 할 것이다. 그리고 케이팝 아이돌이라는 사회적 위치를 재고해야 할 것이다. 꿈을 이룰 가능성이 희박하다고는 하지만, 여전히 많은 청소년들이 케이팝 아이돌로서 미래를 꿈꾸며 보컬 및 댄스 학원에서 열심히 배우고 기획사 오디션을 수없이 보러 다닌다(권경우, 312). 이러한 청소년들에게 아이돌은 역할 모델이다. AB6IX의 우진은 '빅뱅Big Bang'을 따라, 대휘는 '원더걸스Wonder Girls' 멤버 선미를 본받아 아이돌의 꿈을 실현했다. 과거 내 박사논문 연구 참여자 중에도 아이돌이 자신의 스타이자 모델이었던 청소년이 있었다. 그는 실용음악 전공으로 대학에 진학하여 비록 아이돌은 아닐지라도 대중 가수로서 데뷔를 준비하고 있다. 또 다른 연구 참여자는 공연 매니지먼트를 전공하며 팬덤뿐 아니라 다른 역할로 케이팝을 실천하기 위해 아이돌 콘서트에서 아르바이트를 하곤 했다. 이러한 현실을 인지한다면 아이돌은 자신의 직업에 보다 큰 책임감을 느낄 수 있고, 일터와 일상 모두에서 자신의 행동을 더 철저하게 단속할 수 있지 않을까. 팬들 역시 병크를 터뜨린 아이돌을 비판하고, 보이콧하며, (그룹 멤버라면) 탈퇴를 요구하고 팬덤을 그만두는 데 그칠 것이 아니라, 아이돌 병크와 연결되는 한국의 엔터테인먼트 산업 및 우리 사회의 문제를 인식하고 꿰뚫는 식견을 키우는 데까지 나아갈 수 있기를 바란다. 나아가 병크를 경험하는 자신을 돌아볼 수 있었으면 좋겠다. 이것이 바로 반성과 성찰의 팬덤이므로.

4장에서 다룬 '영상통화 팬 사인회'는 팬덤뿐 아니라 스타 모두에게 생소한 케이팝하기의 방식이었다. 대면 팬 사인회에서라면 포스트잇 문답 때문에라도 마주 앉은 스타와 팬의 대화는 가능하다. 또 팬싸템을 착용한 스타가 포즈를 취하면 팬들이 이 장면을 촬영하면서 대면 팬싸 분량은 채워질 수 있다. 그러나 영통은 달랐다. 아무리 음반 프로모션을 위해 기획되었다 할지라도 영상통화 내내 팬은 앨범 활동에 관한 감상과 찬사로 일관하고, 가수는 그에 감사하단 대답만 할 수는 없다. 그리하여 팬에 따라 즉석 노래 신청, 스타에게 다양한 표정과 손동작 요구, 속칭 '드립'이라 하는 반전이 있는 우스갯말을 준비해 스타와 팬 상호간 능률적으로 영상통화 팬 사인회에 집중할 수 있는 방법을 찾아내고 있다. 나는 동료 ABNEW들이 자신은 물론 AB6IX 멤버들에게도 효과적인 영통 팬싸가 되기 위해 수행한 팬덤과 그로 인해 조성된 팬스케이프에 스스로를 비춰 보며 팬의 역할을 되돌아봤다.

역시 4장에서 이야기했다시피 《SALUTE》는 기획 단계부터 제작, 프로모션까지 모든 과정을 웅, 동현, 우진, 대휘 4명이 이루어 낸 첫 음반이었다. 그리고 솔로 아닌 단체곡으로 4명 모두의 자작곡을 수록한 첫 앨범이었다. 그렇기에 음반을 프로모션하는 영상통화 팬 사인회에 임하는 팬덤 및 멤버들 모두 감회가 남달랐다. 2020년 11월 2일에 《SALUTE》 발매 직후 AB6IX는 11월 5일부터 11월 22일까지 텔레비전 음악 순위 프로그램에서 앨범 명과 동일한 제목의 타이틀 〈SALUTE〉 무대를 선보였다. 3주 동안의 〈SALUTE〉 활동 마지막 날이었던 11월 22일 음악방송이 끝난 저녁 시간에 영상통화 팬 사인회가 열렸다. 여기에

그림 33. 2019년 11월 14일 팬 사인회에서 선물 받은 마이멜로디 모자를 쓴 대휘(왼쪽)와 2020년 11월 21일 영상통화 팬 사인회에 팬싸템을 착용한 채 등장한 저자를 보고 박장대소하는 대휘(오른쪽)(출처: 저자)

참여하게 된 나는 활동 기간 진력한 멤버들을 영통하는 도중 즐겁게 해 주고 싶었다. 실은 이보다 하루 전에 대휘와 단독 1:1 영통을 하면서 나는 '역팬싸'라고 팬 사인회에서 보통 대휘가 제공하는 팬서비스를 반대로 대휘에게 해 주기 위해 특별 이벤트를 마련했었다. 2019년 11월 14일 대면 팬싸에서 대휘가 머리에 썼던 팬싸템 중 산리오Sanrio 캐릭터 마이멜로디MY MELODY 모자와 동일한 제품을 착용하고 영통·팬싸에 등장해 대휘를 웃게 한 것이었다(그림 33). 22일에는 다른 멤버들을 재밌게 해 주기 위해서 대개 핼러윈 데이 코스튬에 쓰이는 공포 영화 모티브의 머리띠, 즉 사람 머리에 도끼, 톱, 칼, 가위 등이 꽂힌 무시무시한 모양새를 연출할 수 있는 헤어밴드를 준비했다. 저 헤어밴드들을 착용하여 무사하지 못한 모습으로 화면에 나타나 3주간 음악방송 활동을 무사히 마쳐 줘서 고맙고 수고했다 인사하는 나에게 멤버들은 폭소했다.

내가 무슨 동기로 팬싸템을 머리에 쓰고 영통에 참여했는지 알게 된 덕메 H와 I는 몇 주 뒤 AB6IX 첫 포토북 발매 프로모션으로 개최된 영상통화 팬 사인회에서 멤버들을 위해 크리스마스 아이템을 착용했다. 또한 크리스마스 케이크를 준비해 화면으로 보여 주기도 했다. 12월이니 크리스마스 인사를 미리 전하면서도, 무엇보다 2020년 한 해 동안 곡절을 겪고 수고한 멤버들에게 즐거움을 선사해 주겠다는 마음에서였다. 다른 ABNEW가 소셜 미디어에 공유한 영통팬싸 후기를 보며 나 자신의 팬덤을 되돌아보고 영통 참가 계기를 성찰한 후 실천에 옮긴 것이 덕메들에게도 본보기가 되었나 보다. 그리고 H와 I는 그들이 반성하고 성찰한 팬덤으로서 주변에 또 다른 동료 ABNEW들에게 긍정적인 영향을 미치고 있다.

최근 영상통화 팬 사인회를 중심으로 서로 다른 케이팝 아이돌 팬덤에서 공히 다양한 형식의 역팬싸가[178] 눈덩이 효과를 보고 있다. 역팬싸는 좁게 보면 위에서 잠시 언급한 바와 같이 영통팬싸라는 유례없던 낯선 방식의 케이팝하기에 적응하다 발견해 낸 재미의 요소를 잘 활용하고 발전시킨 놀이에 가깝다. 그러므로 유희로서의 팬덤, 케이팝하기로 간주될 수 있다. 그렇기 때문에 가벼운 해프닝, 혹은 잠시 유행하는 현상으로 볼 수도 있다. 하지만 저렇게 역할 바꾼 놀이처럼 행하기까지 어떤 팬은 '아이돌과의 관계', '다른 팬과의 관계', 그리고 그 '관계에 따른 팬덤'을 '반성하고 돌이켜 본 과정'을 거쳤을 수도 있을 것이다.

---

178 다른 아이돌 가수의 팬덤에는 영통팬싸 때마다 가수에게 바다, 산 등에서 미관, 도심 야경 등을 보여 주는 방식으로 영상통화를 행하는 팬이 있어 케이팝 팬들 사이에서 화제가 되었다.

제9장

케이팝하기와
확장하는 젠더, 섹슈얼리티

2012년 여름부터 가을까지 tvN에서 방영했던 〈응답하라 1997〉을 열심히 시청했었다. 내게는 주인공 성시원의 남편을 추적하는 줄거리보다 1997년에 고등학생이었던 주인공과 주변 인물들의 배경이 되는 한국 1세대 아이돌 팬덤 문화가 드라마 속에서 재현되는 장면들이 훨씬 더 흥미진진했다. 앞서 3장에서 묘사했던 '흰색 우비를 입고 흰색 풍선을 흔들며 H.O.T.의 공연에서 떼창하는 클럽 H.O.T.'의 모습이 첫 화에서 고스란히 재현됐고,[179] 성시원은 고등학생 때 H.O.T. 멤버들이 주인공인 '동성애 팬픽션fan fiction'을 썼다.[180] 성시원이 팬픽션(줄임말로 팬픽, 이하 팬픽) 작가 출신이라는 설정은 팬덤에서 주류가 아닌 하위문화를 다뤘다는 점에서 의미 있었다. 그리고 개인적으로는 젠더, 섹슈얼리티를 주제로 케이팝 팬덤을 연구하는 음악인류학자로서 서사극의 서막에 1세대

179　https://youtu.be/GbLibZmyC48에서 볼 수 있다.

180　팬픽을 쓰다가 소설가의 재능을 발견한 고등학생 성시원은 대학 주최 백일장에 나가 수상하고 대학에 입학할 수 있었음은 물론 후엔 방송 작가의 직업을 갖게 되는 것으로 그려진다.

아이돌 팬픽이 슬쩍 등장하기 때문에, 저 설정이 왠지 반가웠다.

'팬픽 이반'

2001년 음악학과 재학 시절 음악인류학에 대한 오해(서구 외 다른 문화권의 지역, 아니면 한국 내 교외 지역으로 현지 조사를 나가 현지 주민의 음악을 배워 오선보에 옮기는 음악학 분과)를 풀었다. 그리고 음악을 사유하고 음악을 실천하는 '사람'이 연구 대상인 음악인류학은 사람의 '성sex', '성적 정체성gender', '성적 지향성sexuality'과 함께 '음악 문화'를 탐구할 수 있다는 걸 배웠다. 그러자 이러한 탐구 주제로 한국 아이돌 보이 그룹 팬픽이 떠올랐다. 〈응답하라 1997〉 속 성시원처럼 팬픽을 창작하거나 그의 학우들처럼 팬픽을 구독하지는 않았었다. 당시 '팬픽 이반異般'이라[181] 불렸던 팬픽 생산, 소비자들이 실천하는 정체성 관련 '팬덤'에 관심이 있었던지라 2001년 1학기 기말 과제로 이에 대해 정리되지 않은 짧은 글을 써서 제출했었다. 팬픽 이반에 관심을 가졌던 이유는 (그때는 이 용어들을 확실히 사용하지 않았지만) '음악하기 혹은 케이팝하기가 어떻게 (소녀) 팬들이 자신의 성적 지향성을 다시 인식하고 동료 팬들과 더불어 동성애 관계를

---

[181] 이반이란 이성애자들을 일반인(一般人)이라 하는 것에 반하여 동성애자를 포함하는 성적 소수자를 칭하는 대응적 용어이다. 한때 이반이라는 표현이 미디어 등에서 종종 사용되었으나 현재는 거의 쓰이지 않고 있다. 팬픽 이반은 아이돌 보이 그룹 팬인 여성 청소년들 중 아이돌 그룹 멤버들 간 동성애 팬픽을 쓰고 읽으면서 팬픽 속 주인공처럼 자신들끼리 동성의 연인 관계를 맺는 이들을 말한다(권지미 2022). 팬픽 이반은 팬픽의 동성애 관계를 실천하는 한편, 팬픽 밖 현실에서 보이 그룹 멤버들이 보여 주는 스타일을 따라하며 힙합 스타일 의상과 액세서리를 착용하고, 머리는 짧게 잘랐다.

실천하도록 작용했는지' 궁금해서였다. 그러나 가수의 목소리가 들리는 음악을 '청취'하고 가수가 공연하는 무대를 '관람'하고 가수가 출연하는 뮤직비디오를 '시청'하는 '음악하기'는 즐기는 반면, 저렇게 활동하는 가수의 이미지를 재해석한 캐릭터가 주인공인 '2차 창작 텍스트를 읽는 케이팝하기'에는 흥미가 많지 않았다. 그러니 과제 글이 정리되지 않은 것은 당연했다. 이후 2004년까지 음악학 전공, 2008년까지는 여성학 전공, 그리고 2017년까지 음악인류학 전공으로 공부하는 동안 나는 다시 이 주제로 되돌아오지 못했다. 2000년대 중후반부터 팬픽 이반이라는 현상, 용어 모두 거의 스러졌기도 했거니와(권지미 2022), 현장 연구와 참여관찰이 곤란한 연구 주제를 다룬다는 것은 음악인류학자로서 양심에 꺼려졌기 때문이었다.

이 책의 바탕이 되는 케이팝 팬덤의 '자기문화기술지', '자기민족지'적 연구를 수행하면서 '자아 성찰', '자기반성'을 화두로 삼았다. 이전 장들에서 기술한 다양한 케이팝하기에 단순히 참여관찰만 한 것이 아니라 팬덤을 실천하는 내내 스스로에 대한 성찰과 반성의 끈을 놓지 않았다. 그렇게 이른 지점이 나의 정체성, 즉 젠더, 섹슈얼리티였다. 동성애 팬픽이나 알페스RPS를[182] 소비하지 않더라도, 연구 때문이기도 하지만 내가 "즐겁자고" 케이팝을 하며, 내 "방식대로" 케이팝을 할지라도,[183] 그

---

[182] 알페스는 알피에스의 줄임말 표현이다. 알피에스는 또 'real person slash'의 약자로, 실존 인물이 등장하는 팬픽션을 뜻한다. 따라서 케이팝 아이돌을 주인공으로 하는 팬픽 또한 알페스에 포괄될 수 있다. 한편 슬래시는 커플을 표시할 때 사용하는 기호 '/'이다. 즉 한국에서는 두 인물 사이에 'X'를 넣어 커플임을 표시하지만 서양에서는 × 대신 /를 쓴다(권지미 2022).

[183] "팬질은 뭐니 뭐니 해도 즐겁자고 하는 일이다. 팬들 각자가 자기 방식대로 스타를 소비하고 좋아하는 것이다"(이승아, 25)라고 했던 《JYJ공화국》 일부를 참조하여 쓴 표현이다.

과정에서 '젠더와 섹슈얼리티를 (재)인식, (재)형성, 재현'할 수 있다. 이와 관련하여 7장에서 내가 '휘민수'하는 이유로 잠시 언급했었다. 이어지는 절들에서는 음악 팬으로서 내가 가장 중점을 두고 있는 팬덤인 '음악 듣기' 및 '안무, 뮤직비디오, 공연, 화보 감상 및 분석, 해석하기'를 행하는 가운데, 나의 젠더를 다시 인식하고 정체화하는 과정에 대해 자기민족지로써 써 보도록 하겠다.

'꽃미남' 그리고 〈민들레꽃〉

앞서 2장에서 대휘 입덕기를 풀어 놨었다. 이미 그 부분에서 내비친 바대로 나는 가수의 공연 무대에서 재현되는 젠더와 그 의미를 살피는 경향이 있다. 이러한 시청, 혹은 관람 성향은 여성학, 음악인류학을 전공한 배경과 여성주의 음악인류학자로 정체화한 위상에 기인한다. 그런데 책의 들어가기 부분에서 말한 것처럼 내 팬덤은 주로 남성 음악가들을 향해 왔다. 그들 중 몇에게는 '연애'나 '결혼' 상대자로서의 환상을 가진 적도 있었으나 일시적 감정일 뿐이었다. 장르는 달랐어도 클래식 음악을 전공하며 주변에서 실제로 남성 음악가들을 겪어 봤기 때문에 환상은 금방 깨질 수밖에 없었다. 무엇보다 덕질의 상대인 남성 음악가들은 나를 전혀 모르고, 설사 알고 있다 하더라도 나는 일개 팬인데, 무슨 애정 관계가 성립될 수 있겠는가. 나도 그렇지만 그들 또한 일과 사생활 정도는 분리할 터이다. 케이팝 아이돌 가수 팬덤을 시작했을 때 나는 개인 신상에서 큰일과 격변을 겪은 후 예전에 인식해 왔던 젠더와 섹슈얼리티에 혼란을 느끼던 차였다. 게다가 아이돌이 철저한 기획에 따라 콘셉트란 명목으로 젠더를 수행한다는 것을 알고 있는 터라, 내게 특히 남성 아이돌이란 7장에서도 이야기했다시피 모방하고 인용하여 나의 '젠더를 재인식하는 데 도움이 되는' 거울 같은 존재였다.[184] 그리하여 내 가수는 물론, 직업상 지켜보는 케이팝 남성 아이돌들이 음악 및 비음악 활동을 통해 실천하고 재현하는 남성성을 따져 보는 재미가 있었다.

내가 지향하는 케이팝 남성 아이돌의 남성성은 사실 X세대라고도 불렸던 90년대 신세대 남성 계통에서 비롯됐다. 신세대는 앞서 서태지와 아이들의 팬덤을 설명하며 언급한 것처럼 기성세대와 다른 정체성을 표출하고 그들만의 문화를 구축하기 위한 방식으로 남녀불문 대중문화 상품을 적극 소비했었다. 특히 신세대 남성의 소비는 브랜드 의상이나 액세서리를 이용한 자기 치장으로 이어져, 이전 세대와 다른 남성의 이미지를 구축했다(최태섭 2018). 1993년 말 대한민국 최초 남성 전용 화장품 출시는 신세대 남성 소비자가 추구한 새로운 남성상 및 남성성을 반영한 것이었다.[185] 그러나 이러한 남성성이 사회 주류로 편입되지는 못했다. 통칭 IMF라 했던 경제 위기 여파로 일자리가 줄어들자 신세대는 취업의 길이 막혀 버렸다. 어렵사리 취업 관문을 통과한 신세대 남성은 일자리 유지를 위해서라도 기존의 남성성이 득세하는 집단 및 환경에 스스로를 적응시키며, 예전 일상에서 수행했던 새로운 남성성을 드러내는

---

184 최애가 아이돌로서 재현해 내는 남성 이미지를 동경하는 친구 C와 어떤 면에서는 유사하지만 다른 맥락이다.

185 제품명이 '트윈엑스'였다. 배우 이병헌과 가수 김원준이 출연했던 제품 광고 글귀에 미국 소설에서 비롯된 용어 'X세대'를 사용해 제품 및 광고의 인기와 함께 유행어가 되었다 (조용준 1994). 현재까지도 X세대는 1970년대 중반부터 80년대 초반에 태어나 1990년대 초에 청소년, 혹은 청년기를 맞은 한국인들을 문화, 사회적으로 구분하여 지칭하는 용어로 쓰이고 있다.

언행을 삼가게 되었다. 대신 신세대 남성성의 명맥은 아이돌 보이 그룹 등에 이어져 미디어 상품의 콘셉트로 재생산, 소비되었다. 그러므로 한국 대중문화에서 '꽃미남', '메트로섹슈얼'과 같은 용어와 함께 미디어에 재현된 남성성의 기원은 기실 신세대 남성에 있다.

케이팝 남성 아이돌은 1990년대 중후반 1세대 때부터 음악, 춤, 차림새 등을 통해 소년 포함 다양한 남성 이미지와 이데올로기를 재현해 왔다. 정의로운 성정으로 인해 기존 체제에 반항적이고 특히 청소년 문제에는 비판의 목소리를 아끼지 않는 소년(남학생)들은 강렬한 랩이 특징인 힙합 스타일의 곡을 공연했고, 경쾌하고 발랄한 미디엄 템포의 랩 댄스 음악으로는 다정하고 귀여운 남자 친구의 모습을 보여 줬다. 말끔한 수트를 차려 입은 댄디dandie 남성은 리듬 앤 블루스Rhythm & Blues 혹은 R&B (이하 R&B)나 미디엄 템포 랩 댄스 음악을 연주했다. 2008년에는 동방신기가 정규 4집 《MIROTIC》 타이틀 〈주문-MIROTIC〉의 무대 의상 콘셉트를 '메트로섹슈얼metrosexual'로 묘사했다(이수현 2008). 메트로섹슈얼에 대해 잠시 설명해 보자면, 1994년 마크 심슨Mark Simpson이 만든 단어이자 주창한 개념으로, 동성애자 남성들의 라이프 스타일에 착안하여[186] 미에 관심이 많고 자신의 치장을 위한 패션, 화장품 등에 돈을 아끼지 않는 도시 거주 고소득 미혼 젊은 남성을 메트로섹슈얼로 지칭했다(Simpson 1994). 메트로섹슈얼 남성은 저렇게 스스로의 외양을 전시하듯 보여 줌으로써 "선망envy"과 "갈망desire"의 대상이 된다. 그리고 전통적 가부장 남성성에 도전하는 모습 및 행동 방식으로 내재된 내면의 여성성을 은

---

[186] 남성 동성애자의 생활양식과 연관된 개념이지만 메트로섹슈얼 남성의 성적 지향성이 어떠하든 상관없다.

근히 드러낼 수 있다. 감정 표현에 미숙하지 않고, 동성 간 우정이나 타인과의 우호 관계에 가치를 두며, 공격적, 억압적 남성성에서 벗어난 남성들 또한 메트로섹슈얼한 특성을 보여 준다(최태섭 2018). 2000년대 초반 등장한 '꽃미남'이 타고났거나 꾸민 결과로서 예쁜 남성에만 한정됐다면, 메트로섹슈얼은 좀 더 포괄적인 개념의 남성성으로 이해될 수 있다. 따라서 케이팝 아이돌이 메트로섹슈얼을 콘셉트로 내세웠다는 것은 단지 비주얼뿐 아니라 메트로섹슈얼 남성의 젠더, 인간관계, 정서적 특성, 개념 발상의 기원이 된 동성애자 남성의 섹슈얼리티까지 아이돌 이미지에 인용, 재현할 수 있다는 가능성도 내포한 것이었다. 이에 산업은 이성애 규범 시장에서 메트로섹슈얼을 마케팅 전략으로 적극 활용했다. 위압감까지 느껴지는 강한 남성에게 두려움과 거부감을 느끼는 소녀, 성인 여성 팬들이 부드럽고 여성 친화적인 메트로섹슈얼 남성 아이돌을 거리낌 없이 수용, 소비할 수 있도록 했다. 특히 여성의 섹슈얼리티 표현과 행사를 바람직하지 않게 보는 유교권 동아시아, 회교권 동남아시아, 천주교권 중남미에서, 메트로섹슈얼 남성 아이돌은 여성의 성적 욕망을 촉발시키는 남성성과 거리가 먼 이미지로 인해 여성들의 팬덤 대상으로 허용되었고, 케이팝은 성적으로 안전한 문화 상품으로서 청소년에게도 권장될 수 있었다(신현준 2013; Lie 2015). 그러나 이를 달리 생각하면 메트로섹슈얼 아이돌은 기존의 관습에서 관능적, 도발적이라 여겨졌던 남성성을 수행, 표현하지 않음에도 여성에게 성적 끌림을 줄 수 있음을 시사한다. 그로 인해 여성은 관습적이지 않은 남성에 자신의 섹슈얼리티가 어떻게 반응하는지 탐색할 수 있으며, 사회와 문화가 제한하는 여성의 섹슈얼리티를 어떻게 우회적으로 행사할 수 있는지 모색할 수 있게 된다. 여하튼 메트로섹슈얼은 2000년대 중후반 이래로 케이팝 남

성 아이돌이 추구하는 주요 콘셉트가 되었다.[187]

2019년에 데뷔하여 4세대 아이돌로 분류되는 AB6IX 역시 메트로섹슈얼을 참조한 콘셉트를 보여 주고 있다. 앨범 발매 직후 음원 사이트에서 오디오로만 들었던 타이틀 〈BREATHE〉의 퍼포먼스 영상을 시청하면서,[188] 이들은 화려하고 비싼 의상 및 액세서리, 메이크업에만 메트로섹슈얼을 적용한 것이 아니라, 안무로도 그 개념을 충실히 재현시키고 있다는 걸 느꼈다. 후렴구로 이어지는 가사 "Where Am I Need Some Breath In Here"가 브리지, 즉 연결구의 역할을 하기 때문에 악구 역할에 맞는 동작으로 안무한 것이겠으나, 이 부분에서 멤버들이 서로 팔을 엮는 것은 메트로섹슈얼 남성이 추구하는 '관계성'의 상징으로 보였다. 이 외에도 멤버들끼리 팔짱을 낀 동작들이 곡의 도입부와 마지막에 나오는데 역시 하나의 팀으로 묶이는 그들 사이 '연결성'을 상징한다. 한편 보이 그룹 멤버들이 저렇게 서로 결속하는 춤 동작은 남성 간 "사회적 연대social bonds" 및 남성 "동성애homosexual" 모두에 적용 가능한 "동성사회적homosocial" 관계를 연상시키기도 했다(Sedgwick 1985, 1). 듣자마자 반해 버린 AB6IX 데뷔곡 〈BREATHE〉는 딥하우스deep house 스타일의 음악은 말할 것도 없고, 공연 콘셉트 또한 젠더 연구와 관련하여 요모조모 생각할 거리가 많아 나는 틈나는 대로 퍼포먼스 영상을 시청한다.

AB6IX의 첫 번째 정규음반 수록곡 〈민들레꽃〉은 남성 아이돌인 화

---

187 학계에서는 케이팝 남성 아이돌이 재현, 수행하는 남성성에 대해 'soft masculinity'라는 용어를 써서 논의하고 있다(Jung 2011, Kim 2018, Hong 2021). 그러나 나는 케이팝 남성 아이돌의 남성성을 X세대, 혹은 신세대 남성들의 남성성에서 비롯된 것으로 보기 때문에, 이 책에서는 soft masculinity 보다는 메트로섹슈얼 개념에 의거하도록 한다.

188 https://youtu.be/LM19MYAuY-E에서 볼 수 있다.

자가 자신을 '꽃'에 비유한 가사가 인상적이었다.[189] '성차별적 문화'에서 '여성혐오'로까지 이어지는 '여성의 대상화' 방식들 중 가장 흔하게 발견되지만, 그렇기 때문에 대수롭지 않게 넘어가기도 하는 사례가 바로 여성을 꽃에 빗대는 것이다. 혹자들은 여성=아름다움=꽃이라는 등식이 성립하기 때문에 문제가 없다고 말한다. 그러나 성차별 관습에서 남성은 문명과 도시를 상징하는 데 반해, 여성은 원시 자연의 영역에 속했다. 이러한 관념에 따라 여성이 꽃으로 환유될 수 있었다. 그런데 〈민들레꽃〉에서 꽃은 여성이 아닌 남성이다. 처음 곡을 발표할 당시 소년이었던 대휘와 성인 남성인 웅, 동현, 우진이 자신들은 민들레꽃이라며 다음과 같이 노래한다.

(전략)
언제나 같은 자리에
너를 기다리고 있을게
I'll Bloom Just For You

Dandelion
누구에겐 나 아무것도 아닐지 몰라
Dandelion
나비를 품기엔 나 아름다운 향이 나지 않아
Dandelion

---

189 〈민들레꽃〉은 대휘와 브랜뉴뮤직 프로듀서 BOOMBASTIC이 공동으로 작곡했고, 작사
는 대휘, 우진, 영민이 맡았다(우진, 영민은 각자의 랩 메이킹).

시간이 다 지나가 홀씨가 되어도 난

널리 퍼져 바람 타고 가 다시 꽃을 피운다

내가 향이 나지 않아서

비록 날 찾지 못 해도

괜찮아 내가 너에게 갈게

시간이 흐르고 난 뒤에

내가 시든다 해도 괜찮아

홀씨가 되어 너에게 찾아갈게

나 혼자선 어디도 가지 못 해

바람이 있어야만 너에게 갈 수 있어

주변의 꽃들이 예쁘게 필 때

난 자리를 지키며

너에게 날아갈 준비 중

(후략)

게다가 앞서 2장에서 썼다시피 AB6IX는 첫 단독 콘서트에서 ABNEW와
이 곡을 합창했었다. 무대 위 소년과 성인 남성들, 그리고 거의 모두가
여성인 객석이 이구동성으로 〈민들레꽃〉을 부를 때 화자와 청자가 뒤섞
이면서 꽃에 비유되는 성별이 모호해졌다. 나는 이러한 '떼창이 일시적
이지만 콘서트장을 성차별로부터 자유로운 공간으로 만든다'고 느꼈다.

"I'm a creepy creep"

2019년 11월 9-10일 콘서트 무대에서 처음 발표됐었고 2020년 2월 27일에 디지털 싱글로 발매된 대휘의 솔로곡 〈ROSE, SCENT, KISS〉,[190] 2021년 6월 27일에 대휘 개인 자체 콘텐츠 〈휘부작휘부작〉의[191] 일환으로 발표된 대휘의 또 다른 솔로곡 〈CREEP〉[192]은 창작자이자 공연자까지 포함되는 음악의 모든 요소들이 정체성의 혼란을 겪고 있는 나에게 격려와 위안이 되었다.[193] 원곡자의 의도야 어찌됐든 해석은 듣는 사람의 몫인데[194] 나는 팬이어서 꼼꼼히 음미하며 게다가 반복해서 청취하니 음악에 대해 다양한 방식으로 사고하고 개인 상황에 비추어 곡을 해석할 수 있었다지만, 다른 성 소수자들 및 조력자들ally 또한 〈ROSE, SCENT, KISS〉를 '프라이드 송'으로 선호한다는 사실은 이 곡이 젠더, 섹슈얼리티 관련하여 울림이 있음을 증명한다.[195] 반향을 불러일으키고, 고취시

---

190 대휘가 작사, 작곡했으며, 프로듀서 FRANTS가 공동 작곡과 편곡에 참여했다.

191 AB6IX는 2021년 2월 7일부터 멤버 각자가 기획, 연출, 제작한 개인 콘텐츠 영상을 멤버별 다른 타이틀의 시리즈로 공개하고 있다. 동현, 웅, 우진, 대휘 순으로 매주 일요일에 공개되며, 동현이 〈동동(蝀)하다〉, 웅은 〈웅답하라 1997〉, 우진이 〈MADE BY JJACK(메이드바이쩩)〉, 대휘가 〈휘부작휘부작〉이라는 타이틀이다.

192 대휘가 단독 작사하고 프로듀싱한 곡이다. 작곡은 대휘와 브랜뉴뮤직 소속 프로듀서 On the road가 공동으로 했다.

193 〈ROSE, SCENT, KISS〉의 공식 뮤직비디오는 https://youtu.be/yN1_Z6bYL-k, 〈CREEP〉 뮤직비디오는 https://youtu.be/npax_Uc-his에서 시청 가능하다.

194 2022년 1월 22일 영상통화 팬 사인회에서 최근 발매된 스페셜 앨범에 수록된 대휘 솔로곡 〈너의 눈에 내가 보여서〉에서 반복되는 후렴구들 중 마지막에 등장하는, 한 옥타브 낮춰 부른 부분에 대해 물었더니, 대휘는 해석은 청취자에게 맡기겠다는 대답을 했다. 다른 ABNEW가 소셜 미디어에 공유한 팬싸 후기에서도 대휘는 청취자에게 음악의 해석을 맡긴다는 취지로 말했었다.

키며, 위로를 주는 두 곡의 가사는 아래와 같다.

(전략)

I DON'T CARE

WHAT PEOPLE SAY

I'M JUST GONNA GO MY WAY

(중략)

더 이상은 안 해 Pet peeve

I do it I do it on my own

난 떠올리곤 했지 매일

새로운 My day Everyday I say

당당하게 나만의 길을 걸어가

덤덤하게 상처를 딛고 일어나

Imma let it

Be myself all night Oh Wuh

---

195 2018년 《서울퀴어퍼레이드(Seoul Queer Parade)》에서는 '서울퀴어퍼레이드 playlist 당신의 프라이드 송을 알려 주세요!'라는 이벤트를 열어 참가 희망자들에게 축제 동안 재생될 곡을 추천 받아 실제로 현장에서 틀었다(연혜원 2021). 이 이벤트가 2021년에 부활했고 대휘의 〈ROSE, SCENT, KISS〉를 비롯하여 총 8곡의 케이팝 아이돌 음악이 2021년 프라이드 송으로 선정되어 퍼레이드 플레이리스트를 채웠다. 2021년 《서울퀴어퍼레이드》의 플레이리스트에 포함됐던 케이팝 아이돌 음악은 다음과 같다(곡 발매순). 소녀시대 〈다시 만난 세계〉(2007), 세븐틴 〈ROCKET〉(2017), 레드벨벳 〈안녕, 여름(Parade)〉(2019), 세븐틴 〈HIT〉(2019), 이대휘 〈ROSE, SCENT, KISS〉(2020), (여자)아이들 〈Oh my god〉(2020), 온앤오프 〈Beautiful Beautiful〉(2021), 에스파 〈Next Level〉(2021).

(중략)

전보단 조금은 달리 느껴져도
내 안에 난 그대로 그게 나니
Just go go go and then from now

(Me)

I'm not the kind of boy
You've seen before
(Rose, Scent, Kiss)
입어 본 적 없는 옷을 걸치고

I'm not the kind of boy
You're looking for
(Rose, Scent, Kiss)
나만 알고 있는 나의 모습으로 Oh
(후략)

[이대휘 〈ROSE, SCENT, KISS〉 (2020)]

You think I'm crazy
My mind is ugly
Thinking about what I never should've done

Just like them always

Put a smile on my face

Well I ain't good at being kind as I said

Yes I'm a creepy creep

Feels like I don't belong

Anywhere would be better for me

(Yeah)

Sure I'm no criminal

Don't want it to be mean

Didn't mean to scare the heck out of you

(Yeah)

Yes I'm a creepy creep

Feels like I don't belong

Anywhere would be better for me

(Yeah)

Sure I'm no criminal

Don't want it to be mean

Didn't mean to scare the heck out of you

(Yeah)

I'm a creepy creep

Just a little piece of me yeah

I'm a creepy creep

More to come cuz I'm a creepy

[이대휘 〈CREEP〉(2021)]

7장에서 휘민수(대휘와 동일한 의상 착용)의 동기로 타고난 성에 따라 사회, 문화가 기대하는 젠더에 순응하지 않고 싶어서라고 밝혔다. 나는 케이팝 팬덤을 통해 젠더에 순응하지 않는 스스로를 표현했지만, 세상에는 팬덤 말고도 다른 여러 방식으로 '젠더에 순응하지 않음으로써 이분법적 젠더 관습과 규범에서 벗어난 자기 정체성을 표현, 설명'하고자 사람들이 엄연히 존재한다[마델 2017(2016), 147, 149]. 나를 포함하여 이러한 이들을 '논바이너리non-binary' 혹은 '젠더퀴어genderqueer'라 한다. 논바이너리, 젠더퀴어가 존재하는 이유는 정체성, 즉 젠더뿐 아니라 섹슈얼리티, 그리고 그에 대한 "경험" 및 "생각"은 "무작위로" 혹은 "특정 상황에 따라" "유동적으로 변화"할 수 있기 때문이다(마델, 153, 211; 권지미, 147). 이렇게 자신을 논바이너리, 젠더퀴어로 (다시) 인식하고 정체화하는 과정에서("전 보단 조금은 달리 느껴져도", "입어 본 적 없는 옷을 걸치고", "나만 알고 있는 나의 모습으로") 드는 수많은 감정들 중 '소외감'이 대휘 곡 가사에 암시되어 있다. 그러나 남들과 달라 어디에도 속하지 않는 정체성을 인식, 표현하면서 드는 고립감에 절망스러운 심정만을 털어놓지는 않는다. 남들이 나에게 느끼는 불편함과 혐오감("Pet peeve", "crazy", "ugly", "creepy creep")을 표출까지 하는 상황에서도 있는 그대로의 자신을 인정하며("Imma let it/Be myself", "내 안에 난 그대로 그게 나니", "I'm a creepy creep"), "남들이 뭐라든 간에"[196] "덤덤"하고 "당당하게" 살겠다는 의지를 천명한다. 이러한 노랫말, AB6IX 단체곡과는 다른 음악 스타일, 그리고 전형적이지 않은 남성성(메트로섹슈얼)을 재현하는 퍼포먼스에 나는 대휘의 음악을 감상하면서 스스로 젠더를 재인식, 재구축할 수 있었다.

한편 《아레나 옴므ARENA HOMME》 2020년 12월호에서는 대휘의 단독 화보가 공개됐다. 〈SPACE ODDITY〉라는 제목으로 실린 화보 사진 속에서 대휘는 의상, 액세서리, 헤어스타일, 메이크업뿐 아니라 몸짓을 통해 '남성성, 여성성을 모두 갖춘' 중성적androgynous 형상을 재현해 냈다.[197] 화보와 함께 실린 인터뷰에서는 "(중성적) 콘셉트를 해 본 적은 한 번도 없거든요. 그에 대한 갈증을 늘 느꼈는데, 이번 기회에 풀었네요…. 헤어, 메이크업, 포즈도 과감하게 시도해 평소의 이대휘가 아닌 것처럼 보이고 싶었어요…. 섹시한 콘셉트를 하면 규정된 '남성스러운 섹시함', '여성스러운 섹시함'이 아니라 '그냥 이대휘다'라고 느껴지게 하려고 노력해요…. 열린 마음으로 봐 주셨으면 좋겠어요. 제 음악과 무대, 이런 화보까지도요. 꽉 막힌 것들이 좀 느슨해지길 바라고 있어요"라고 말한다(이예지 2020, 130). 주제가 무엇이 됐든 이렇게 열린 마음가짐을 바탕으로 창작하고 공연하는 가수이기에 그의 음악과 무대 감상이 나의 정체성을 되돌아보고 다시 인식하는 계기로 작용할 수 있었으리라.

---

196 이 구절은 〈ROSE, SCENT, KISS〉, 〈CREEP〉이 아닌 AB6IX의 두 번째 미니앨범 《VIVID》에 수록된 〈RED UP〉에서 인용했음을 밝힌다. 〈RED UP〉의 가사는 대휘와 우진이 함께 썼다.

197 https://www.smlounge.co.kr/arena/article/46650에서 화보 사진을 볼 수 있다.

현재는 케이팝 그중에서도 AB6IX 곡이 플레이리스트의 가장 큰 비중을 차지하고 있으나 나는 기본적으로 음악 듣기를 정말 좋아한다. 음악 팬으로서, 그리고 음악인류학자로서 나는 왜 음악을 들을까, 음악을 듣는다는 것은 무슨 의미일까 항상 궁리하며, 문헌을 읽다 실마리를 얻으면 책갈피를 꽂아 놓곤 한다.

음악은 휴식을 촉진시키고, 불안감과 고통을 완화시키며, 취약 집단에게 적절한 행동 방식을 고취시킬 뿐 아니라, 의학적 치료 이상으로 삶의 질을 향상시킬 수 있다

Music can promote relaxation, alleviate anxiety and pain, promote appropriate behaviour in vulnerable groups and enhance the quality of life of those who are beyond medical help.

(Hallam 2001, 1)

음악 활동은 내(그)가 누구인지 이해하는 데에 있어 가장 중요하다

musical activities are central for their understanding of who they are.

(Frith 2002, 46)

음악하기를 통해 … 우리가 누구인지 탐구하고, 우리는 누구인가 느끼게 된 것을 기념하며, 완전히 우리 자신을 느끼도록 할 것

through musicking … to explore and celebrate our sense of who we are, to make us feel more fully ourselves.

(Small, 142)

문헌에서 발췌한 위의 인용문들에 의거하면, ABNEW로서 실천하는 가장 기본적인 팬덤, AB6IX와 대휘의 음악 듣기를 행하며 나의 정체성을 탐색했던 것은 과연 타당했다. AB6IX와 대휘 음악에 나를 비추어 용기와 위안을 얻은 것 또한 정당하다. 그러니 난 이 팬덤을 계속해야겠다. 누구에게는 단지 취미에 지나지 않을 테지만 팬덤에는 취미 이상으로 "개인 정체성the identity of the individual"의 일부를 이루고 그를 "정체화identification"하는 원리 또한 작동하고 있으니 말이다(Duffett, 24).

제10장

팬데믹 시대에 케이팝하기

코로나19 바이러스가 중국 우한에서 창궐하고 있다는 뉴스가 보도된 것은 2020년 1월 말 대휘 생일 즈음이었다. 구입한 사진 액자를 수령하고 전시 물품을 나눔받기 위해 대휘 생일 이벤트가 진행되었던 홍대 부근 카페들 중 한곳에 들렀는데, 손 소독제가 비치되어 있었고 이벤트 주최자들은 모두 마스크를 쓰고 있었다. 홍대 근처는 서울에서 중국인 관광객으로 특히 붐비는 지역들 중 하나라, 혹시라도 최근 중국에서 입국한 이들 중 바이러스 감염자가 있고 그들로부터 전염되는 경우를 방지하기 위해, 사람들이 많이 모이는 인근 장소에서는 손 소독제 사용과 마스크 착용이 권장되는 상황이었다. 그러나 이벤트 주최자들 포함 소수를 제외하면 나를 비롯한 대부분 팬들은 마스크를 착용하지 않았었다. 바이러스가 현재에 이르도록 심각하게 퍼질 줄 당시엔 아무도 몰랐기 때문이었다.

결국 2020년 3월 11일(한국 시간 3월 12일)에 세계 보건 기구World Health Organization는 코로나19 바이러스를 전 세계적인 유행병pandemic(팬데믹)으로 선언했다. 바이러스의 급속한 확산은 지구촌 곳곳에서 감염으로 인한 사망자가 속출하며 막대한 피해를 입혔다. 감염 및 전염을 막기 위하여 활동과 이동, 사람 간 접촉이 제재됨에 따라 전 세계인들의 모든 일상은 격변했다. 하루아침에 실업자가 되어 별 수 없이 가택에 머물며 지내는가 하면, 외부와 단절된 채 집 안에 갇혀 재택근무, 원격 수업, 온라인 쇼핑과 같이 디지털 기기로만 꾸려 나가야 하는 생활에 적응해야 했다. 케이팝하기도 예외는 아니었다. 쇼케이스, 콘서트, 음악방송, 팬 사인회, 팬 미팅 등 대면 행사들이 줄줄이 취소되었다. 이에 국내 케이팝 실행자들은 통신망과 방송망을 최대한 활용하여 '팬데믹 시기 케이팝하기'를 모색해 갔다. 사실 대한민국에서는 '시장에서 사람과 직접적 대면 없이 서비스를 주고받음'을 의미하는 콩글리시 신조어 '언택트untact'가 이미 2017년에 등장했고, 언택트 방식을 부분적으로 도입하여 활용하는 업체들도 그간 있었다(Lee 2020). 이는 국내 디지털 기술의 발달과 초고속 인터넷이 온 나라를 관통하는 네트워크 환경 덕분에 가능했다. 코로나19 바이러스가 전 세계를 강타하자 언택트 개념이 재조명되면서, 한국 정부는 언택트와 '거리두기'를 팬데믹 대응 정책의 중심에 두었다. 케이팝도 이와 궤를 같이하지만 스타와 팬의 '접촉'을 오히려 권한다는 점에서 결이 달랐다. 다시 말해 케이팝하기에서는 언택트 방식으로 물리적 거리를 두되, 화상video 연락 및 만남contact으로써 사람 사이의 관계contact가 보다 가까워질 수 있도록 한다. 4장에서 다룬 영상통화 팬 사인회가 이러한 팬데믹하 케이팝하기의 물꼬를 튼 것이었다. 케이팝 아이돌의 팬 미팅 또한 화상 회의 형식으로 진행되고 있다. 일례로 케이콘택트에서는 화상 회의 앱 줌ZOOM을 통해 접속한 팬들이 가수들과 미니 팬미팅에 실시간으로 참여한다.

방청객 없이 촬영되는 음악방송, 그리고 무관객 온라인 콘서트가 코로나19 바이러스 대유행 상황의 케이팝 신scene에서 이어졌다. 그런데 이러한 형태의 공연에서 '음성을 사용하여 무대와 객석이 직접, 즉흥적으로 소통하는 음악하기'는 사실상 불가능해 보였다. 특히 '팬들의 음성이 공연장 안팎에서 갖가지 음향과 뒤섞여 만들어 내는 소리풍경'을 구경하기란 어려웠다. 그러나 케이팝 실행자들은 최첨단 디지털 기술을 이용하여 대안을 찾아냈다. 우선 무대의 시작과 마지막에는 녹음된 사람들의 환성을 재생시켜 청중 앞에서 공연을 완수하는 것 같은 효과를 만들어 냈다. 곡 중 팬들이 구호를 외치고 가수의 노래를 따라 부르는 부분에서도 미리 녹음한 떼창 소리를 삽입하여 케이팝 특유의 소리풍경을 재현시키고자 했다.

　온라인 공연에서 떼창 수행 및 그 의의에 대하여 참여관찰을 토대로 좀 더 자세히 서술해 보도록 하겠다. 2020년 7월 25일부터 26일까지 열렸던 제26회 드림콘서트는 《CONNECT:D》라는 부제로 온라인 콘서트를 표방하며, 유튜브와 브이라이브를 통해 공연이 전 세계에 생중계되었다. 공연 열흘 전 쯤 주최 측에서는 출연 가수들의 팬덤에 참여를 요청하는 공고를 냈다. ABNEW는 AB6IX 〈답을 줘〉의 응원법을 처음부터 끝까지 녹음한 음성 파일을 이메일로 보내야 했다(그림 34). 나 또한 몇 번의 연습을 거친 후 팬들이 담당하는 구호와 노래 부분을 녹음해 주최 측에 전송했다. 나를 비롯한 ABNEW의 목소리는 7월 25일 〈답을 줘〉 무대에서 '동시에 재생'되었고, 덕분에 카메라엔 잡히지 않는 객석의 팬들이 AB6IX 공연에 응답하는 떼창처럼 들렸다. 워너원 출신 아이돌 솔로 가수 김재환의 무대는 보다 흥미로웠다. 그가 부른 드라마 〈사랑의 불시착〉 OST 중 〈어떤 날엔〉 무대에는 화상회의 형식을 빌어 김재환 팬클럽 윈드WIN:D(이하 윈드) 회원들이 함께 등장했다.[198] 그가 1절을 부른

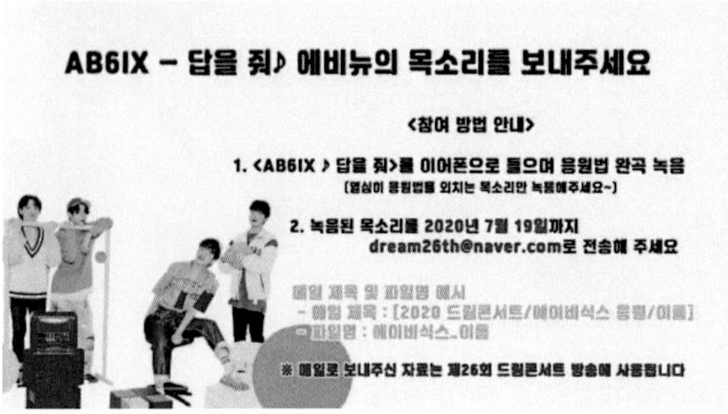

그림 34. 드림콘서트 주최 측이 게재한 AB6IX 팬덤 ABNEW에게 온라인 콘서트 참여 요청 공지(영상 캡처 및 출처: 저자)

후 2절이 시작되자 세계 각국의 윈드들이 한 명씩 화면에 나타나 악구를 이어 불렀다. 2절의 후렴 부분은 김재환과 팬들이 듀엣을 선보였다. 그들은 후렴 악구를 주거니 받거니 노래하다 제창하고, 종결부에는 화음을 넣어 부르면서 공연을 마쳤다. 화면 속 윈드들은 실제로 콘서트장에서 떼창하고 있는 것처럼 공식 응원봉 및 김재환의 이름과 사진이 인쇄된 슬로건을 음악에 맞춰 흔들며 노래했다. 이 무대는 콘서트가 국지적 행사에 제한되는 것이 아닌 국경과 시차를 초월하여 진행될 수 있는 가능성을 보여 주었다. 즉, 팬데믹 시기일지라도 케이팝 콘서트에서 가수와 청중이 공동 공연자로서 서로의 음성으로 소통하는 음악하기가 통신망과 방송망을 통하면 가능하다는 것을 증명하였고, 나아가 순회공연을 하지 않아도 가수는 곳곳의 팬들 앞에서 동시에 콘서트를 개최할 수 있게 되었으며, 팬덤에게도 세계 각지에서 한꺼번에 집결할 수 있는 기회가 되었다. 이같은 형태의 온라인 콘서트 및 공연 중 화상을 통한 무

---

198 물론 김재환의 팬들이 공연 당시 화상 회의 앱에 접속하여 무대에서 함께 실시간으로 노래를 한 것은 아니다. 팬들은 미리 〈어떤 날엔〉 완창 영상을 녹화하여 주최 측에 전송했고, 팬들의 가창 영상이 무대 위 화면에서 곡에 맞춰 차례로 재생된 것이다.

대와 객석 간 대화는 케이팝 아이돌뿐 아니라 트로트 가수 나훈아에[199] 이르기까지 한국 대중음악가들이 선택하는 팬데믹 시대 공연의 대안이 되고 있다.

그럼에도 불구하고 케이팝 팬덤은 자신들끼리라도 대면으로 만나 비대면 콘서트에서 음악하기를 소망했다. 나 또한 그들 중 하나였기에 서울 시내 레지던스 한곳을 하룻밤 예약하여 덕메 4명과 모여 2020년 9월 12일에 열린 AB6IX의 온라인 콘서트 《SO VIVID》를 함께 관람했다(그림 35). 그리고 우리는 그 자리에서 '공연 전, 공연 중, 공연 후 음악하기'를 충실히 실행했다. 우선 레지던스의 텔레비전에 노트북을 연결하여 온라인 콘서트 시작 전까지 유튜브로 AB6IX의 뮤직비디오 및 공연 영상들을 감상했다. 콘서트홀 안팎 촬영으로 수행하는 공연 전 음악하기는 나와 다른 덕메가 지참한 AB6IX 멤버 인형들을 텔레비전 옆에 나열

---

199 나훈아는 온라인 콘서트 《2020 한가위 대기획 대한민국 어게인 나훈아》를 개최하였고, 이 공연은 2020년 9월 30일 KBS에서 방영됐다.

그림 36. 온라인 콘서트를 감상할 텔레비전 옆에 나열한 솜뭉치 촬영으로 공연 전 음악하기(출처: 저자)

해 사진을 찍고, 저녁 식사 테이블 위로 불 밝힌 응원봉을 맞댄 채 촬영하는 방식으로 해낼 수 있었다(그림 36). 공연이 시작되자 레지던스의 조명을 모두 껐다. 콘서트에서 무대 위로 스포트라이트가 비추는 동안 어두워진 객석과 같은 실제 공연장의 분위기를 연출하기 위해서였다. 우리들은 텔레비전 화면 속에서 흘러나오는 음악에 맞춰 반짝이는 응원봉을 흔들면서 떼창을 하고, 곡의 시작과 끝에 환호성을 지르며 공연 중 음악하기를 수행함과 동시에, 실지 콘서트장 안에서나 보고 들을 수 있는 소리풍경 또한 만들어 냈다. 대면 콘서트였다면 공연장 외부 공간에서, 주차장, 버스 정류장, 지하철역으로 향하는 노상에서, 혹은 식당이나 커피숍, 술집에서 이루어졌을 공연 후 음악하기는 자리 이동 없이 곧바로 진행시킬 수 있었다. 미리 준비한 후식을 즐기며 온라인 콘서트 전반 및 각 무대들에 대한 느낌과 의견을 서로 이야기했다. AB6IX 멤버들과 ABNEW, 우리 각자가 거쳐 온 대중음악 팬덤, 즉 '빠순이 역사' 등으로 화제가 확장되니 공연 후 음악하기는 새벽까지 이어졌다.

《SO VIVID》이래로 덕메들과 함께 온라인 공연 관람을 위한 오프라인 모임을 종종 가져왔다. 다른 팬덤들의 형편도 크게 다르지 않다. 팬데믹으로 인해 '공연 무대와 객석은 디지털 매체를 매개로 비대면 음악하기'를 행하는 한편, 관객들은 삼삼오오 모여 '대면으로 음악을 한다.' 나는 이러한 상황을 '하이브리드 음악하기'라 부르고자 한다.

각종 변이 바이러스의 출현에 여전히 감염자가 발생하고 일상도 팬데믹으로부터 완벽하게 회복되지 않았지만, 많은 케이팝 가수들이 2021년 하반기부터 국내외에서 대면 콘서트를 재개했다. 그런데 흥미롭게도 이러한 오프라인 콘서트의 온라인 생중계가 케이팝 신에서 하나의 추세로 자리 잡아 가고 있다.[200] 예를 들어 방탄소년단은 2021년 11월 27-28일, 12월 1-2일 미국 LA 소파이SoFi 스타디움에서 개최한 '오프라인 공연' 《PERMISSION TO DANCE ON STAGE — LA》이 예매 오픈 직후 순식간에 매진되자, 소파이 스타디움 부지 내 또 다른 공연장 유튜브 시어터YouTube Theater에 대형 전광판을 설치하여 이곳에서 '유료'로 공연을 생중계하겠다고 공지했다(지승훈 2021). 전광판을 통해 공연 생중계를 시청하는 아미들의 공식 응원봉 또한 소파이 스타디움의 관람객들이 들고 있는 것과 마찬가지로 중앙에서 제어되며, 12월 2일 공연은 '온라인 라이브 스트리밍'이 제공된다는 것이다(이태수 2021). LA에 이어 서울 잠실종합운동장 주경기장에서 2022년 3월 10일과 12-13일에 열린 《PERMISSION TO DANCE ON STAGE — SEOUL》은 온라인 라이브 스트리밍(10일, 13일)과 '라이브 뷰잉'(12일)이라는 방식으로 공연장을 직접 찾을 수 없는 전 세계 팬들에게 콘서트를 즐기도록 했다(오지원

---

[200] 일부 가수들은 대면 콘서트 온라인 중계의 다시보기(VOD) 서비스를 제공하기도 한다.

2022). 스트리밍은 방탄소년단 및 여러 대중음악가들의 팬덤 플랫폼 위버스Weverse 앱을 모바일 기기에 다운로드 받아 접속할 수 있는 사람이라면 티켓 구입 후 어디서든 시청이 가능했고, 라이브 뷰잉으로는 세계 곳곳의 3000개가 넘는 영화관에서 콘서트를 실시간으로 상영했다(문완식 2022). 라이브 스트리밍을 시청하든 라이브 뷰잉을 관람하든, 위버스 앱에서 자신의 아미밤을 블루투스로 연결시킨 팬들은 주 경기장 객석과 동일하게 발광, 발색하는 응원봉으로 음악하기를 수행할 수 있었다.

위의 사례처럼 케이팝의 하이브리드 음악하기는 다양한 방식을 취하며 확장되고 있다. 팬데믹 탓에 의도치 않게 나타난 현상이었지만 하이브리드 음악하기의 이점을 알아채고 혜택을 누리게 된 케이팝 실행자들(공연 기획자, 제작자, 관객 등)이 존재하는 한, 코로나19 대유행의 상황이 종식되더라도 하이브리드 음악하기는 지속될 것이다. 그 형식 또한 기술의 발달 및 팬덤의 진화와 함께 더욱 다양해지리라 기대한다.

나가기

'아카팬'의 '덕업일치'

책의 들어가기 초반부에서 학자이면서 팬인 사람을 아카팬으로 지칭한다고 짧게 언급하였다. 아카팬이란 용어와 개념은 젠킨스가 처음으로 들고 나왔다. 젠킨스는 1992년에 발표한 스타트렉 팬덤 연구서 *Textual Poachers: Television Fans and Participatory Culture*에서 자신의 위치를 다음과 같이 설명한다.

나는 비평적, 민족지적 문헌이 상당한 대중문화 이론에 접근할 수 있는 학자인 동시에, 팬 커뮤니티만의 특별한 지식 및 전통에 접근권이 있는 팬으로서 팬 문화에 관해 쓴다.

When I write about fan culture, then, I write both as an academic (who has access to certain theories of popular culture, certain bodies of critical and ethnographic literature) and as a fan (who has access to the particular knowledge and traditions of that community). (5-6)

"팬이자 학자인 이중의 역할dual role as fan and academic"을 수행하면서 그가 겪은 곡해와 실망이 결국 연구서를 집필케 한 동기가 되었으며(Jenkins, 8), 이 연구서에서 팬과 학자를 넘나드는 젠킨스의 위치를 한 마디로 표현한 용어가 아카팬이었다. 다시 말해, 아카팬은 연구자가 "팬 문화로부터from fan culture" 또 "팬 문화에 대해about fan culture" 배울 수 있는지에 대한 학계 논의에 부응할 수 있을 뿐 아니라, 자신의 팬덤 대상에 대한 팬심 표현을 위해 "학문적 지식academic knowledge"을 직접 이용할 수 있는 사람을 일컫는 표현이다(Hills 2002, xxxiv).

최근 학계 안팎으로 방탄소년단에 대한 논의가 활발하다. 이 논의 참여자들 중 아미이면서 학자인 이들로 인해 케이팝 아카팬의 존재 및 그 역할이 점점 가시화되고 있다. 그런데 내 주변에는 아미만큼 흔하거나 크게 눈에 띄지 않더라도 스스로의 팬덤을 진지하게 탐구하고 저술하는[201] '아이갓세븐iGOT7'(케이팝 그룹 갓세븐 팬덤 및 공식 팬클럽 명칭, 별칭으로 '아가새'라 한다. 이하 아가새) 박사, '쿠키CU:KEY'(케이팝 그룹 엔쿠스N.CUS 팬덤 및 공식 팬클럽 명칭) 석사도 있다. 사실 앞서 들어가기와 8장에서 언급한 《JYJ공화국》을 쓴 이승아 박사 또한 케이팝 아카팬이다. 이제 서로 다른 아이돌 팬덤이지만 케이팝 아카팬으로서는 동료인 '박사 아가새'(이하 아가새)와 '석사 쿠키'(이하 쿠키)의 이야기를 잠시 해 보겠다.

90년대 후반 중국 시장에 한국의 대중문화 상품이 수출되었을 때, 아가새와 같은 청소년 포함 젊은 이들은 한국 대중문화에 특히 열광했고, 그들 사이에서 H.O.T., 'NRG', 'S.E.S.', '베이비복스Baby V.O.X.'와 같은 한국 아이돌 그룹의 음악이 크게 유행했다. 이러한 현상을 묘사하기 위해

---

[201] 스스로의 팬덤에 대한 '본격적 연구' 및 '공식적 출판'뿐 아니라, 블로그 등 소셜 미디어에 팬덤을 기록하고 의견을 공유하는 것 또한 아카팬'다운'으로 행위로 볼 수 있다.

중국의 미디어에서 만들어 낸 단어가 바로 한류韓流이다. 북경에 거주했던 아가새는 한류를 인지하고 있었으나 큰 관심을 갖지 않았었다. 다만 사촌이 H.O.T. 멤버 장우혁의 열성 팬이었고, 같은 반 친구들 중에도 H.O.T. 멤버 강타, NRG 멤버 김환성의 열렬한 팬이 있어 그들의 팬덤을 지켜봤다. 주로 중국의 텔레비전 음악 프로그램을 시청하고 중국 가수 및 배우들을 좋아하던 아가새는 2012, 2013년 즈음 친척 동생의 추천으로 한국 예능 프로그램 〈우리 결혼했어요(우결)〉를 보기 시작해 출연자 중 한 명인 2PM 멤버 닉쿤을 좋아하게 되었다. 그리하여 닉쿤이 속한 케이팝 아이돌 그룹 2PM의 음악까지 찾아 들었지만 아쉽게도 그 곡들은 아가새 취향이 아니었다. 따라서 당시 그는 〈우결〉의 닉쿤만 좋아했을 뿐 '핫티스트HOTTEST'(2PM의 팬덤 및 공식 팬클럽)가 되지는 않았다.

〈우결〉 덕분에 한국 텔레비전 프로그램을 종종 보게 된 아가새는 2014년 〈룸메이트2〉에 출연한 케이팝 아이돌 그룹 '갓세븐' 멤버 잭슨을 알게 됐다. 이후 잭슨이 출연하는 예능 프로그램을 시청하고 2PM 음악보다 훨씬 듣기에 좋았던 갓세븐의 곡들을 찾아 들었다. 우연히도 아가새 친구 중 하나는 갓세븐 멤버 잭막(잭슨과 마크) 커플의[202] 홈마였다. 싱가포르에서 박사학위를 시작한 아가새는 지도 교수의 권고로 좀 더 많은 팬 활동에 참여하기로 하고 2018년 갓세븐의 싱가포르 콘서트를 관람했다. 그 자리에서 멤버 JB의 라이브에 매료되어 '덕통사고'를 당하면서 마침내 팬덤 아가새의 일원이 되었다. 아가새로서 다양한 팬 활동들을 실천하고, 박사 과정생으로서 케이팝 아이돌과 팬덤의 관계에 대해

---

202 커플이라 하면 갓세븐 멤버들끼리 짝 지어 동성 간 애정 관계를 그리는 팬픽 속 커플을 의미한다.

연구하는 가운데, 과거 그가 닉쿤과 잭슨을 좋아했던 감정이나 그로 인한 행위들이 팬덤의 개념에 포괄될 수 있음을 비로소 알아챘다.

박사 과정 시작 전까지 가졌던 팬덤에 대한 편협한 인식으로 인해 팬으로서 정체화가 늦어서일까. 아가새 자신은 여느 아카팬들과 다르다고 말한다. 즉 학계 입문이 먼저고 최애인 갓세븐 JB 입덕이 나중인 아카팬이라는 것이다. 그는 결국 자기 자신의 팬덤을 분석한 논문으로 박사학위를 취득했다. 아가새가 연구 저작 출판 소식을 소셜 미디어 계정에 공유했을 때, 몇몇 동료 아가새들은 팬덤 및 갓세븐이 주제인 아가새의 연구를 칭송했고, 그는 아카팬으로서 보람을 느꼈다. 반면 일부에서 대중문화나 케이팝 아이돌 팬덤이 학술 연구 주제로 타당한지, 너무 가벼운 주제가 아닌지 의심의 눈길을 보내는 것에 아가새는 속상했다고 한다. 현장 연구 시 기획사에서 콘서트 표를 공짜로 주는지 묻는 사람들도 답답하게 느껴졌다. 나도 아가새의 저 심정에 동감한다. 물론 리뷰 혹은 기사를 써 주는 대가로 일부 평론가와 기자들이 음반을 무료로 제공받거나 공연에 초대받는 경우를 듣긴 했다. 그러나 아카팬은 다르다. 우리는 대가를 바라기보다 그저 좋아서 덕질한다. 무엇보다 우리가 돈을 쓴다면 우리 아이돌의 성공에 어떻게든 도움이 될 것을 기대하며 구매 및 소비의 팬덤을 실천한다. 내가 이 책의 연구비를 학술 재단에서 지원받기 전까지 쭉 그래 왔던 것처럼, 아가새도 팬덤에 드는 비용은 모두 자비로 충당했다.

쿠키는 중학생이었던 2006년에 한국 예능 프로그램에 출연한 동방신기 멤버들을 보고 입덕했다. 그리고 동방신기 팬덤 실천의 한 방식으로 한국어를 공부하기 시작했다. 이후 SM 아이돌 가수들을 중심으로 '겸덕'하다가, 2007년에는 소녀시대의 데뷔 팬으로 시작하여 쿠키 인생에서 가장 오랫동안 팬덤을 지속했다. 케이팝 아이돌이 출연하는 한국의 음악방송을 시청하며 방송국 피디의 꿈을 키운 쿠키는 커뮤니케이션 전공 석사를 취득했다. 이후 동일 전공으로 한국에서 박사 과정 중이었다. 석사는 커뮤니케이션이 방송국 피디 입문에 유용한 분과라고 생각해 시작했다면, 박사는 쿠키 스스로에 대해 알고 싶어 시작했다. 자기를 보다 더 잘 알기 위해서는 자신이 어릴 때부터 꾸준히 좋아해 왔고 그에게 가장 큰 영향을 준 케이팝과, 스스로 몸담고 있는 팬덤을 연구했어야 했다. 그래서 한국 거주 중인 중국인들의 케이팝 팬덤을 주제로 박사학위 논문을 쓰던 중 고국으로 돌아가 현재 휴식을 취하고 있다. 그러나 논문 집필을 잠시 중단한 것일 뿐 쿠키는 중국에서도 계속 케이팝 팬덤을 수행한다. 특히 덕질하다 깨닫게 된 자신의 주특기, 미디어 콘텐츠 제작을 통해 여전히 활발하게 팬덤을 수행, 기록하고 있다. 아카팬으로서 쿠키의 연구 동기는 팬덤의 개념을 다시 한번 상기시킨다.

팬덤은 '집단적'이기도 하지만 '개인에 관한' 것이라, 팬덤을 통해 '우리가 누구인지, 어떻게 우리를 이해해야 하는지'에 관한 질문을 던지게 된다.

Since fandom is not only "collective" but also "personal," it addresses "fundamental questions about who we are and how we understand ourselves…."

(Duffett, 7; Cavicchi, 6)

또한 아카팬이 팬 연구에서 무엇을 얻을 수 있는지, 무엇을 얻어야 하는지 다시금 일깨워 준다.

팬 연구는 우리 주변 매개된 텍스트(*팬덤의 대상)와 우리가 어떻게 관계를 맺는지 뿐 아니라, 우리 자신은 스스로와 어떻게 관계 맺는지, 이런 것들에 관해 우리에게 알려 준다.

Fan studies … tell us something about how we relate to ourselves … how we relate the mediated texts around us.

(Sandvoss, Gray, and Harrington 2017, 7)

동료 아카팬들 얘기는 이쯤에서 접고 다시 내 얘기로 돌아와 책을 마무리할까 한다. 케이팝과 팬덤을 연구하면서 관련 과목을 가르치는 음악인류학자인 내 스스로를 정체화할 때, 특히 학계에서 자칭할 때 가장 선호하는 표현이 바로 '아카팬'이다.

AB6IX 팬덤에 들어온 후로 언제부턴가 '남들에게' 가장 많이 듣는 소리는 단연 '성공한 덕후'의 줄임말 표현인 '성덕'일 것이다. 그런데 사람에 따라 성덕이란 말에서 '성공'을 다르게 이해한다는 사실이 꽤 흥미롭다. 내게 성공한 덕후하면 가장 먼저 떠오르는 사람이 바로 대휘이다. 대휘는 어릴 때 원더걸스를 보며 아이돌이 되는 꿈을 키웠고 원더걸스 멤버 선미의 팬이었다고 공공연하게 밝혀 왔다. 원더풀Wonderful(원더걸스 팬덤 이름이자 공식 팬클럽 명칭) 중 한 명이었던 대휘가 원더걸스처럼 어엿한 아이돌 가수(케이팝 아이돌 그룹 워너원 멤버)가 되어 〈2018 KBS 가요대축제〉에서 자신의 스타 선미와 같이 무대에 올라 선미의 히트곡 〈주인공〉을 합동 공연했다. 2017년 6월 17일 새벽에 프로젝트 아이돌 그룹 멤버로 데뷔가 확정된 순간부터 대휘는 이미 성덕의 반열에 오른 것이지만, 우상인 선미의 음악을, 그것도 선미와 함께 공연한 〈가요대축제〉 무대에서 비로소 진정한 성덕으로 등극하지 않았나 싶다.

2015년부터 2016년까지 박사학위논문 현장 연구를 진행하면서 만난 팬 아트 작가 또한 성덕이었다. 가수 윤종신 팬인 그는 윤종신이 음악과 함께 관련 콘텐츠를 매달 잡지 형식으로 발간하는 《월간 윤종신》에 객월 곡 뮤직비디오의 한 장면을 자신 고유의 그림체로 재창작해 구독자 콘텐츠로 제출했었다. 대학에서 미술을 전공한 그는 자신의 소셜 미디어 계정에 윤종신 음악을 재해석하거나 《월간 윤종신》으로 발표되었던 곡들의 뮤직비디오 장면을 그린 팬 아트 및 그 외 자신의 작품들을 공유해 왔다. 그러다 《월간 윤종신》 측에서 구독자(팬) 창작물을 콘텐츠로 포함시키는 〈월간 투게더〉[203] 프로젝트를 진행하자 그때까지 소셜 미디어에 공유했던 팬 아트 일부를 제출했고, 결국 《월간 윤종신》에 실렸다. 그는 또 웹으로 작업한 팬 아트 작품 중 일부를 실물로 프린트하여 윤종신이 공연할 때 매니저를 통해 선물했다. 이것이 끝이었다면 그는 성덕 소리를 듣지 못하였을 터이다. 그가 이러한 팬덤을 실천한 지 오래지 않아 윤종신이 개인 소셜 미디어 계정에서 그 팬 아트 작가를 언급하기 시작했고, 다른 팬들은 그에 주목했다. 뒤이어 그가 그동안 창작한 팬 아트 작품들을 모아 개최한 개인 전시회에서 윤종신이 작품을 구입한 사실이 알려지고, 팬 아트 신작을 선물하기 위해 콘서트 후 무대 뒤로 찾아갔을 때 윤종신이 그 작가 팬을 알아보고 단둘이 찍은 사진이 다른 팬들 사이에서 공유되면서 그는 성덕으로 불리게 됐다. 나는 여기에 그가 2016년 2월에 《월간 윤종신》 콘텐츠로서 한국의 신진 미술가들과 작품을 소개하는 〈CAFE LOB GALLERY〉에 초대되어 팬 아트 작품들을 전시했던 이력으로 인해, 또한 2018년 한 해 동안 《월간 윤종신》에 작가라는 '직함' 및 자신의 이름을 걸고 매달 글과 그림을 연재하면서 완연한 성덕

---

[203] 2014년 7월부터 2015년 12월까지 진행됐었다.

의 길에 들어섰음을 덧붙이고 싶다.

아마도 내가 특히 팬덤 내에서 성덕 취급을 받는 것은, 윤종신이 소셜 미디어를 통해 팬 아트 작가 '팬을 공개적으로 언급'한 행위가 다소 다른 형식에 다소 다른 맥락이긴 하지만 AB6IX 멤버들에게서도 엿보였기 때문일 것이다. 나는 어쩌다 보니 2021년 9월 27일 온라인으로 진행됐던 두 번째 정규음반 《MO' COMPLETE》 쇼케이스에서 유니버스 게시판에 쓴 질문이 닉네임과 함께 우진에게 읽히게 됐다. 또 케이콘택트 트위터 계정이 2021년 9월 15일에 웅과 대휘를 초대하여 열었던 스페이스(실시간 음성 대화)에서 대휘가 내 덕계 닉네임을 포함하여 내가 올린 질문을 읽고 웅과 같이 답변해 준 적이 있었다. 몬스타엑스 멤버 민혁이 진행하는 네이버 NOW 프로그램 〈보그싶쇼〉에 AB6IX 멤버들이 출연했을 때는 연세대학교 "Understanding K-pop"을 수강하는 몬스타엑스 팬 학생이 "저희 교수님이 ABNEW"라며 제보한 사연을 웅이 소개하자 대휘는 "이 교수님 영통팬싸에도 오셨을 거예요…. 기억이 나요"라며 맞장구를 치고 내 신원과 팬덤을 동시에 언급했다.[204] 이후 대휘는 네이버 NOW 윤상의 〈너에게 음악〉에 게스트로 출연하여 나와 팬 사인회에서 나눈 대화 내용 일부와, 내가 추천해 줬던 곡 스매싱 펌킨스의 "Today"(1993)를 언급하기도 했었다.[205]

204 해당 방송은 2021년 10월 13일에 방송되었다.

205 2022년 2월 10일에 방송된 네이버 NOW 〈너에게 음악〉에 대휘가 스매싱 펌킨스의 사진이 박힌 상의를 입고 나왔던 것이 신기하여 이틀 뒤 참여한 팬싸에서 그 얘기를 나눴다. 또 그 날 대화 중 대휘가 들어봤으면 하는 음악을 추천해서 특정 해시태그 붙여 트위터에 올리면 찾아 듣겠다 하더니, 정말로 해시태그를 검색해 내가 추천한 곡을 듣고 2022년 2월 23일에 동일 프로그램 〈너에게 음악〉에서 "팬 분 중에 한 분께서" 추천해 줘 들었는데 좋았다고 언급한 것이었다.

그동안 서포트로 혹은 팬 사인회에서 소소하게 전달한 '선물'들을 '인증'받은 것에서 나를 성덕으로 간주하는 이들도 있다. 장르에 상관없이 덕질하는 사람들 중 다수는 자신이 선물한 물품을 착용하거나 사용하는 덕질 대상의 모습을 발견했을 때 고마움, 기쁨, 뿌듯한 감정은 물론, '덕후로서 성공했다'고 느끼는 모양이다.[206] 대휘는 날이 쌀쌀해지기 시작하면 내가 2021년 초에 생일 선물로 보낸 양털 슬리퍼를 즐겨 신는 것이 분명하다. 왜냐하면 그 모습이 AB6IX의 공식 인스타그램, 그룹 자체 콘텐츠 영상, 멤버들 출연 TV 예능 프로그램, 신문 기사 사진 등 여러 경로에서 노출되었기 때문이다.[207] 역시 생일을 축하하며 선물한 울 목도리 또한 대휘가 방한 및 목 보호를 위해 애용하는 아이템들 중 하나이다. 유니버스 포함 그룹의 공식 소셜 미디어 콘텐츠에서 평소 저 목도리를 두르고 있는 대휘를 은근히 볼 수 있다.[208] 슬리퍼, 목도리와 같이 선물했던 스웨터를 라디오 방송 녹음 시 입었던 것은 나중에 해당 프로그램 소셜 미디어 계정에 공유된 사진으로 알 수 있었다.[209] 최근에는 팬 사인회에서 전달한 카디건을 입고 노래 연습하는 대휘 모습이 〈휘부작휘부작〉에 등장해 신기하고 반가웠다(그림 37). 그런데 분명한 것은 나만 유독 인증받는 것이 절대 아니라는 점이다. 동료 ABNEW들 중에도 개인

---

[206] 케이팝 아이돌이 아니더라도 다른 장르의 가수, 배우 등 팬덤에서 스타가 팬의 선물을 인증하는 행위에 많은 의미를 부여한다.

[207] 기사 사진은 http://isplus.live.joins.com/news/article/article.asp?total_id=24161171를 참조하라.

[208] 봄인 4월 말에도 목 보호 목적으로 내가 선물한 울 목도리를 착용한 대휘를 https://youtu.be/yndvqvy5-Iw 초반에 볼 수 있다.

[209] https://www.instagram.com/p/COXqoH2gQJd/?utm_source=ig_web_copy_link에서 확인할 수 있다.

으로 혹은 몇 명이 모여 합동으로 선물한 옷, 액세서리 등을 AB6IX 멤버
들이 착용한 사진, 영상이 공개되어 인증받은 사례가 상당하다. 각자 다
른 팬덤에 몸담고 있는 내 친구들 역시 간간이 그들의 최애에게 선물 인
증을 받았다며 자랑하곤 한다. 그러므로 인증을 기준으로 한다면 이미
성덕인 팬들이 수두룩하며 누구든 언젠가는 성덕이 될 수 있으리라.

　AB6IX 멤버들에게 언급되고 선물을 인증받았다 하더라도 살아생전
내 가수들처럼 아이돌이 될 수는 없으니 난 완벽한 성덕이 아니다. 그렇
다면 어떻게 해야 성덕으로 자부할 수 있을까? 아카팬으로서 그리는 성
덕은 나의 주업인 연구, 교육 활동이 AB6IX에게 어떤 식으로든 도움을
줄 수 있고, 그렇게 돕고 있는 나를 스타가 알아주는 팬이 되는 것이다.
이를 위해 (영상통화, 대면) 팬 사인회에 참여할 때마다 특히 대휘와는 음
악에 관한 대화를 나누고, 강의 중 오히려 학생들로부터 배우게 된 케이
팝 관련 정보들을 역시 대휘와 공유하곤 했다. 2019년 10월 22일 처음으
로 참석했던 팬싸에서 대휘에게 '곡 만들 때 가장 신경 쓰거나 가장 즐겁

210　영상 전체는 https://youtu.be/sB7I5u-DCKw에서 시청 가능하다.

게 하는 작업이 무엇인지' 포스트잇으로 질문했더니 "대중성 ♡"이라는 답을 들은 이래로, 난 대휘가 쓴 음악에서 그가 어떻게 대중성과 작가의 개성을 조화시키고 있는지 집중해 듣는 한편, 수업 시간에 학생들의 발표와 토론에서 파악한 대중성을 대휘에게 알려 줘 그의 곡 작업에 도움이 되어야겠다는 생각을 늘 품고 있다. 그리하여 《MO' COMPLETE》 앨범 프로모션 팬 사인회에 참여해 공책을 선물하면서 당시 대휘에게 도움이 될 법한 자료들을 정리해 적은 포스트잇 몇 장을 공책 표지 뒤에 붙여 전달했었다. 그런데 2022년 1월에 있었던 《COMPLETE with YOU》 음반 프로모션 팬 사인회에서 대휘는 내게 공책 속 포스트잇을 읽고 공부가 많이 됐다는 말을 건넸다. 그 말에 우선 난 대휘가 선물을 꼼꼼히 확인해 줘 고마웠고, 선물이 대휘의 공부에 도움이 된 것 같아 뿌듯했으며, 드디어 성덕으로 자인하게 되었다.

덕질하는 대상의 범주인 케이팝 문화를 연구하고 가르치는 음악인류학자라 하니 또 어떤 이들은 내가 '덕업일치'를 이뤘다고 한다. 덕질은 취미일 뿐이고 덕질의 대상과 다른 분야에서 생업에 종사하는 사람들이 대부분인데, 개중에는 자신이 좋아하고 즐기는 취미를 아예 직업으로 삼은 이도 존재하기 마련이다. 이렇게 취미, 즉 덕질과 생업이 일치하는 사람을 지칭하는 신조어가 덕업일치이다. 주변에도 덕업일치로 표현할 만한 이들이 몇 있다.

1. 청소년 시기 가수 조규찬 팬이었다가 성인이 되어 대중음악 공연 영상 제작을 시작으로 다양한 분야의 미디어 콘텐츠를 기획, 연출, 창작하는 회사를 설립해 운영하고 있는 대표이사
2. 학창 시절 케이팝 아이돌 팬덤에 활발히 참여했던 경험을 자기소

개서에 써서 입사에 성공한 방송사 피디

3. 어릴 때부터 가수를 꿈꿨으나 대중음악 역사학자가 되었고 연구 대상 장르의 곡들을 직접 노래해[211] 음반까지 발매하여 결국 대중 가수로도 활동 중인 단국대학교 장유정 교수

덕질 대상 AB6IX가 속한 케이팝 및 덕질의 큰 개념인 팬덤에 관한 연구를 1년간은 포니정재단의 학술 지원으로 수행할 수 있었으니 나 역시 덕업일치에 부합한다. 가급적 덕질 대상 AB6IX를 예시로, 또 오랜 덕질 경험을 배경지식 삼아 케이팝과 팬덤 관련 과목을 외국인 대학생들에게 가르치며 강사료를 받고 있으니 과연 덕업일치가 맞다. 그리고 ABNEW 로서 실천한 AB6IX 덕질 사례로 케이팝 팬덤을 분석하고, 덕질을 포괄하는 케이팝하기를 행하면서 자각할 수 있었던 스스로의 정체성까지 다루는 이 책은 덕업일치의 증거물이 될 것이다.

아카팬, 성덕, 덕업일치. 사실 무엇으로 규정하든 상관없다. 나는 그저 내 삶을 살아갈 뿐이다. 팬덤, (케이팝 및 팬덤에 관한) 연구, 교육, 집필 등 다양한 활동들을 아우르는 케이팝을 진득하게, 성실히 하다 보면 이 세상에서 잘 사는 방법 또한 배울 수 있을 터이다.[212]

---

211 주력 연구 분야인 트로트에서는 자작곡을 부른 음반을 발표하기도 했다.

212 음악하기 주창자 스몰이 쓴 글의 일부 "… through musicking … we learn how to live well in it (*our world*) …"(50)를 참고, 변형한 문장임을 밝힌다.

참고문헌

국내 단행본, 번역서, 국내 학술지 및 학위 논문

강혜경. 2011. 〈아이돌 순위의 계보학 ― 객관성 논란에서 고객님들의 유희까지〉. 《아이돌: H.O.T.에서 소녀시대까지, 아이돌 문화 보고서》, 이동연 엮음, 66-89. 서울: 이매진.

권경우. 2011. 〈환상 속에 아이돌이 있다 ― 신자유주의와 아이돌의 성공 이데올로기〉. 《아이돌: H.O.T.에서 소녀시대까지, 아이돌 문화 보고서》, 이동연 엮음, 294-313. 서울: 이매진.

권지미. 2022. 《알페스×퀴어: 케이팝, 팬덤, 알페스, 그리고 그 속의 퀴어들과 퀴어함에 대하여》. 파주: 오월의봄.

김성윤. 2016. 《덕후감: 대중문화의 정치적 무의식 읽기》. 일산: 북인더갭.

김이승현·박정애. 2001. 〈빠순이, 오빠부대, 문화운동가?: 서태지 팬덤 이야기〉. 《여성과 사회》 13: 158-175.

김정원. 2018. 〈"Home" and "Homma" in K-Pop Fandom〉. 《문화산업연구》 18, 제3호: 1-10(※영어 논문).

_____. 2022. 〈케이팝하는 우리와 그들: 케이팝을 정의/재정의 하기〉. 《지속가능한 예술한류, 그 가능성을 말하다》(한국예술연구소 예술교육총서 제12권), 이동연, 김상규, 허용호, 김정원, 홍용희, 권두현, 이미배, 문관규, 박병성, 98-123. 서울: 한국예술종합학교 한국예술연구소.

마델, 애슐리. 2017(2016). 《LGBT+ 첫걸음》. 팀 이르다 옮김. 서울: 봄알람.

박은경. 2003. 《god: 스타덤과 팬덤》. 서울: 한울.

배경화. 2002. 〈제시 노먼과 한국청중이 만든 사회극의 한 토막〉. 《음악원 아이들의 한국문화 읽기》, 주성혜 엮음, 211-217. 서울: 예솔.

신윤희. 2019. 《팬덤 3.0》. 서울: BOOK JOURNALISM.

신현준. 2005. 〈K-Pop의 문화정치(학): 월경(越境)하는 대중음악에 관한 하나의 사례연구〉. 《언론과 사회》 13, 제3호: 7-36.

_____. 2013. 《가요, 케이팝 그리고 그 너머: 한국 대중음악을 읽는 문화적 프리즘》. 파주: 돌베개.

양진선. 2016. 〈익명채팅에서 나타나는 '비인격적 친밀성'의 구조 분석: 랜덤채팅어플 '돛단배'의 여성이용자를 중심으로〉. 석사학위논문, 서울대학교.

연승. 2021. 《BTS는 어떻게 21세기의 비틀스가 되었나: 장르를 만드는 팬덤의 모든 것》. 서울: 북레시피.

연혜원. 2021. 〈케이팝을 퀴어링하기〉. 《퀴어돌로지: 전복과 교란, 욕망의 놀이》, 스퀴, 마노, 상근, 권지미, 김효진, 윤소희, 조우리, 한채윤, 아밀, 연혜원, 루인, 7-29. 파주: 오월의 봄.

원용진·김지만. 2012. 〈사회적 장치로서의 아이돌 현상〉. 《대중서사연구》 28: 319-361.

유인선·정지선. 2021. 〈한국판 따돌림 가해/피해 유형척도(The Forms of Bullying Scale) 타당화〉. 《청소년문화포럼》 66: 63-82.

이규탁. 2020. 《갈등하는 케이, 팝》. 서울: 스리체어스.

이동연. 2011. 〈문화비평: 진화하는 팬덤의 문화세계〉. 《안과밖》 30: 206-225.

이민희. 2013. 《팬덤이거나 빠순이거나: H.O.T. 이후 아이돌 팬덤의 ABC》. 서울: 알마.

이승아. 2013. 《JYJ공화국: 팬들을 위한 팬들에 의한 팬들의 나라》. 서울: 엑스오북스.

이종임. 2018. 《문화산업의 노동구조와 아이돌》. 성남: 북코리아.

이지행. 2019. 《BTS와 아미컬처》. 서울: 커뮤니케이션북스.

조홍미·안병곤. 2012. 〈오타쿠에 관한 시대별 특징 연구〉. 《일본문화연구》 42: 513-533.

최태섭. 2018. 《한국, 남자: 귀남이부터 군무새까지 그 곤란함의 사회사》. 서울: 은행나무.

터너, 그레임(Turner, Graeme). 2018(2004). 《셀러브리티: 우리 시대 셀럽의 탄생과 소멸에 관하여》. 권오헌, 심성보, 정수남 옮김. 서울: 이매진.

혹실드, 앨리 러셀(Hochschild, Arlie Russell). 2009(2003). 《감정 노동: 노동은 우리의 감정을 어떻게 상품으로 만드는가》. 이가람 옮김. 서울: 이매진.

국내 매체 기사 및 웹사이트(소셜 미디어 포함) 게시물

국립국어원 표준국어대사전. n.d. 〈조공(朝貢)〉. 2021년 10월 30일 방문. https://stdict. korean.go.kr/search/searchView.do?word_no=485121&searchKeywordTo=3.

_____. n.d. 〈호구(虎口)〉. 2021년 12월 27일 방문. https://stdict. korean.go.kr/search/searchView.do?word_no=507262&searchKeywordTo=3.

김건희. 2021. 〈활개 치는 매크로 암표 조직 안 잡나 못 잡나: 공연, 골프장, 마스크 … 영역 확장의 비밀과 작동 원리〉. 《신동아》, 최종 수정일: 2021년 8월 3일. https:// shindonga.donga.com/3/all/13/2825446/1.

문완식. 2022. 〈방탄소년단 서울콘서트, 246만명이 본 '하이브리드 공연'의 비밀〉. 《스타뉴스》, 최종 수정일: 2022년 3월 14일. https://star.mt.co.kr/stview. php?no=2022031411215178267.

박세완. 2021. 〈[포토] 이대휘, '반갑게 인사'〉. 《일간스포츠》, 최종 수정일: 2021년 11월 1일. http://isplus.live.joins.com/news/article/article.asp?total_id=24161171.

박세회. 2017. 〈콜드플레이 콘서트를 습격한 프로 떼창러들에게〉. 《허프포스트코리아》, 최종 수정일: 2017년 4월 17일. https://www.huffingtonpost.kr/sehoi-park/story_ b_16054780.html.

오지원. 2022. 〈방탄소년단, 3일 간 서울 대면 공연 성료 … 4만 5천 아미와 재회〉. 《YTN》, 최종 수정일: 2022년 3월 14일. https://star.ytn.co.kr/_sn/0117_202203140 933418071.

윤경철. 2005. 〈일본은 지금 '모에' 마케팅 열풍〉. 《헤럴드POP》, 최종 수정일: 2005년 9월 1일. https://entertain.naver.com/read?oid=112&aid=0000015023.

이미나. 2019. 〈방탄소년단(BTS) 정국의 향기를 나도 함께 … 다우니 어도러블 품귀 현상〉. 《한국경제》, 최종 수정일: 2019년 1월 21일. https://www.hankyung.com/ entertainment/article/2019012170477.

이수현. 2008. 〈동방신기 4집 무대의상, 디자이너 채규인 작품〉. 《스타뉴스》, 최종 수정일: 2008년 9월 26일. https://star.mt.co.kr/stview.php?no=2008092608434670783.

이예지. 2020. 〈이대휘의 우주〉. 《아레나 옴므 플러스》, 최종 수정일: 2020년 11월 30일. https://www.smlounge.co.kr/arena/article/46650.

이진송. 2015. 〈빠순이 발로 차지 마라 시즌 2〉. 《채널예스》, 최종 수정일: 2015년 9월

30일. http://ch.yes24.com/Article/View/29186.

_____. 2017. 〈그거, '언어 도둑질'입니다〉. 《한국일보》, 최종 수정일: 2017년 1월 25일. https://www.hankookilbo.com/News/Read/201701251034601368.

이태수. 2021. 〈BTS LA 콘서트 전석 매진 … 공연장 밖 '응원존' 설치〉. 《연합뉴스》, 최종 수정일: 2021년 10월 22일. https://www.yna.co.kr/view/AKR20211022030151005?input=1195m.

인세현. 2016. 〈[새우젓의 시선] 돈 쓰고 욕 먹는 아이돌 팬 … 소비자 조롱한 음반 판매점〉. 《쿠키뉴스》, 최종 수정일: 2016년 12월 15일. http://www.kukinews.com/newsView/kuk201612150131.

정은혜. 2017. 〈"콜드플레이 콘서트, '떼창' 때문에 최악이었습니다"〉. 《중앙일보》, 최종 수정일: 2017년 4월 17일. https://www.joongang.co.kr/article/21481166.

정한별. 2021. 〈"친구 SNS·댓글까지 확인" … 소속사의 '학폭 지뢰' 피하기〉. 《한국일보》, 최종 수정일: 2021년 8월 17일. https://www.hankookilbo.com/News/Read/A2021081309340004876.

조용준. 1994. 〈X세대, 그들이 말하기 시작했다〉. 《시사저널》, 최종 수정일: 1994년 5월 5일. https://www.sisajournal.com/news/articleView.html?idxno=110581.

지승훈. 2021. 〈[Y리뷰] 잠실 달궜다 … BTS 美 오프라인 공연 윤곽 나왔나〉. 《YTN》, 최종 수정일: 2021년 10월 25일. https://star.ytn.co.kr/_sn/0117_202110250943111628.

컬투쇼. 2021. 〈엡식이들과 함께 한 30분!!〉. 인스타그램 게시물, 2021년 5월 2일. https://www.instagram.com/p/COXqoH2gQJd/?utm_source=ig_web_copy_link.

홍성윤. 2017. 〈모에(萌え)가 모예요?〉. 《매경프리미엄》, 최종 수정일: 2017년 3월 4일. https://www.mk.co.kr/premium/life/view/2017/03/17943.

AB6IX. 2020. 트위터 게시물, 2020년 8월 2일. https://twitter.com/AB6IX/status/1289885998529179648?s=20&t=20qJG8ihwC0B_9ptMKBQQw.

AB6IX STAFF. 2021. 트위터 게시물, 2021년 10월 16일. https://twitter.com/AB6IX_STAFF/status/1449297153344479237?s=20&t=gHzJiJOXCDtMYg0pZJMJ6w.

Yoon, So-Yeon. 2020. "Turf Wars and Billboards — Life inside a K-pop Fandom." Korea JoongAng Daily, Last modified, August 2, 2020(※영문기사). https://koreajoongangdaily.joins.com/2020/08/02/entertainment/kpop/Kpop-fandom-conflict/20200802150701883.html.

Yoon, So-Yeon. 2021. "Celebrating Birthdays without the Guest of Honor." *Korea JoongAng* Daily, Last modified, February 2, 2021(※영문기사). https://koreajoon gangdaily.joins.com/2021/02/02/entertainment/kpop/Kpop-Birthday-Tour-cafe/20210202155100719.html.

외서, 외국 학술지 및 학위 논문

Abercrombie, Nicholas and Brian Longhurst. 1998. *Audiences: A Sociological Theory of Performance and Imagination.* London, Thousand Oaks, and New Delhi: SAGE Publications.

Berry, Keith. 2011. "The Ethnographic Choice: Why Ethnographers Do Ethnography." *Cultural Studies Critical Methodologies* 11, no. 2: 165-177.

Butler, Judith. 1997. *Excitable Speech: A Politics of the Performative.* London and New York: Routledge.

Cavicchi, Daniel. 1998. *Tramps Like Us: Music and Meaning among Springsteen Fans.* New York and Oxford: Oxford University Press.

Chin, Elizabeth. 2016. *My Life with Things: The Consumer Diaries.* Durham: Duke University Press.

Choi, Stephanie Jiyun. 2020. "Gender, Labor, and the Commodification of Intimacy in K-Pop." PhD diss., University of California, Santa Barbara.

Clifford, James and George E. Marcus eds. 1986. *Writing Culture: The Poetics and Politics of Ethnography.* Berkeley and Los Angeles: University of California Press.

Duffett, Mark. 2013. *Understanding Fandom: An Introduction to the Study of Media Fan Culture.* London and New York: Bloomsbury.

Frith, Simon. 2002. "Music and Everyday Life." *Critical Quarterly* 44, no. 1: 35-48.

Halberstam, Jack. 2019 (1998). *Female Masculinity.* Durham: Duke University Press.

Hallam, Susan. 2001. *The Power of Music.* London: The Performing Right Society.

Heljakka, Katriina. 2013. "Principles of Adult Play(fulness) in Contemporary To Cultures:

From Wow to Flow to Glow." PhD diss., Aalto University.

Heljakka, Katriina. 2017. "Toy Fandom, Adulthood, and the Ludic Age: Creative Material Culture as Play." In *Fandom: Identities and Communities in a Mediated World* (Second Edition), edited by Jonathan Gray, Cornel Sandvoss, and C. Lee Harrington, 91–105. New York: New York University Press.

Hills, Matt. 2002. *Fan Cultures*. London and New York: Routledge.

Hong, Seok-Kyeong. 2021. "Sharing Gender Imagination in East Asia: An Essay on Soft Masculinity and Female Digital Scopophilia in East Asian Mediaculture." In *Transnational Convergence of East Asian Pop Culture*, edited by Seok-Kyeong Hong and Dal Yong Jin, 113–126. London and New York: Routledge.

Jenkins, Henry. 1992. *Textual Poachers: Television Fans and Participatory Culture*. London and New York: Routledge.

———. 2006a. *Convergence Culture: Where Old and New Media Collide*. New York and London: New York University Press.

———. 2006b. *Fans, Bloggers, and Gamers: Exploring Participatory Culture*. New York and London: New York University Press.

Jensen, Joli. 1992. "Fandom as Pathology: The Consequences of Characterization." In *The Adoring Audience: Fan Culture and Popular Media*, edited by Lisa Lewis, 9–29. London and New York: Routledge.

Jung, Sun. 2011. *Korean Masculinities and Transcultural Consumption: Yonsama, Rain, Oldboy, K-Pop Idols*. Hong Kong: Hong Kong University Press.

Kim, Jungwon. 2017. "K-Popping: Korean Women, K-Pop, and Fandom." PhD diss., University of California, Riverside.

Kim, Suk-Young. 2018. *K-pop Live: Fans, Idols, and Multimedia Performance*. Stanford, CA: Stanford University Press.

Lewis, Lisa. 1992. "Introduction." In *The Adoring Audience: Fan Culture and Popular Media*, 1–6. London and New York: Routledge.

Lie, John. 2012. "What Is the K in K-Pop? South Korean Popular Music, the Cultural Identity, and National Identity." *Korean Observer* 43, no. 3: 339–363.

_____. 2015. *K-Pop: Popular Music, Cultural Amnesia, and Economic Innovation in South Korea*. Oakland, CA: University of California Press.

Luvaas, Brent. 2019. "Unbecoming: The Aftereffects of Autoethnography." *Ethnography* 20, no. 2: 245-262.

Rappaport, Roy A. 1992. "Ritual." In *Folklore, Cultural Performing, and Popular Entertainments: A Communication-centered Handbook*, edited by Richard Bauman, 249-260. Oxford: Oxford University Press.

Sandvoss, Cornel, Jonathan Gray, and C. Lee Harrington. 2017. "Introduction: Why Still Study Fans?." In *Fandom: Identities and Communities in a Mediated World* (Second Edition), 1-26. New York: New York University Press.

Schafer, R. Murray. 1994. *The Soundscape: Our Sonic Environment and the Tuning of the World*. Rochester, VT: Destiny Books.

Sedgwick, Eve. 1985. *Between Men: English Literature and Male Homosocial Desire*. New York: Columbia University Press.

Shin, Hyunjoon. 2009. "Have You Ever Seen the Rain? And Who Will Stop the Rain: The Globalizing Project of Korean Pop (K-Pop)." *Inter-Asia Cultural Studies* 10, no. 4: 507-523.

Small, Christopher. 1998. *Musicking: The Meaning of Performing and Listening*. Middletown: Wesleyan University Press.

Stoeltje, Beverly J. 1992. "Festival." In *Folklore, Cultural Performing, and Popular Entertainments: A Communication-centered Handbook*, edited by Richard Bauman, 261-271. Oxford: Oxford University Press.

Turino, Thomas. 2008. *Music as Social Life: The Politics of Participation*. Urbana and Chicago: The University of Chicago Press.

Turner, Graeme. 2010. "Approaching Celebrity Studies." *Celebrity Studies* 1, no. 1: 11-20.

Willis, Paul and Mats Trondman. 2000. "Manifesto for Ethnography." *Ethnography* 1, no. 1: 5-16.

해외 매체 기사 및 웹사이트(소셜 미디어 포함) 게시물

Kusmer, Anna. 2021. "Can K-pop Stars Wield Their Celebrity to Influence Climate Action?" *The World*, Last modified April 1, 2021. https://theworld.org/stories/2021-04-01/can-k-pop-stars-wield-their-celebrity-influence-climate-action.

Lee, Julie Yoonnyung. 2020. "The South Koreans Left behind in a Contact-Free Society." *BBC*, Last modified August 6, 2020. https://www.bbc.com/worklife/article/20200803-south-korea-contact-free-untact-society-after-coronavirus.

Loh, Desiree. 2019. "Fans of K-Pop Boyband BTS Queueing One Day before Concert to Buy Merchandise." *The Straits Times*, Last modified January 18, 2019. https://www.straitstimes.com/lifestyle/entertainment/fans-of-k-pop-boyband-bts-queueing-one-day-before-concert-to-buy-merchandise.

Merriam-Webster. n.d. "stan." Accessed September 5, 2021. https://www.merriam-webster.com/dictionary/stan.

Simpson, Mark. 1994. "Here Come the Mirror Men: Why The Future is Metrosexual." *Independent*, Last modified November 15, 1994. https://www.marksimpson.com/here-come-the-mirror-men/.

Sun, Meicheng. 2021. "Commentary: Why Do K-pop Fandoms Spend So Much Money?" *CNA(Channel News Asia)*, Last modified October 2, 2021. https://www.channelnewsasia.com/commentary/why-kpop-fans-spend-money-bts-united-nations-2208521.

Urban Dictionary. 2011. "bias." Last modified October 23, 2011. https://www.urbandictionary.com/define.php?term=bias.

음악 및 영상

015B. 1990. 〈텅 빈 거리에서〉. 《공일오비》 1번 트랙. 지구레코드, 카세트테이프.

굿네이버스TV. 2022. 〈[ENG/Interview] ABNEW를 향한 마음을 느낄 수 있는 AB6IX의 출연 인터뷰 | 사진실의 광선생님 EP. 17〉. 2022년 4월 15일. 유튜브 비디오, 6:59. https://youtu.be/7JpThAzIEK4.

김재환. 2020. 〈어떤 날엔(사랑의 불시착 OST Part 5) Live Clip〉. Genie Music Corporation. 2020년 4월 22일. 뮤직비디오, 4:12. https://youtu.be/QENuOGcq87I.

동방신기. 2012(2004). 〈TVXQ — HUG, 동방신기 — 허그, Music Camp 20040207〉. MBCkpop. 2012년 4월 2일. 유튜브 비디오, 3:10. https://youtu.be/3Krq4PoeHEY.

레드벨벳. 2019. 〈안녕, 여름(Parade)〉. 《'The ReVe Festival' Day 1》 5번 트랙. Dreamus, CD.

박우진 · 이대휘. 2019. 〈Candle(Prod. by 이대휘) Live Clip〉. BRANDNEW MUSIC. 2019년 2월 8일. 뮤직비디오, 3:24. https://youtu.be/TbqObpVe-pY.

브랜뉴뮤직. 2017. 〈HOLLYWOOD(*PRODUCE 101 season2 [2회] 'Welcome to my hollywood'ㅣ브랜뉴뮤직 김동현, 박우진, 이대휘, 임영민 170414 EP.2)〉. Mnet Official. 2017년 4월 15일. 유튜브 비디오, 2:37. https://youtu.be/EY_2y3_vJ-U.

선미. 2018. 〈Siren(사이렌)〉. Makeus Entertainment. 2018년 9월 4일. 뮤직비디오, 3:43. https://youtu.be/TNWMZIf7eSg.

____. 2018. 〈주인공(*KBS 가요대축제 — 선미, 슬기(레드벨벳), 대휘(워너원) - 주인공 20181228)〉. KBS Kpop. 2018년 12월 28일. 유튜브 비디오, 2:57. https://youtu.be/rwmtK-JlfWU.

세븐틴. 2017. 〈ROCKET〉. 《TEEN, AGE》 10번 트랙. LOEN ENTERTAINMENT, CD.

_____. 2019. 〈HIT〉. Pledis Entertainment. 2019년 8월 5일. 뮤직비디오, 3:34. https://youtu.be/F9CrRG6j2SM.

소녀시대. 2007. 〈다시 만난 세계(Into The New World)〉. SMTOWN. 2011년 6월 3일. 뮤직비디오, 4:57. https://youtu.be/0k2Zzkw_-0I.

(여자)아이들. 2020. 〈Oh my god〉. CUBE Entertainment. 2020년 4월 6일. 뮤직비디오, 3:20. https://youtu.be/om3n2ni8luE.

아이유(IU). 2011. 〈좋은 날(Good Day)〉. Kakao Entertainment. 2011년 2월 7일. 뮤직비디오, 5:57. https://youtu.be/jeqdYqsrsA0.

_____. 2018. 〈삐삐(BBIBBI)〉. Kakao Entertainment. 2018년 10월 10일. 뮤직비디오, 3:28. https://youtu.be/nM0xDI5R50E.

에스파. 2021. 〈Next Level〉. SMTOWN. 2021년 5월 17일. 뮤직비디오, 3:55. https://youtu.be/4TWR9OKJl84.

온앤오프. 2021. 〈Beautiful Beautiful〉. WM엔터테인먼트. 2021년 2월 24일. 뮤직비디오, 3:16. https://youtu.be/TWj-8_-XnaU.

윤종신. 1999. 〈보람찬 하루〉. 《후반(後半)》 1번 트랙. 이엠아이뮤직코리아(주), CD.

이달의 소녀/츄(LOONA/Chuu). 2017. 〈Heart Attack〉. BlockBerryCreative. 2017년 12월 28일. 뮤직비디오, 4:04. https://youtu.be/BVVfMFS3mgc.

젝스키스. 2016(1998). 〈Road Fighter(*[RADIO STAR] 라디오스타 — Sechs Kies sung 'Road Fighter' 20160601)〉. MBCentertainment. 2016년 6월 2일. 유튜브 비디오, 3:36. https://youtu.be/M1FfXwvw08c.

조용필. 1982. 〈비련〉. 《못 찾겠다 꾀꼬리》 8번(B면 3번) 트랙. 지구레코드, LP.

키 보이스. 1964. 〈그녀 손목 잡고 싶네〉. 《그녀 입술은 달콤해》 10번(B면 3번) 트랙. 신세기레코오드, LP.

패닉. 1995. 〈왼손잡이〉. 《PANIC》 6번 트랙. 신촌뮤직, CD.

AB6IX(에이비식스). 2019. [Replay] AB6IX 1st ALBUM 《6IXENSE》 SHOWCASE. 2019년 10월 8일. 브이라이브(VLIVE) 비디오, 1:53:54. https://www.vlive.tv/post/0-18392524.

_____. 2019. 〈BLIND FOR LOVE〉. 《6IXENSE》 2번 트랙. WARNER MUSIC, CD.

_____. 2019. 〈BREATHE(*[KCON LA] AB6IX — BREATHE | KCON 2019 LA × M COUNTDOWN)〉. Mnet K-POP. 2019년 9월 12일. 유튜브 비디오, 4:32. https://youtu.be/kmy8D94Nm9w.

_____. 2019. 〈BREATHE(PERFORMANCE VER.)〉. BRANDNEW MUSIC. 2019년 5월 27일. 뮤직비디오, 3:40. https://youtu.be/LM19MYAuY-E.

_____. 2019. 〈BREATHE〉. 《B:COMPLETE》 3번 트랙. WARNER MUSIC, CD.

_____. 2019. 〈HOLLYWOOD〉. 《B:COMPLETE》 7번 트랙. WARNER MUSIC, CD.

_____. 2019. 〈기대(BE THERE)〉. 《6IXENSE》 1번 트랙. WARNER MUSIC, CD.

_____. 2019. 〈둘만의 춤(DANCE FOR TWO)〉. 《B:COMPLETE》 6번 트랙. WARNER MUSIC, CD.

_____. 2019. 〈민들레꽃(DANDELION)〉. 《6IXENSE》 3번 트랙. WARNER MUSIC, CD.

_____. 2019. 〈별자리(SHINING STARS)〉. 《B:COMPLETE》 2번 트랙. WARNER MUSIC, CD.

_____. 2019. 《6IXENSE》. WARNER MUSIC, CD.

_____. 2019. 《B:COMPLETE》. WARNER MUSIC, CD.

_____. 2020. 〈RED UP〉. 《VIVID》 1번 트랙. WARNER MUSIC, CD.

_____. 2020. 〈답을 줘(THE ANSWER) 응원법 가이드 영상〉. AB6IX. 2020년 6월 29일. 유튜브 비디오, 7:24. https://youtu.be/Vg-RTzCVZ54.

_____. 2020. 〈잡아줄게(HOLD YOU)(*[내리겠습니다 지구에서] OST [MUPLY ver.])〉. MUPLY. 2020년 12월 25일. 뮤직비디오, 3:11. https://youtu.be/MbKPHs9mDsY.

_____. 2020. 《SALUTE》. WARNER MUSIC, CD.

_____. 2020. 《VIVID》. WARNER MUSIC, CD.

_____. 2021. 〈감아(CLOSE)〉. 《MO' COMPLETE: HAVE A Dream》 2번 트랙. WARNER MUSIC, CD.

_____. 2021. 〈룰루랄라(LULULALA)〉. 《MO' COMPLETE: HAVE A Dream》 3번 트랙. WARNER MUSIC, CD.

_____. 2021. 〈앵콜(ENCORE)(Feat. ABNEW)〉. 《SALUTE: A NEW HOPE》 3번 트랙. WARNER MUSIC, CD.

_____. 2021. 〈[예삐소드] AB6IX(에이비식스) 'MO' COMPLETE: HAVE A DREAM' SHOWCASE BEHIND〉. BRANDNEW MUSIC. 2021년 6월 8일. 유튜브 비디오, 20:23. https://youtu.be/yndvqvy5-Iw.

_____. 2021. 〈잡아줄게(HOLD YOU)(*[내리겠습니다 지구에서] OST PART. 3 ─ Official MV)〉. TEENPLY. 2021년 1월 2일. 뮤직비디오, 2:31. https://youtu.be/EAJfQ5ctIt0.

_____. 2021. 〈휘부작휘부작 ─ EP.05 AB6IX(에이비식스) 이대휘 ─ CREEP(Prod. by DAEHWI)〉. BRANDNEW MUSIC. 2021년 6월 27일. 뮤직비디오, 2:10. https://youtu.be/npax_Uc-his.

_____. 2021. 《MO' COMPLETE: HAVE A Dream》. WARNER MUSIC, CD.

_____. 2021. 《MO' COMPLETE》. WARNER MUSIC, CD.

_____. 2021. 《SALUTE: A NEW HOPE》. WARNER MUSIC, CD.

_____. 2022. 〈너의 눈에 내가 보여서(IN YOUR EYES)〉. 《COMPLETE with YOU》 5번 트랙. WARNER MUSIC, CD.

_____. 2022. 〈휘부작휘부작 — EP.13 콘서트 위크 브휘로그〉. BRAND NEW MUSIC. 2022년 2월 27일. 유튜브 비디오, 16:09. https://youtu.be/sB7I5u-DCKw.

_____. 2022. 《COMPLETE with YOU》. WARNER MUSIC, CD.

AB6IX(이대휘). 2020. 〈ROSE, SCENT, KISS〉. BRANDNEW MUSIC. 2020년 2월 27일. 뮤직비디오, 4:11. https://youtu.be/yN1_Z6bYL-k.

TEENPLY. 2021. 〈Are we … official now? [LMO earth] - EP.17 (Click CC for ENG sub)〉. 2021년 1월 1일. 유튜브 비디오, 10:03. https://youtu.be/BmxK2RqVeZo.

tvN. 2012. 〈응답하라1997, Reply1997 Ep. 1 : 전사의 후예〉. 2012년 8월 7일. 유튜브 비디오, 2:42. https://youtu.be/GbLibZmyC48.

___. 2018. 〈우리는 본래 '떼창의 민족'이었다? 떼창의 기원과 떼창 전쟁의 진실 | #300 180830 EP1〉. 2018년 8월 31일. 유튜브 비디오, 1:15. https://youtu.be/YEs8zSxrO-8.

Wanna One(워너원). 2017. 〈에너제틱(Energetic)〉. Stone Music Entertainment. 2017년 8월 7일. 뮤직비디오, 3:47. https://youtu.be/EVaV7AwqBWg.

음악인류학자의 케이팝하기
대중음악, 팬덤, 그리고 정체성